分享经济下“PtoS”平台快递模式的机理研究

武淑萍 著

中国财富出版社

图书在版编目（CIP）数据

分享经济下“PtoS”平台快递模式的机理研究/武淑萍著．—北京：中国财富出版社，2017.6

ISBN 978-7-5047-6511-6

Ⅰ.①分…　Ⅱ.①武…　Ⅲ.①电子商务—研究—中国 ②快递—研究—中国　Ⅳ.①F724.6 ②F618

中国版本图书馆 CIP 数据核字（2017）第 140701 号

策划编辑　寇俊玲　　**责任编辑**　赵　翠
责任印制　梁　凡　　**责任校对**　孙会香　卓闪闪　　**责任发行**　王新业

出版发行　中国财富出版社
社　　址　北京市丰台区南四环西路 188 号 5 区 20 楼　**邮政编码**　100070
电　　话　010-52227588 转 2048/2028（发行部）　010-52227588 转 307（总编室）
　　　　　010-68589540（读者服务部）　010-52227588 转 305（质检部）
网　　址　http://www.cfpress.com.cn
经　　销　新华书店
印　　刷　北京九州迅驰传媒文化有限公司
书　　号　ISBN 978-7-5047-6511-6/F·2775
开　　本　710mm×1000mm　1/16　　**版　　次**　2018 年 3 月第 1 版
印　　张　16.25　　**印　　次**　2018 年 3 月第 1 次印刷
字　　数　292 千字　　**定　　价**　66.00 元

序　言

经济全球化背景下，随着网络环境逐步完善以及信息技术日益提高，电子商务迅速发展。由于新经济、新形势的发展，由网店运营商、平台运营商、快递服务商、客户构成的销售并配送产品的网购服务供应链产生了一系列可供研究的问题。“十三五规划”将共享概念作为国家发展的首要理念，而目前最火的共享经济模式要数分享经济了。分享经济模式，可以集聚社会上的闲置资源，资源需求者能够以极低的成本获得所需资源，资源供给者则可以激活资源，从中获利。可以说，分享经济为网购服务供应链的发展提供了一种新的解决方案。

在高速发展的电子商务中，快递物流成为其中的薄弱环节：快件滞后挤压、网购效率低下、网购交易受限等，这些严重制约了网购经济的发展。快递物流的服务能力、服务质量、递送时间都对消费者购物体验产生影响，进而影响顾客对网上店铺的评价，尤其是快递服务质量成为影响顾客购物选择的最重要的因素之一。本书针对上述网购服务供应链的快递协同问题，主要研究了快递商之间的协同及其与消费者之间的协同。平台快递服务为快递商之间协同、快递商与消费者之间协同提供了一种新的解决方案，是快递服务行业向供给侧观念模式的转变。

平台快递模式参与方基于信任的协同将会让消费者在权力感、参与感、安全感等方面的感知发生变化，刺激消费者信任感的提高。其中消费者的权力感来源于对物流过程的控制权。过程控制权是指消费者不再是平台服务、网商发货、快递商送货行为的被动接受者，而是有权对平台便利性，发货时间，收货时间、地点及方式提出个性化要求，对过程有控制权。权力感会带来消费者参与感的提升，让消费者感到不再是服务的被动接受者，而是一个主导者。同时，对购物过程的掌控会带来消费者安全感的提升，消费者对网购服务供应链的信任度也会提高。因此，本研究对切实提高整个快递行业的服务能力和服务质量，科学地制定快递行业规则政策，促进网购经济健康发展具有重要的理论与实际意义。

本书运用商业模式、网络信用理论以及系统动力学理论对快递服务的平台化运营出现的新问题进行研究，所得到的一些研究成果具有一定的启发性。

(1) 通过对电子商务与快递物流服务系统协同发展机理的研究，为"PtoS"模式[①]的提出进行理论溯源，完善电子商务与快递物流服务协同发展理论。

(2) 提出了一种"PtoS"模式，重构传统快递业务流程，从理论层面对"PtoS"模式进行概念界定、特征分析、构成要素分析、顶层架构设计，为平台化快递运营提供理论指导。

(3) 研究"PtoS"模式的网络信用机理，作为该模式实际运营的保障。借鉴以往网络零售业在运行过程中遇到的网络信用的问题和经验的总结，给出基于服务的网络信用理论框架，为服务业在与"互联网＋"深度融合的过程中遇到的网络信用问题提供理论指导与实践参考。

(4) 基于信任的前提下，构建"PtoS"平台快递生态系统概念模型，平台各参与方需要遵循协同共生发展的运行机理，即开放、闭环、自我控制的自组织机制，主体、资源动态耦合的耦合机制，协同、合作、共享的网络驱动机制以及政策、市场、利益三维协调机制，最后就资源耦合中的智能快递箱的布局给出实践指导。

(5) 应用系统动力学研究"PtoS"模式低碳运营的内在机理，以京津高铁为例，研究客流量、快递车辆百公里能耗、里程数等因素对快递企业碳排放节约量的影响，为快递企业低碳化运营提供决策指导。

与对传统快递服务模式的研究不同，本书对平台化快递服务进行了初步探讨，并且取得了一定的成果，从理论上丰富了平台化服务管理理论，从实践上，为服务业平台化进程中遇到的问题提供一定的决策指导。

武淑萍博士曾是我们团队的佼佼者之一，在读博期间参与团队重大社科项目的研究，并为该项目的完成做出了重要贡献。这本著作就是该研究的成果。

于宝琴

天津财经大学，博士生导师

2017 年 3 月于天津财经大学

---

① 本书作者提出的一种"兼职快递员＋智能快递箱"的快递模式，即"Part-time courier ＋ Smart express box"，简称"PtoS"模式。

前　言

国家“十三五”发展战略规划提出创新、协调、绿色、开放、共享的理念，促使行业间竞合关系加剧。电子商务与快递行业的协同发展是网络经济与实体经济协同共赢的基础，商业模式、平台效率、信用管理一直是电子商务物流领域的关键问题。分享经济为问题的解决提供了一种新的思路，其以互联网思维重构供给和需求，通过使用而非拥有的商业模式创造更大的价值。基于上述背景，本书针对现有电商快递企业存在的现实问题，运用协同学、商业模式、网络信用和系统动力学等相关理论，研究电商与快递物流的协同发展机理、“PtoS”模式的信用机理与运行机理等理论问题，并通过仿真方法模拟快递企业低碳发展模型，验证生态环境下“PtoS”模式的低碳运营策略。本书共分为 9 章进行论述。

第 1 章，从分享经济背景下各行各业商业模式变革着手，分析目前电商快递企业存在的许多现实问题，明确本书的研究目的、研究思路、研究内容与文章结构。

第 2 章，以电商快递企业为研究对象，将分享经济、快递物流低碳节能、快递物流服务、“互联网＋”、商业模式以及网络信用问题等研究热点的近期国内外相关文献进行了梳理和归纳。

第 3 章，介绍了复杂系统理论、网络信用理论以及系统动力学等研究方法，作为后续章节研究的重要支撑。

第 4 章，通过对电子商务与快递物流服务系统协同发展机理的研究，为“PtoS”模式的提出进行理论溯源，完善电子商务与快递物流服务协同发展理论。

第 5 章，提出一种“PtoS”模式，重构传统快递业务流程，从理论层面对“PtoS”模式进行概念界定、特征分析、构成要素、顶层架构设计，为平台化快递运营提供理论指导。

第 6 章，研究“PtoS”模式的网络信用机理，作为该模式实际运营的保障。借鉴以往网络零售业在运行过程中遇到的网络信用的问题和经验的总结，给出基于服务的网络信用理论框架，为服务业在与“互联网+”深度融合的过程中遇到的网络信用问题提供理论指导与实践参考。

第7章，基于信任的前提下，构建“PtoS”平台快递生态系统概念模型，平台各参与方需要遵循协同共生发展的运行机理，即开放、闭环、自我控制的自组织机制，主体、资源动态耦合的耦合机制，协同、合作、共享的网络驱动机制以及政策、市场、利益三维协调机制，最后就资源耦合中的智能快递箱的布局给出实践指导。

第8章，应用系统动力学研究“PtoS”模式低碳运营的内在机理，以京津高铁为例，研究客流量、快递车辆百公里能耗、里程数等因素对快递企业碳排放节约量的影响，为快递企业低碳化运营提供决策指导。

第9章，明确本书的主要结论，针对“PtoS”模式的发展提出政策建议，并指出本研究的不足及未来发展方向。

本书的主要内容是于宝琴教授主持的天津教育委员会社科重大项目“天津发展电子商务企业孵化器的对策研究”的部分研究成果，同时包括作者近年来在《中国管理科学》《管理评论》等核心期刊及会议上发表论文的核心内容，也是对读博士期间及后续研究工作的总结。

本书的写作得到了导师于宝琴教授的细心指导和大力支持，在此表示深深的谢意。同样感谢于宝琴教授研究团队成员鲁馨蔓、李顺东、陈晓、白晨星、崔林林等在本书撰写过程中给予的指导建议。

此外，在本书的写作过程中，作者参考了大量文献，已尽可能详细列在“参考文献”中，在此表示对这些专家学者的深深谢意。如因疏漏未列出的，在此表示万分歉意。

由于作者水平有限，书中难免存在不足和缺点，敬请专家和同行批评指正。

武淑萍
2017年2月

目　录

1 绪论

1.1 研究背景与问题的提出

1.1.1 研究背景

当今世界，随着移动互联网的普及，各行各业逐渐融入移动互联网。越来越多的创业者在思考如何利用互联网思维改造既有行业的传统模式，特别是服务业的运作模式。互联网思维中一个很重要的理念是以开放网络为平台，使资源以共享的模式得到充分利用，最大限度发挥它的价值，降低全社会的成本。

打车行业在互联网思维的运用上已经走在了前列，其中滴滴顺风车、Uber（优步）的模式最具代表性。滴滴顺风车侧重于让私家车车主在“顺路”的情境下获得更多价值，而 Uber 则侧重于让私家车车主在“闲暇”的情境下获得更多价值。不论哪种模式，私家车车主由于可以获得额外的收入，因此其乐于提供此种打车服务。

上述互联网思维的打车模式已经推广至中国很多城市，越来越多的人，尤其是 40 岁以下的年轻人逐渐了解、认可这种模式，最终在日常生活中对这种模式产生了很强的依赖性。在这种模式产生初期，其合法性在官方、民间都存在着不小的争议，但其的确增加了市场供给，引入了多元化竞争机制，降低了出行成本，提升了服务的效率和品质，减少了石油资源的消耗，同时减少了尾气污染、噪声污染，最终让越来越多的人感受到打车是一件简单、愉快，同时价格更加合理的服务体验，同时也动了垄断状况下既得利益者的蛋糕，让更多的人享受到额外的收入增加，促进了社会公平。

星星之火，可以燎原。互联网思维改造传统打车模式的成功范例迅速传导到其他服务行业。蚂蚁金服、京东白条抢占互联网金融高地；百度外卖、美团外卖在外送行业兴起；爱屋吉屋、搜房网依靠低佣金挺进二手房中介市场……

互联网思维对各行各业的改造正如火如荼地进行着，依赖劳动密集型的快递业将何去何从？中国社会科学院 2015 年发布的经济发展蓝皮书显示：

2016年中国劳动人口将开始负增长。面对“十三五”期间中国经济调结构的大趋势，各行业正在从劳动密集型转向技术密集型。制造业方面，广东东莞、江苏昆山两市已高调宣布启动数百亿元专项资金推动辖区内企业大规模“机器人换人”计划；农业方面，国家将大力推进农业现代化建设。这一切的结构调整都是避免计划生育带来的人口结构变化造成的人力成本上升。在人口红利逐渐消失的情况下，在未来年轻人口越来越少的情况下，快递业长期依靠劳动密集型的发展模式是不可取的。

1. 分享经济的背景

分享经济有两大核心理念：使用而不占有；不使用即是浪费。

分享经济已经广泛应用于出行、住宿、办公、餐饮、知识/技能分享、物流众包等各个领域，如表1-1所示。分享经济是近几年新兴的一种全新业态模式，据电子商务研究中心统计，2014年，分享经济所拥有的规模已经位居全球各行业经济的第五名，行业经济规模已经高达大约150亿美元，2025年，分享经济规模预计将会达到3350亿美元，这也就意味着会有越来越多的分享经济模式的公司诞生。

Uber是覆盖全球的车辆分享出租公司，却没有汽车资产；Airbnb（爱彼迎）是旅行房屋出租公司，却没有房屋资产。那么，快递企业可不可以没有一个快递员，或者是很少的专职快递员；可不可以没有快递运输车辆，而仅仅依靠公共交通，更或者是顺路的搭乘？应用互联网思维重构供给与需求，整合碎片化的供给与多样化的需求匹配，分享经济为快递行业的发展提供了一种新的思路。分享经济应用领域及典型案例，如表1-1所示。

表1-1　　分享经济应用领域及典型案例

分享经济涉及领域	实际案例
出行领域	滴滴、神州租车、PP租车等
住宿领域	Airbnb、小猪短租、途家等
办公领域	纳什空间、梦想加、无界空间等
餐饮领域	厨师上门、私人饭局、家厨共享等
知识/技能领域	在行、领略、靠我等
物流众包	人人快递、空间客车、达达等
其他	WiFi共享、餐具共享、翻译共享等

（1）Airbnb：灵魂归宿般的租房体验，诞生时间：2008年。

分享经济的鼻祖，空闲房屋的所有者借助平台将房屋出租给租客，其夜晚房屋的预订量曾远超酒店巨头希尔顿。

（2）Uber：用户出行助手，诞生时间：2009年。

截至目前，滴滴与Uber中国已完成合并，分享经济在中国已经获得认可。其已经覆盖全球60多个国家和地区，拥有兼职司机数量远超100万名。

（3）PP租车：车辆共享出租平台，诞生时间：2012年。

平台短时间内积聚了注册车辆60万辆和租客上百万。私家车保有量的逐年上升和自驾游的兴起，促进PP租车共享模式的发展。

（4）WiFi万能钥匙：无时无刻的连接，诞生时间：2012年。

免费WiFi热点信息的自动获取，目前WiFi万能钥匙全球用户规模达到7亿、每月使用该软件的用户高达3.6亿人次，未来不可限量。

（5）在行：经验与知识的分享，诞生时间：2015年。

私人定制化的学习、旅行、创新创业等相关领域的解决方案。

2. 低碳循环的发展方式——生态文明

分享经济给人们带来的是一种全新的经济与商业理念。与追求规模经济和数量最大化的工业经济不同，分享经济追求的是闲置资源利用率的最大化，倡导的是资源的节约，进而实现生态环境的持续改善。其中的资源既可以是有形资产，如商品、货币等，也可以是无形资产，如专业、技能等。

根据美国麻省理工学院的研究，以汽车为例，一辆汽车如果可以充分发挥效用，实现共享，就可以取代4～10辆私家车，可人均减少30%～45%的驾驶千米数，拼车服务可以使交通拥堵减少55%。另有数据表明，德国不来梅市共享汽车服务的使用，使得每年减少了1600吨二氧化碳（CO_2）排放。车辆使用数量的减少以及车辆行驶千米数的减少都更加符合生态环境保护的低碳经济理念。

分享经济产业链是一个动态的生态系统，每一个参与者既可以是生态系统中的供给者，也可以随时转化成生态系统中的需求者，这种方式扩展了整个交易市场的外延能力。分享经济下，快递企业可以颠覆其传统思路：通过不断投入刺激业务量增长，取而代之的是利用社会存量资源的优化配置以实现快递服务的提供。分享的理念是一种低碳循环的发展方式，其需要与民众的观念更新相结合，更需要能源消耗大户的快递产业进行行业升级改造、技术持续创新。

而快递行业的升级改造目前面临着宏观环境的几大驱动因素。

(1) 政策环境

“互联网+”顶层设计促进了互联网与传统产业，特别是服务行业的融合。国家的顶层设计确立了未来五年我国各行各业的发展方向，积极推动模式创新。2015 年 3 月，政府工作报告中首次提出“互联网+”行动计划，7 月国务院发布了《国务院关于积极推进“互联网+”行动的指导意见》。之后，电子商务领域《“互联网+流通”行动计划》《关于推进线上线下互动加快商贸流通创新发展转型升级的意见》等相关政策的出台，进一步扩大电子商务相关领域发展空间；深化电子商务与其他行业的深度融合；同时完善标准规范、公共服务等支撑环境。

(2) 经济环境

国家统计局数据显示，目前消费显然已成为拉动我国经济增长的第一动力，其对 GDP 的贡献率已经由 2011 年的 51.6%上升至 2015 年的 66.4%，提升了 14.8 个百分点，消费已经成为中国经济的“顶梁柱”。同时，统计数据显示我国居民的可支配收入实现平稳增长，消费能力的提升为我国服务业的发展提供了上升空间。

(3) 社会环境

据 CNNIC（中国互联网络信息中心）统计报告表明，截至 2015 年 12 月，我国网民规模达到 6.88 亿，互联网普及率为 50.3%，中国手机网民规模已经达到 6.2 亿。互联网的普及，网民规模的扩大及移动端用户的增多等都为快递新模式的构建提供了运营保证。工信部数据表明，截至 2015 年 11 月，固定宽带和移动流量的平均资费已有不同程度的下降，网络提速以及移动资费的下降更加改善了网络服务的环境。

(4) 技术环境

互联网基础环境的优化、移动支付的技术升级成为了快递新模式的又一有力推手。互联网移动支付技术的不断升级，远程支付与近场支付已经获得广泛应用，短信支付、扫码支付、指纹支付、声波支付等移动支付技术的涌现，使得移动消费的安全性更高、灵活性更强。

1.1.2 问题的提出

2015 年 3 月 26 日，国家邮政局发展研究中心副主任冯力虎在上海举行的“中国快递论坛”上表示：2014 年快递业务量和快递收入双双创下历史新高，快递业务量达到 140 亿单，快递收入也突破 2000 亿元大关。截至 2015 年年底，中国快递业连续5年同比增速超过48%。随着“80后”“90后”乃至“00后”青年一代消费能力的成熟，互联网环境下的移民与原住民越来越习惯于网购商品，而这样的消费习惯直接拉动了全国乃至全球快递行业的发展。2015年年底，中国快递业务量继续稳居世界第一，年业务量已经突破200亿件大关。

在快递业取得骄人的发展成绩的同时（见表1-2），也暴露了令人尴尬的现实问题。虽然我国快递业务量已经是全球第一，但是一个不容忽视的问题是：UPS（联合包裹速递服务公司）、FedEx（联邦快递）等国外快递巨头中的任一家的快递收入比中国各家快递企业全年的收入总和还要高。国内快递企业在固定资产规模、信息化程度、人力资源水平等方面也较为落后。此外，中国快递“大而不强”的特点十分突出。同质化竞争严重，价格战持续多年，一些快递公司“赔本赚吆喝”；服务质量良莠不齐，消费者投诉时常成为热点；违规寄递、“带险上路”时有发生，快递安全仍存在漏洞等。

表1-2　　2009—2014年各月快递业务量　　单位：万件

月＼年	2009	2010	2011	2012	2013	2014
1	10972	17066	25302	27319	68917	88950
2	11781	11147	17177	35164	35473	68886
3	15293	19083	28645	41851	67043	102528
4	14593	18194	28015	40374	66249	105418
5	14829	18661	29114	48994	74179	111635
6	15714	19438	30078	45448	72154	112926
7	16273	19308	29599	46245	74802	111245
8	16850	19711	31236	46562	75267	114051
9	17792	21535	32463	51345	83637	122992
10	14854	20163	33415	52421	85304	128997
11	17535	23220	39394	67127	108703	164616
12	19299	26366	42874	65698	106945	163681

2015年10月26日，国务院发布的《关于促进快递业发展的若干意见》提出，到2020年，快递年业务量将达到500亿件，年业务收入将达到8000亿元。国家政策支持快递企业兼并重组，上市融资，旨在到2020年构建完成服务优质、技术先进、安全高效、绿色节能的快递服务体系。而现阶段快递行业总体存在的问题也很突出，主要体现在以下方面。

1. 同质化服务不能满足电子商务对于快递服务个性化、差异化的需求

快递物流服务作为电子商务的支撑产业，电子商务的服务要求根据不同属性的商品提供不同层次的快递服务，强调个性化和定制化的服务，而目前快递行业提供较多的是同质化的服务，其远远不能满足电子商务差异化快递服务的需求。

本书提出一种“兼职快递员＋智能快递箱”的快递模式，即 Part - time courier ＋ Smart express box，简称“PtoS”平台快递模式，在文中简称为“PtoS”模式，如图1－1所示，即在“互联网＋”的背景下，利用移动端的优势，将所有快递服务需求放到云平台上，任何已申请成为兼职快递员的人均可选择就近领单，及时、精确地完成快递的递送服务。这个递送可以是同城间的，也可以是异地间的。只要是在顺路的情况下，兼职快递员可以将快件包裹通过其乘坐的各种交通工具进行移动以完成递送任务。通过这个途径

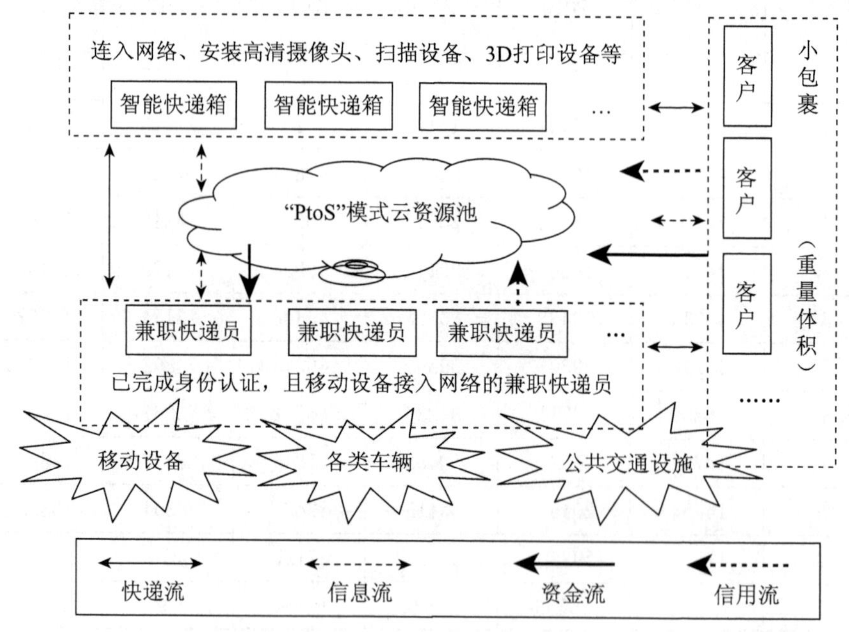

图1－1　“PtoS”模式

优化配置社会闲散资源，并达到环保、低碳、绿色的目的，用互联网的方式重构整个快递业务流程，作为现有快递行业服务方式的良好补充。快递包裹首先选择通过快递平台进行递送，当快递包裹超过一定时限无兼职快递员领单时，平台快递企业将采取应急手段将包裹发送出去，如应用传统方式将包裹递送出去。在初期运营阶段，可将业务集中于小件包裹，在运营中后期可将业务范围进行扩大，可以是大件包裹或者是批量包裹。

2. 粗放式的发展与我国可持续化发展的目标背道而驰

快递行业大幅度增长的货运需求量和快递业活动逐步加剧了对城市交通的压力，尤其是能源消耗、碳排放和环境污染问题，与我国提出的“生态文明”和“美丽中国”的建设目标相矛盾。在全球气候变化的背景下，各国关于温室气体减排责任分担率的博弈和斗争也日趋激烈。通过增加货运车辆、飞机、快递人员数量等粗放的提升快递运送量以及快递时效的方法固然可以达到当前的目标，但对于可持续发展问题是很大的障碍。本书研究“PtoS”模式的主要构成要素，并对其顶层架构进行设计，以实现社会上闲置的人员、空间、交通工具等可用资源的整合。

通过该平台快递模式，应用互联网思维激活社会上的信息能源为企业所用，实现位置信息、资源信息以及移动信息的对称化应用，可为不同的快递需求提供个性化、精准化的定制服务。通过平台商业模式对接资源、服务的提供方与需求方，以现有的资源最大化满足需求，并享有成本优势，最终使得移动（人的移动、交通工具的移动）创造更多的价值。

3. 网络信用问题成为快递行业实现资源整合的障碍，其同样也是分享经济实现的首要痛点

快递行业中小件包裹的递送对于快递员职业的技术要求并不高，但是快递包裹能否安全顺利送达，就主要取决于兼职快递员的信用问题，这也将成为该平台实施过程中的一个很大的障碍。不仅是快递行业，在“互联网＋”推进传统企业升级的整个进程中，网络信用问题都被公认为是影响网络交易发展的关键因素之一，平台化快递服务的过程中也不可避免出现这类问题，如何评价平台双方的信用问题成为互联网与快递服务融合发展的瓶颈问题。网络信用问题成为在虚拟网络环境中亟待解决的问题。本书搭建“PtoS”模式的闭环信用理论框架，给出具体的评价模型和算法用以对兼职快递员进行综合信用评价，为平台快递模式搭建一个良好的信用环境。

4. “PtoS”模式低碳运营策略

本书通过系统动力学仿真的方法模拟城际间平台快递模式对于快递企业

低碳运营的影响，为该行业的可持续发展提供决策建议。以京津城际高铁为例，通过预售期内天津—北京南站所有车次运送旅客数据进行实证分析，以验证对于企业碳排放节约量影响的关键因素。

分享经济在国内发展的两大方向：一类是车、房等高价值的闲置资源；另一类是相对标准化基于人的服务，基于服务的共享，本书基于第二类服务进行研究。

由于“互联网＋”环境下的平台快递商业模式所使用的资源社会化程度很高，其所涉及的兼职快递人员、所使用的运输车辆均来源于开放性的社会，因此其属于具有高度复杂性的社会经济系统，该系统的运行具有动态性、开放性以及环境适应性等特点。任何经济系统都是运行在社会整个大环境下的，其要受到国家政策、市场竞争程度以及社会经济发展的影响。

平台快递模式的主要参与方包括：平台快递企业、消费者、兼职快递员、第三方支付平台及其他相关企业。消费者、兼职快递员是平台快递企业所提供线上线下服务的最终接受者。消费者可以通过快递企业提供的平台在线上进行快递订单的下达，可以采用面对面的快递寄送服务，也可以采用固定地点的快递寄送服务。兼职快递员在快递企业提供的平台上成功注册，通过学习培训获得接单资格，可以根据自己的所在位置进行实时接单，完成快递的投递服务。快递企业提供平台的使用便捷与否直接决定了在这个平台上活跃的人数。其他相关企业包括保险公司、包装生产企业、汽车维修业等可以为平台快递企业、消费者、兼职快递员等主要参与者提供服务。如图 1－2 所示为平台快递企业整体环境与各个主要参与者。

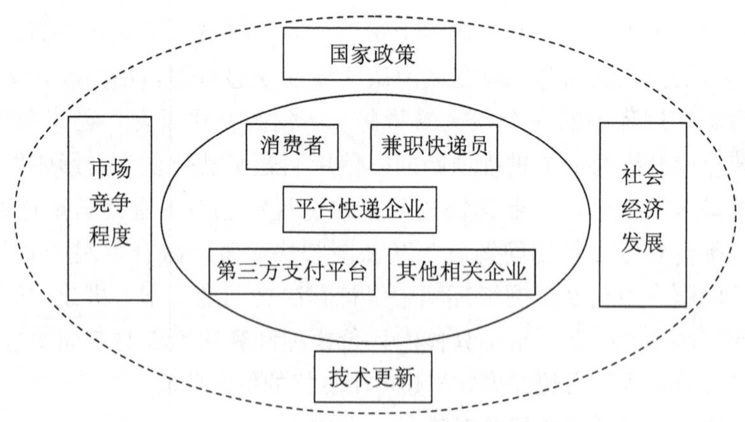

图 1－2　平台快递企业整体环境与各个主要参与者

1.2 研究意义

1.2.1 理论意义

“互联网＋”是依托移动互联网、云计算、大数据、物联网等信息网络技术的渗透和扩散，以信息的互联互通和信息能源的开发利用为核心，促进信息网络技术与传统产业的深度融合，优化重组设计、生产、流通、消费全过程，创新生产方式和企业组织形式，推动传统产业转型升级和经济发展方式转变，进入互联网经济这种新型经济社会形态的历史过程。

“互联网＋生态文明”催发了分享经济。精神消费、环保意识、新的生活方式这三种自觉意识是生态文明时期推动分享经济发展的内动力。分享经济预示着一个追求节约、低碳、实现物质与精神均衡的新生活方式与新生产方式。

在分享经济下，互联网驱动对于服务业模式创新的相关理论需要进一步深化。通过本书的研究，拓展了电子商务与快递物流服务系统协同发展理论；完善了“PtoS”模式相关理论，为平台化快递运营提供理论指导；构建基于服务的网络信用理论框架，为服务业与“互联网＋”深度融合的过程中遇到的网络信用问题提供理论指导。

1.2.2 现实意义

我们思考一个行业的现状、困境及未来的时候不应该把眼光仅聚焦在行业本身，而一定要分析经济发展的内在规律、在一个较长的时间段关注国际国内的经济走势及造成的影响，关注人口政策导致人口结构的变化，关注科学技术的进步、新思维的出现、企业运营模式的变革。只有这样，我们的思考才能符合行业未来的发展方向。

劳动生产率的提高是经济发展的内在动力。大到国家民族的进步，小到行业的振兴、企业利润的提升，最根本的动力源于劳动生产率的持续提升。

从国家的层面，劳动生产率提升作为中华民族前进的根本推动力。1979年中国改革开放以前，计划经济体制下个人的劳动成果最终体现在“大锅饭”的财富分配机制中，束缚了人们的生产积极性，导致了劳动生产率低下。改革开放后至20世纪90年代中期，农民通过家庭联产承包责任制调动生产积极性，带来劳动生产率的显著提高，形成原始积累后，乡镇企业蓬勃兴起，填补国有企业经营下的市场空白，农民阶层财富的增长传导到社会各阶层，带来全社会财富的同步增长，进而形成了十几年推动中国经济发展的一级火箭。

从行业的层面，劳动生产率提高成为行业发展的核心源泉。2001 年中国加入世界贸易组织后，庞大且低廉的劳动力市场、土地等资源要素吸引了世界 500 强企业纷至沓来。它们同时也为出口类企业带来了现代的生产技术、管理理念、品牌效应以及面向全世界 60 亿人的超级大市场。在参与国际竞争中，出口类企业逐步适应，劳动生产率得到大幅度提高，在此过程中，出口类企业从业人员财富的增长传导到全社会各行业，带来各行业财富的共同增长，形成了近十几年推动中国经济发展的二级火箭。

从企业个体的层面，劳动生产率的提高是企业竞争的优势之本。以自营零售业为例，京东在过去的几年中一跃成为中国第一大自营零售商，年销售规模达到 1200 亿元人民币。其利用电商平台、自有仓储、物流队伍提升了自营零售业的劳动生产率，进而降低了成本。反观传统零售业超市、百货等由于自身的劳动生产率低下，无法适应竞争而逐步退出，从 2015 年百盛、万达、易买得等传统零售业在全国掀起的关店潮中可见一斑。

牵牛要牵牛鼻子，思考快递业面临的现实困境的原因必然要从提升劳动生产率角度入手，把握住这一行业发展的根本动力，方可破解快递业遇到的困局，实现快递行业持续、健康发展。

基于“互联网+”重构快递业务流程，新快递订单产生后及时在平台上进行发布，由平台上注册且有资格的快递员抢单后进行配送，遇特殊情况可启动内部紧急渠道配送。该方式不仅仅适用于同城快递，也可以适用于异地快递。通过该方式可将社会上的快递资源（快递员、快递车辆、快递网点等）进行集中优化配置，更加有效地完成快递业务，提高快递行业的生产率。该模式基础设施搭建成熟后，可以进入其他领域，如送餐、送报、送牛奶等都可以借鉴这种模式。

（1）可以增加已有资源的利用率

快递配送人员的准入门槛相对比较低，不需要特殊的技术才能。现代社会有车一族的数量年年攀升，开车上下班，开车自驾游的现象已十分平常。在顺路的情况下，捎带一定数量的快件，既可以为自己创造一份额外的收入，也可以为社会生态贡献一份力量。

(2) 可以让快递业更加低碳环保

各种公共交通工具，如公共汽车、火车、轮船，甚至飞机都可以在人们的旅途中作为转运快件包裹的交通工具，每人数小件，在人数达到一定数量的情况下，就可以节约数辆行走于城市间道路上的货车，而这些货车使用的减少，可直接降低社会的碳排放。

(3) 可以增加人与人之间的信任，并且更好地完善个人信用

虚拟经济中信用的建立是非常重要的，现代社会的人生活在虚拟世界中的时间会越来越长，通过网络信用评估在一定程度上可以降低网络交易的信用风险。当信用违规的成本足够巨大时，其可以对人们的言行进行很好地规范。

(4) 可以解决就业问题

凡满十八岁的公民，只要愿意，均可以成为兼职快递员，利用自己的零散时间，多获得一份收入。尤其是我国进入老龄化社会后，更多的老年人也可以通过此方式发挥余热并达到强身健体的效能。

1.3 研究思路和研究内容

1.3.1 研究思路

1. 技术路线

首先，本书研究区别于以往研究的特点是，在提出“PtoS”模式作为现有快递模式的有效补充之前，先对其进行理论溯源，深入研究电子商务与快递物流服务系统的协同发展机理。学界目前对于电子商务与快递物流服务系统协同发展的定性研究居多，鲜有通过定量模型的方式进行研究。本书应用协同学序参量原理构建电子商务与快递物流服务系统的协同发展模型以测度其协同发展水平并研究其协同发展机理。该研究为“PtoS”模式的提出奠定了理论基础。

其次，由于快递物流服务与电子商务的总有序度逐年上升，但是协同度不高。在分享经济与“互联网＋”背景双重驱动下，本书提出一种“PtoS”模式，重构传统快递业务流程。平台快递模式中的网络信用评价问题是“PtoS”模式平台安全稳定运行的保障，因此，本书主要研究“PtoS”模式的网络信用机理，通过网络信用理论框架保障“PtoS”模式的运营。

再次，基于信任的前提下，本书给出了生态化“PtoS”模式的运行机理，在“生态、低碳、节约、可持续”的社会大环境下，平台快递生态系统的各个参与方需要遵循的运行机制包括开放、闭环、自我调控的自组织机制；主体和资源动态调整的耦合机制；节点互相协同合作的网络驱动机制以及政策、市场、利益的协调机制。它们在各运行机制的约束与控制下协同共生发展。“PtoS”模式运行机理的研究是该模式运营的依据。

最后，基于低碳的视角，应用系统动力学理论对“PtoS”模式的低碳联动模型进行仿真模拟，用以描述各个系统间的相互影响关系。以京津高铁为例对低碳快递模式进行模拟仿真，分析得出影响平台快递企业碳排放节约量的关键因素，为企业决策提供决策支持。

技术路线如图 1－3 所示。

2. 研究方法

(1) 跨学科、多角度的复合系统的分析方法

电子商务系统与快递物流服务系统都属于复合系统，它们的发展除了源于各自系统内部的组织与协调外，也要受到彼此间的影响以及环境的影响。运用分享经济理论、协同原理、“互联网＋”以及快递服务理论，将各个学科的理论、方法与技术手段进行交叉与整合，为电子商务与快递物流服务协同发展的理论研究进行铺垫。

(2) 动态与静态分析相结合的方法

网购背景下，作为网购支撑行业的快递业，其发展是一个复杂的动态过程，与其相关的网络信用评价也是一个动态的过程。借力“互联网＋”，重塑快递服务模式，其发展过程是短暂的静止，而就其长期发展而言则是一个动态的连续变化的复杂过程。因此在对接高新技术创新的快递物流服务过程中，需要运用动态与静态分析相结合的方法。

(3) 计算机模型

本书提出的快递新模式暂时并未实际运行，因此只能通过计算机仿真模拟的方法对新模式进行仿真分析。

本书所做研究基于“问题导向”展开，以目前社会上亟须解决的快递行业精细化的、低碳的发展方式为切入点，探讨在这个模式下快递运营模式及运作机理。在问题的研究过程中，将运用分享经济、协同学、网络信用以及系统动力学等相关理论与方法。

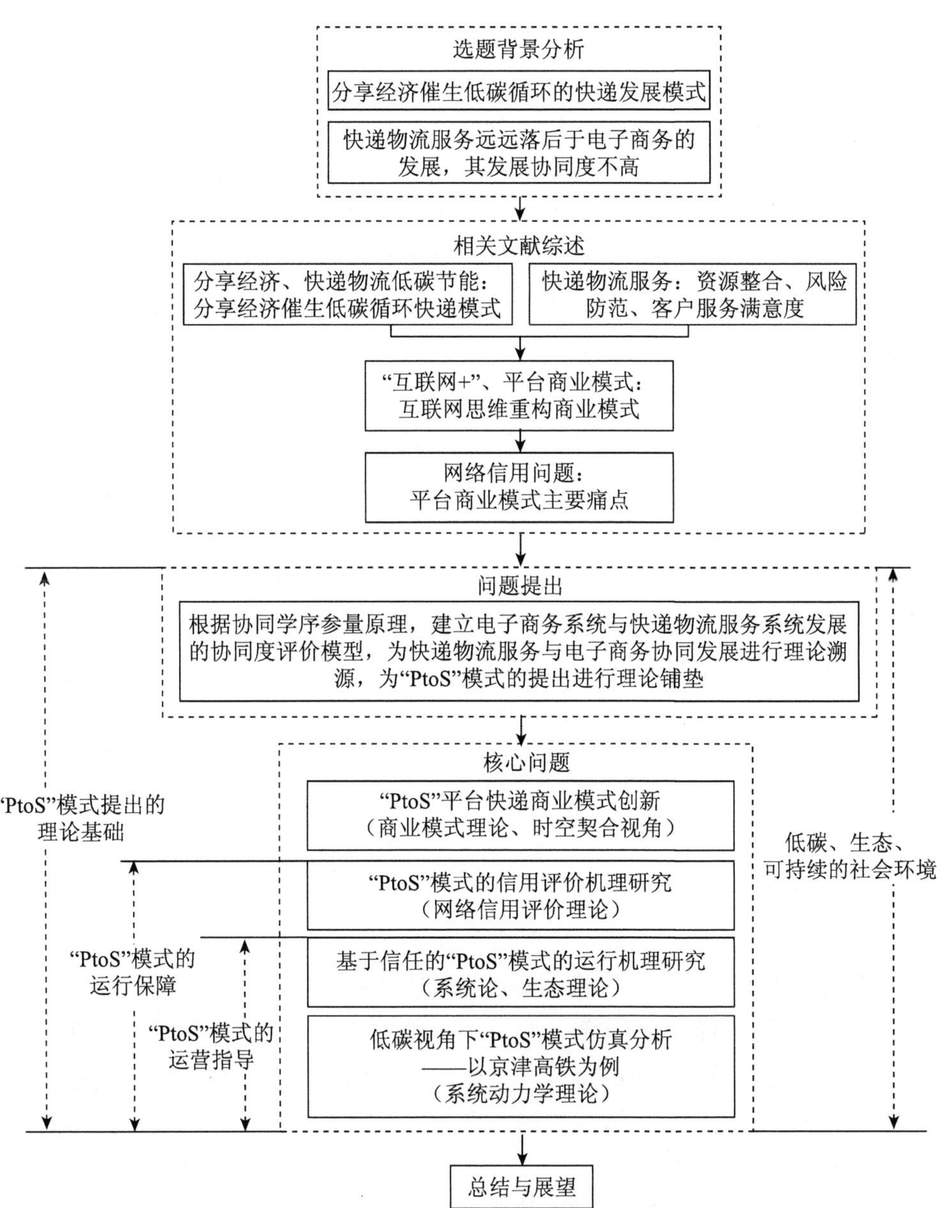
选题背景分析
分享经济催生低碳循环的快递发展模式
快递物流服务远远落后于电子商务的发展，其发展协同度不高
相关文献综述
分享经济、快递物流低碳节能：分享经济催生低碳循环快递模式
快递物流服务：资源整合、风险防范、客户服务满意度
“互联网+”、平台商业模式：互联网思维重构商业模式
网络信用问题：平台商业模式主要痛点
问题提出
根据协同学序参量原理，建立电子商务系统与快递物流服务系统发展的协同度评价模型，为快递物流服务与电子商务协同发展进行理论溯源，为“PtoS”模式的提出进行理论铺垫
核心问题
“PtoS”平台快递商业模式创新（商业模式理论、时空契合视角）
“PtoS”模式的信用评价机理研究（网络信用评价理论）
基于信任的“PtoS”模式的运行机理研究（系统论、生态理论）
低碳视角下“PtoS”模式仿真分析——以京津高铁为例（系统动力学理论）
“PtoS”模式提出的理论基础
“PtoS”模式的运行保障
“PtoS”模式的运营指导
低碳、生态、可持续的社会环境
总结与展望

图 1-3 技术路线

1.3.2 研究内容

1. 电子商务与快递物流系统协同发展机理研究

本书将电子商务与快递物流系统看作两大复合经济系统，应用协同学序参量原理，构建了电子商务与快递物流系统的协同发展模型，以测度其协同发展水平，并应用近十年的统计数据进行实证研究。研究结果表明，电子商务发展的有序度高于快递物流服务业发展的有序度，与实际发展相符。两者的整体协同度呈逐年上升趋势，但协同度增长缓慢，其发展是一个螺旋式上升过程。通过该研究为电子商务与快递物流服务系统的协同发展提供了理论指导和借鉴。

2. "PtoS"商业模式创新

电子商务与快递物流服务的总有序度逐年上升，但是协同度不高。在分享经济与"互联网＋"背景双重驱动下，本书提出一种"PtoS"模式，重构传统快递业务流程，应用商业模式理论从顾客价值主张、关键资源整合、关键流程构建以及独特的盈利模式对"PtoS"模式进行构建，给出其顶层架构设计，并从时空契合视角对该商业模式进行深度分析。通过该研究给出可以应对电子商务快速发展以及快递行业可持续性运营的一种平台快递商业模式。

3. "PtoS"模式的信用评价机理研究

通过借鉴以往网络零售业信用评价在运行过程中遇到的问题和经验，结合现有"互联网＋"行业的信用评价机制，构建"PtoS"模式的可信闭环信用评价机制。应用熵权 TOPSIS 综合评价法给出兼职快递员的推荐方法，在可信的平台下，聚集兼职快递人员，创新快递的供给侧解决方案，以更廉价、更便利、更佳体验的供给撬动更多的需求。

4. 基于信任的"PtoS"模式的运行机理研究

基于信任的前提下，该部分给出了生态化"PtoS"模式的运行机理。就耦合机制中的资源、能力的整合以智能快递箱网点布局为例，根据快递服务网点布局相关理论给出了智能快递箱网点布局的解决方法，并应用天津的快递网点数据进行实证研究。

5. 低碳视角下"PtoS"模式仿真分析——以京津高铁为例

应用系统动力学方法构建低碳快递发展模型，通过低碳运输子系统、低碳包装子系统、废弃物回收子系统以及低碳文化子系统的内在联系对低碳快递发展模式的内部机理进行分析，用以描述各个系统间的相互影响关系。通过"互联网+”重构快递业务流程，以京津高铁为例对低碳快递模式进行模拟仿真，分析对比快递低碳模式下对于碳排放量的影响，对影响碳排放量的关键因素进行敏感性分析，为企业决策提供支持。本研究的章节内容安排如图 1-4 所示。

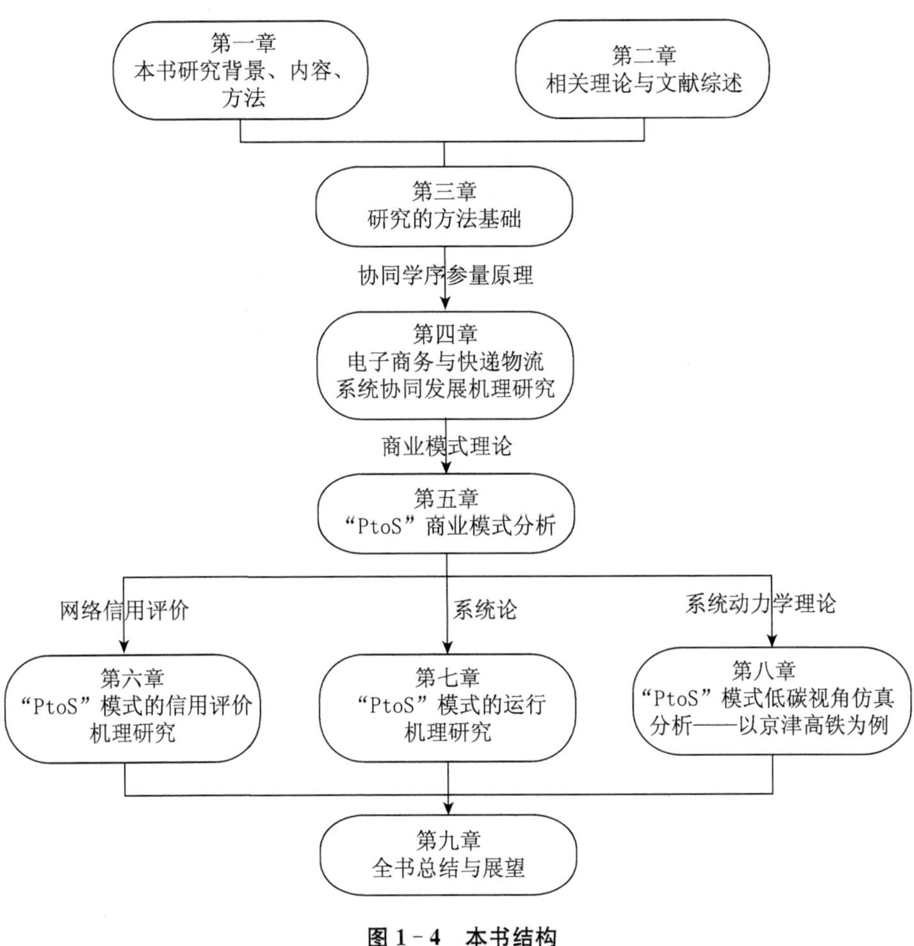

图 1-4　本书结构

1.4　本书研究创新之处

（1）构建了电子商务系统与快递物流服务系统发展的协同度评价模型

应用协同学序参量原理，对电子商务系统与快递物流服务系统的协同发展进行实证研究和理论解释。实证研究结果表明电子商务的协同度高于快递物流服务的协同度，为快递物流新模式的提出进行理论铺垫。

（2）提出了一种“PtoS”模式

分享经济背景下，“PtoS”模式用“互联网+”思维重构传统快递业务流程，本书分析得出该商业模式的主要构成要素，对该创新模式的顶层架构进行设计，并对其运行机理进行分析。

（3）搭建了“PtoS”模式的网络信用理论框架

本书为服务业与“互联网+”深度融合的过程中遇到的网络信用问题提供理论指导和实践参考。传统快递行业作为电子商务的附属功能，仅在对商品进行评价的过程中，顺带评价快递物流过程。而在“PtoS”模式下，快递物流服务成为主要的评价主体，基于服务的可信信用评价体系需要重新构建。

（4）构建了“PtoS”模式的系统动力学低碳联动模型

对低碳快递发展模式的内在机理进行研究，从而探析“PtoS”模式碳排放节约量的驱动因子，进而对快递行业的可持续发展提供对策与建议。

2 相关理论与文献综述

快递概念起源于 20 世纪 60 年代末的美国。我国《邮政法》第九章将快递定义为："在承诺的时限内快速完成的寄递活动。"其中寄递的定义为："将信件、包裹、印刷品等物品按照封装上的名址递送给特定个人或者单位的活动，包括收寄、分拣、运输、投递等环节。"

我国快递业经历了近 30 年的快速发展，之前推动快递行业迅速发展的商业模式已经越来越难以适应市场经济的高速发展以及各种高新技术的飞速变革。因此，对快递行业进行战略转型，引入新的商业模式显得越来越迫切。

2.1 分享经济与快递物流低碳节能问题研究述评

2.1.1 分享经济

凯文·凯利在《失控》(1994) 一书中提道："当所有数据、信息都汇聚到云中，传统基于所有权的模式就会被基于访问权的模式所取代。"这一提法显示出当下的分享经济的理念早在 20 多年前的美国已经被思考和预测，而现在分享经济已经变成现实。2016 年 7 月交通运输部等七部委公布的《网络预约出租汽车经营服务管理暂行办法》从国家法规层面首次明确了网约车的合法地位，也体现了政府对于分享经济新业态下移动出行领域的肯定和鼓励。互联网驱动下人们可以更方便地分享闲置资源以获得收益，包括资产、时间、技能等。

分享经济在 2011 年已被《时代》杂志确认为能改变世界的十大理念之一。尽管这种理念目前应用于商品和服务中尚处于早期阶段，但其凭借着经济合理性、文化吸引力和技术性基础设施的融合将很可能在未来有明显增长。目前，中外学者们对分享经济进行了多角度的剖析。Botsman 和 Rogers (2011) 提出，分享经济为人们提供了一种新的消费体验，既减少了碳排放量，又达到了省钱或者赚钱的目的。Gansky (2012) 提到的分享经济是以一种聚联网的形式，即以网络为基础进行共享平台的构建，通过使用而非拥有的商业模式创造更大的价值。Aerts 等（2013）研究了在产品与过程创新中利润分享的影响。在公司让员工参与任何效率增益的过程中，利润分享是一个可信的承诺。通过德国公司的实证研究，证明利润分享会增加产品或者过程创新的机会。Schor（2016）将分享经济的特征总结为陌生人之间共享能力的运用、数字化技术的依赖以及高文化消费者的参与。Hamari 等（2015）提出信息与通信技术可以使分享经济更容易实现，而分享经济是用于一种分享物品与服务的消费模式。分享经济提供了一种商品与服务供给的新方式，通过平台的形式使人们活动的相互联系和协调更加方便，并且可以形成一种生态的生活方式和市场导向（Schor 等，2015；Belk，2014；Zervas 等，2013；Benkler，2004）。

以分享经济为篇名关键字在 CNKI（中国知网）中进行搜索，发现篇名包含分享经济的期刊文章数量呈现增长态势。2015 年的期刊文章数量与 2014 年相比出现了成倍的增长，2016 年前半年与 2015 年相比也出现了成倍的增长。因此可以看出，分享经济理论与实践的研究已然成为我国学者研究的重点和热点。

张孝德和牟维勇（2015）将现代分享经济从类型上分为有偿分享经济、对等分享经济、劳务分享经济、众筹分享经济、新乡村分享经济等模式。他们提到“互联网＋”生态文明催发分享经济，分享经济预示着一个追求节约、低碳、实现物质与精神均衡的新生活方式与生产方式。代明等（2014）对魏茨曼提出的分享经济的缘起、内容、影响、运用、演化等进行回顾和总结，并指出分享经济面对当今一些复杂的经济问题具有相当大的应用前景。凌超和张赞（2014）提到分享经济作为一种新兴的商业模式在全球范围引起关注，在中国也得到一定程度的认可，但是与此相关的一些问题并没有得到较多的研究，因此他们以在线短租为例，深入探讨分享经济在中国的商业模式存在的问题以及对此的政策建议。

总结国内外对于分享经济的定义主要有两类：一是源于美国学者魏茨曼（1986）提出的分享经济制度，主要用于解决企业员工与所有者的利益分配问题；二是源于哈佛大学教授南希·科恩的观点，分享经济源于提供个人之间直接交换商品或者服务的平台。从新型的商业模式 Airbnb、Uber 看来，我们之后探讨的分享经济是“Sharing economy”，而不是“Profit Share”。

“分享”这一词汇，长期被人类社会使用，指某些东西的所有者可以将其与其他人共同使用、享受或者占有的行为。近些年来，分享行为与网络化和各种高新技术的高度结合成为一种新的趋势，即应用互联网平台实现不同主体之间各种资源的分享，被称为“协同消费”“分享经济”。其创新之处在于将分享扩展到除了亲属以外的社区乃至陌生人之间的货物与服务的交换，这种市场方式可以将价值链中的财富进行重新分配。

目前分享经济已经广泛应用在人们衣、食、住、行等生活的方方面面。分享经济对中国传统商业模式进行了颠覆式的变革。其在物流方面的具体应用已初见成效，如表 2-1 所示。

表 2-1　分享经济下物流众包案例

模式	同城快递	跨城快递	同城货运
案例实施	达达、人人	空间客车	云鸟配送、罗计物流、一号货的

分享经济模式下，物流众包模式现阶段仅仅停留在实践环节的具体实施上，从理论上对其进行分析整理的研究不多，本书将研究重点集中在其相关理论的整理与研究上，以此对“PtoS”模式的深入研究进行理论上的铺垫。

2.1.2 快递物流低碳节能问题研究述评

碳排放被认为是气候变化的“罪魁祸首”，为了应对全球性气候问题，低碳减排已成为世界各国政府的共同目标。早在 1997 年 12 月，149 个国家和地区的代表在日本京都召开了第三次缔约大会，其间通过了旨在限制发达国家温室气体排放量的《京都议定书》，用以抑制全球变暖的进程。2005 年 2 月 16 日《京都议定书》正式生效，该议定书的生效使得“碳排放权”具有了商品的可交易性。作为人类历史上第一次以法规形式限制温室气体的排放的国际性议定书，《京都议定书》通过四种减排方式促进各国完成温室气体减排的目标。

（1）任意两个国家可以进行“碳排放权”交易，用于排放额度的买卖。

（2）温室气体的排放量采用“净排放量”的计算方法：净排放量＝实际排放量－森林吸收量。

（3）倡导绿色开发机制，促进发达国家与发展中国家共同减排温室气体。

（4）可以应用“集团方式”，实现集团内部某些国家削减，有些国家增加的方式，总体上完成减排的任务。

随着各个国家对气候变化问题的重视，各国政府都在努力寻找经济发展和节能减排的平衡点。目前，配额交易体系是一种应用最广也最有效的通过经济激励手段促使企业采取减排措施的机制（Zhang，2010；Abdallah，2012）。中国在北京、上海以及天津等城市已建立类似的碳交易市场。低碳经济、碳交易市场的发展是未来的必然趋势，在企业的管理中这也是一个不得不面对的问题。Dobos（2005）在经典模型 Arrow - Karlin（生产库存）中考虑了碳排放限额，研究表明在碳交易机制下，企业应该将其碳排放量控制在配额以下，可以通过销售碳差额以获得利润。Agatz 等（2008）提出为了减少碳排放量，应用收益管理的方法，设计合理的定价机制，激励客户选择与附近居住的人相同的送货时间进行配送，以减少快递人员的运送距离。Ballot 和 Fontane（2010）以法国零售企业为例，对物流配送网络的碳排放规律进行研究，研究表明：供应网络的共享可以使碳排放量降低约 25%。Hoen 等（2011）在传统运输模型中加入了碳排放因素，通过对运输方式的选择以降低碳排放量，研究表明最终决策取决于监管和非货币因素，如交货时间的变化。Pan 等（2013）研究表明通过联合运输的方式可以降低碳排放量。Gong 和 Zhou（2013）应用规划求解的方法研究碳交易体系下生产企业的动态最优生产决策，以成本最小化为目标，对产品产量以及是否购买碳配额进行决策。

从供应链运营的角度来看，Matthews 等（2008）的研究表明，可以通过供应链企业关键业务的协同以实现低碳减排的目标。Caro 等（2011）通过定量方法研究表明，供应链成员的低碳减排活动，可以通过强制设定低碳减排的上限予以执行。Hsu 等（2013）对在绿色供应链中供应商选择的碳管理模型进行研究，研究表明在供应商碳管理选择方面，碳信息和碳培训的管理系统标准是两个相对比较重要的指标，其在一定程度上决定了供应商的碳管理能力和性能完善。

国内学者也从碳排放交易机制、低碳供应链运营、低碳定量度量方法等角度对企业低碳运营进行了相关研究。

李昊和赵道致（2012）提到目前通行的碳排放权交易机制包括阈值分配、免费分配、公开拍卖以及固定价格出售等方式。他们根据不同的碳排放机制建立模型，研究在保障供应链整体利润的前提下，哪种机制可以使企业自发进行低碳化决策。仿真结果表明，公开拍卖机制比固定价格出售机制，其碳排放价格更能够合理地反映市场状况；碳排放有偿分配机制比无偿分配机制更能有效地促使企业自发选择低碳环保策略。马秋卓等（2014）对配额交易体系下，企业进行低碳产品的定价问题与最优排放策略进行了研究。研究表明：企业低碳产品的定价受补贴力度、产品低碳度及消费者所具有的低碳意识等的影响；当配额交易市场中碳价格越高时，越低的碳排放量会给企业带来较大的利润；对于政府而言，在能力允许的情况下通过提升碳价格或者调整对于低碳产品的补贴力度可以激励企业实施节能减排，改变企业成本结构。

吴义生等人一直专注于网购供应链低碳决策与低碳激励等方面的研究，其首先对网购供应链低碳运营决策问题进行了研究，通过考虑是否进行碳信息发布，构建了两类决策模型，并对模型进行了算例分析。结果表明，当网购供应链的初始低碳水平高于低碳要求标准时，网购供应链进行低碳运营的积极性就高，反之，其积极性就低。2015 年，其团队利用凹函数建立设计模型解决网购供应链的低碳运营问题。该模型对于低碳供应链运营成本进行了最小化处理，并应用拉格朗日松弛算法求解。分析结果表明，低碳设计能够使网购配送中心的仓储资源的利用率提高，决策者能够根据供应链碳排放量的大小对于配送中心的数量进行合理设置。之后，其团队又对提高网购供应链各参与者低碳运营积极性方面进行了研究，他们应用两个方面的激励即单激励和双激励，单激励单独考虑碳税激励或超排碳的处罚激励，双激励即同时考虑二者。最终结果表明，仅采取碳税征收虽能减少供应链成本，但增加排放成本；仅考虑碳超排处罚激励，虽增加了供应链成本，但环境成本没有变化；而综合采取双激励既能降低碳排放成本，又能降低供应链总成本。

崔强等（2014）结合前人的研究对交通体系低碳协同度进行了明确定义，构建了低碳协同度评价指标，建立了低碳协同度评价模型并进行实证研究。在评价模型的基础上，构建低碳协同力演化方程，并分析方程的稳定性和演化趋势，为各交通运输方式在低碳化过程中如何协同提供有意义的参考。对于碳排量的度量以及政策影响，有学者通过系统动力学的方法进行模型构建，并应用实际数据进行实证研究（杨珺等，2012；张俊荣等，2016）。杨涛（2014）通过总结上海市快递行业的发展模式，提出快递活动的日益发展务必会加重城市碳排放及其他一系列负面影响，因此，发展低碳快递模式成为今后快递行业的发展方向。

全球对气候变化的重视程度越来越明显。2015 年 9 月中美两国再度发表《气候变化联合声明》，中国在此承诺 2017 年正式启动全国碳排放交易体系。中美达成低碳减排合约，意味着全球两大碳排放体正式进入全球碳排放体系。此次举动也标志着中国在促进温室气体减排、积极应对气候变化上面迈出了一大步。

中国为了应对气候变化已在北京、上海、天津、湖北、广东、深圳、重庆7省市开展了碳排放试点，并已开始实际交易。2014年6月19日，首日开市的不到半小时内，重庆市碳排放交易中心即完成交易16笔，成交量高达14.5万吨，成交金额为445.75万元，平均成交价格为30.74元/吨。截至2014年年底，7个碳排放交易试点全部发布了地方碳交易管理办法，纳入控排的企业和单位合计1900多家，分配碳排放额约12亿吨。

碳排放交易是促进全球温室气体减排所采用的市场化机制。能源消耗大户快递行业也急需探索一种新的低碳发展模式。国内外学者研究指出，分享经济的理念可以推进快递行业的低碳发展策略。

2.2 快递物流服务研究述评

快递服务是物流服务的一种特殊形式，高效的快递服务需要能够按照用户要求保时保质完成客户要求，提高客户满意度。

目前对于快递物流服务的研究主要集中在如下方面。

1. 通过共同配送降低物流企业的作业成本，提高服务能力

对于中小企业来讲，共同配送可以很好地为企业与企业之间控制成本，提高服务能力。欧阳小迅和黄福华（2011）运用企业资源理论和交易费用理论，分析论证了共同物流是在资源与成本约束下最有效的物流组织方式，并提出了物流联盟和物流虚拟企业这两种互补式的共同物流模式。周敏和黄福华（2012）设计了四种共同物流运作模式供不同阶段的中小企业进行选择，包括单一供应链集成运作模式、同产业联盟集成运作模式、异产业联盟集聚运作模式以及区域产业集群运作模式。从作业成本、协调成本及风险成本这三个方面考虑共同物流运作模式的选择问题。李坚飞和黄福华（2013）应用结构方程的方法，分析影响中小企业共同物流服务稳定性的因素。通过问卷调查，分析得出社会资本结构要素是影响中小企业共同物流服务稳定性的综合因素，企业关系网络、合作认知以及技术结构直接影响中小企业共同物流的协作质量和服务稳定性。张昕（2013）基于末端物流的需求分析，对各种末端物流的新模式进行优缺点、差异点的比较分析，最后得出企业选择末端物流共同配送模式的决策路径。翁克瑞等（2015）研究了协同运输路线问题，提出了CTRIP，并引入固定成本与距离约束，构造混合整数规划模型和Benders分解算法，通过实验证明了算法的计算绩效。

综上所述，共同配送可以降低企业成本，提高企业的服务能力，同时也是缓解资源与环境压力的有效手段，分享经济可以将资源、能力整合上升到一个新的高度，用基于访问权的模式取代传统基于所有权的模式。“互联网＋”的驱动可以促进企业共同物流商业模式的创新，其创新可以集中于服务内容、合作方式以及客户需求管理方面。

2. 在共同配送中各个企业遇到的成本分担、利益分享以及风险防范等问题

周敏和黄福华（2013）应用博弈论分析工具，分析了 Shapley 值法和核心法存在的不足，对核心法进行改进，提出了风险公益金制度的博弈解改善方法。周敏和黄福华（2013）建立了基于支持向量机的共同物流运作风险评估模型，并应用企业数据进行训练以及预测。周敏和黄福华（2013）指出信息不对称下共同物流合作风险主要包括：道德风险、运作风险、管理风险以及信用风险。他们应用博弈论和复杂系统理论，提出需要应用完善联盟机制、优化利益分配机制、健全声誉机制，用以进行合作风险的防控。秦红星等（2014）将物流服务配送完好率因素引入产品需求函数中，建立了非合作博弈以及合作博弈的决策模型，分析设计收益共享契约实现网络供应链的协调。通过算例进一步分析证明了物流服务质量的提升有利于增加网络供应链的总体收益，并且通过选择合适的收益分配系数可以使供应链双方实现帕累托最优。

基于上述研究，共同配送中各个成员遇到的最主要问题集中在成本分担、利益共享以及风险防范。共同配送需要构建完善的联盟机制、优化的利益分配机制以及健全的声誉评价机制以对合作风险进行防控。“PtoS”模式实质上也会涉及快递企业之间的合作、快递人员之间的合作，如何构建完善的合作机制、利益分配机制以及网络信用机制等问题。

3. 网购服务供应链中客户服务满意度问题

近几年，全球化以及激烈的竞争已使得企业需要重塑业务理论与实践。由于技术的革新、业务过程的加速、营销渠道的多样性以及产品生命周期的缩短，许多公司逐渐将开发供应链策略放在客户对于业务的满意度上。

Lukassen 和 Wallenburg（2010）给出一个全面的物流与工业服务价格的综述以及未来研究的方向。Zhao（2010）从影响客户服务质量的内部因素和外部因素两方面对客户满意度进行评价，建立了基于 KPI 模型的第三方物流客户服务质量评价的概念模型和理论模型。模型的建立提高了第三方物流客户的质量并赢得了客户的满意。Li 等（2012）通过收集美国制造业公司的数据研究物流服务对于制造业的重要性，密切关注第三方物流服务对于制造业的战略重要性及运营价值。结果显示能否构建长期的战略关系取决于制造商的信任与承诺。当制造商相信物流提供商是忠诚的、充满热情的、关心他们的业务时，他们将会承诺构建一个长期的业务关系。Lee 等（2012）对大型的第三方服务提供商的物流业务进行建模，其中集成了公司正向与反向的产品流。他们一个主要的贡献就是对于整个闭环的物流供应链的定价以及运输模式选择的完整分析。

刘伟和高志军（2012）为物流服务供应链研究提供了理论架构，给出企业物流网络的内涵、运作和结构。宋华等（2013）采用多案例嵌入式的研究方法，通过选取了四个在资源能力、外部制度、产业特征以及环境方面均不相同的企业，对它们所面临的供应链运作风险以及潜在供应链收益目标进行比较，以揭示服务供应链内在的匹配机制，为企业制订相应战略提供启示，并丰富了服务供应链理论。其中提到了内部服务供应以及服务利润链模型。单汨源等（2013）基于服务供应链相关理论，提出顾客双元性、内部服务供应和服务质量供应链等以往服务供应链没有考虑的问题。在以往 Ellram 专业服务供应链模型和 IUE－SSCM 模型的基础上构建了服务供应链的拓展模型，讨论其构成主体以及服务集成与传递过程，并提出拓展模型的管理要素框架，为后续研究服务供应链基本理论奠定基础。

服务本身具有客户影响性、不可触摸性、不可分割性、异质性、易逝性、劳动密集性等特性，客户的参与会直接影响最终服务的质量和服务供应链绩效。“PtoS”模式的客户具有双元性，平台快递企业要把客户看作企业价值网络中的一个关键节点，因为客户不仅仅是企业价值实现的服务对象，而且是企业价值实现的重要资源。客户既是服务的接受者，又是服务产生和传递过程中所有投入（包括客户的想法、资源和信息等）的供应者。互联网思维的 4 个关键词：“专注、极致、口碑、快”，可以使企业和客户极速衔接，其重要的用户“参与感”理念也会直接提高客户服务满意度。

2.3 “互联网＋”思维重构企业商业模式

2.3.1 “互联网＋”

“互联网＋”代表着全新的生活方式、生产方式和社会治理方式，其引发的相关创新会融入社会各个领域，是发掘新经济增长点、撬动经济增长的重要“催化剂”。在这个过程中，传统产业的商业模式和规则被互联网重新构建。

互联网思维概念的提出者是百度首席执行官李彦宏，其在与传统企业老板探讨未来企业的发展方向时提到了思维的转换，即企业家一定要有互联网思维。而真正让互联网思维这个概念走进公众视野的还是雷军和他的小米公司。互联网思维主要是围绕企业和用户及外部伙伴关系思考问题：一是追求用户体验，快速反应以应对市场变化；二是创新但不盲目，寻找企业自身差异化优势；三是互动分享，重在用户参与；四是产业链的协同与开放合作。

国内外关于互联网思维在物流行业应用的研究主要集中于以下方面。

互联网以及信息技术的应用使得物流企业内部流程更加顺畅、工作更加高效；物流企业间合作方式更加多样化，反应更加敏捷。Hong 等（2007）试图研究整个中国以及相对发达的城市——天津的物流提供商的现状以及未来发展方向，揭示中国物流提供商、天津物流提供商与他们的竞争对手之间的差距，明确中国物流提供商所面临的挑战并为他们提供管理方案。他们的研究在政府支持下，对天津以及整个中国分别进行了两次调查，对比较发达的物流城市——天津物流以及中国不同地区的物流进行对比分析研究。研究表明中国物流公司主要依靠运输与仓储业务而忽视增值服务和物流信息管理；重视生产率而忽视前置期；地域之间存在物流差距。很多当地物流公司迫切希望构建战略联盟以提高竞争力，如果应用互联网对各个物流企业进行作业协同，有 60%以上的中小规模的快递企业只需要进行城市内的门到门的快递配送业务，而运送效率等同于城市内配送。Huang 等（2010）提出非股权联盟对于中小物流企业而言是一个有效率的集成服务能力的方式。信息网络以及电子商务的应用使中小企业的非股权联盟发生了变化，形成了一种新的合作方式——电子物流联盟。他们指出功能齐全的电子商务物流联盟平台可以为电子物流联盟提供一个很好的应用环境。他们分析了电子物流联盟的出现、特点、构成以及意义；设计基于电子商务平台的应用模式；给出一个应用电子物流平台的电子物流联盟的实例。Wong 等（2010）针对海运运输提出一套电子物流系统。该系统可以供托运人、航运公司、海外代理以及货物运营商使用。整套系统支持三个主要的功能：电子订舱、货物配载以及集装箱选择、基于 XML（可扩展标记语言）的信息交换。其中货物配载以及集装箱选择由软件内嵌启发式算法完成，可以提供物流解决方案以降低运输成本以及节约时间。整套软件的使用大大提高了海运运输的效率以及透明度。Guo（2012）

提到 21 世纪之后，很多大型企业为了获得更好的核心竞争力而将自己的部分职能分离出去，通过企业间的合作来实现降低成本、优化流程的目的，因此，战略联盟被认为是第三方物流最能适应市场竞争以及促进企业发展的途径。Ahn 等（2012）讨论了在敏捷供应链中应用 XML，并针对这个领域提出实际的指导建议和未来发展方向。XML 在电子供应链集成中已被公认为是一项突出的技术，但是它在工业领域的接受度还比较低，并受到一些限制。他们讨论了可以使供应链变敏捷的主要因素，并提出为什么 XML 可以解决这些问题。基于 XML 集成的方案如 ebXML、RosettaNet 以及 Web 服务诊断，并分析这些对于供应链敏捷性的利弊以及其缓慢扩散的原因。基于这些讨论，他们提出集成工作首先要关注行业的敏捷性，其次要有严格的业务流程标准，这些对于中小企业来讲是有益的。Jostein 等（2013）提出随着食品安全以及相关立法的完善，许多食品生产商使用了内部跟踪的电子系统，但是由于各个厂商信息的多样性以及各自不同的内部系统，在供应链衔接过程中的信息交换是非常耗时的。

王之泰（2014）提到“智慧物流”是一种将互联网与高新信息技术运用于物流业的高水平物流创新形态。我国政府提出了“互联网＋”行动计划，通过信息互联互通与信息能源的开发利用促进实体经济与虚拟经济的深度融合（邬贺铨，2015；欧阳日辉，2015）。顾九春等（2015）应用 XML 解决异构快递物流快件跟踪信息的数据共享和服务互操作问题。他们设计实现了 ELTIML，并建立快递物流跟踪信息的数据字典和数据模型，最后应用四家快递公司的快件跟踪信息查询系统提供的信息进行验证，结果表明其可以很好地完成信息的交换，并解决数据源异构问题。

在过去的几年中，互联网对很多传统产业产生了颠覆性的影响，便捷、参与、免费、数据思维和用户体验影响着所有企业，那些靠增加中间环节获取利润的企业形态将无法持续，资源垄断和行业壁垒也将受到严重冲击。因此，企业应回归“一切为了客户，便捷地为客户服务”的宗旨，运用互联网为客户创造价值。

“互联网＋”是一种能力，使用这种能力可以激活企业的信息能源。信息能源是一种全新、虚拟的能源，其可以通过信息的交换，节约时间成本，减少中间重复环节，提升效率。不论哪个领域、行业，谁能率先正确应用互联网，也就意味着占得了这轮产业升级浪潮的先机，能够迸发出巨大的创新与创造能力。新时代的商业创新，更多的将会是跨行业、跨领域的横向创新，传统企业必须会用互联网思维主动变革。

“互联网+”是一种平台思维，也可以说是一种工具思维。互联网能够打破信息的不对称，进行个性化、精准化定制，并且具有成本优势，可以衍生出更多新的机会。

2.3.2 平台商业模式

平台商业模式连接两个或者多个群体，以提供双方或者多方的互动机制来满足平台上所有群体的需求并从中获利，其价值创造的逻辑是通过“连接”再“整合”的方式降低平台各个参与方的交易成本，促使网络效应发挥作用。平台商业模式广泛应用于电子商务、网络社交、第三方支付等新兴领域以及零售、交通运输等传统领域。多边平台是通过促进各方客户群体之间的互动来进行价值创造的，一方收益的大小决定于另一方参与者数量的多少。

Zott 等（2011）通过多学科的视角提供了一个广泛和多方面的商业模式的文献回顾，文献回顾揭示出学者对于商业模式没有统一的定义。Osterwalder（2004）将商业模式构成的主要要素划分为客户价值主张、分销渠道、客户关系、收入模式、价值网络、目标市场、伙伴、能力、成本构成。Zott 和 Amit（2010）基于之前的研究，将企业的商业模式概念化为相互关联的活动系统，该活动系统促进企业和它的业务伙伴合作、创造价值以及价值的分享。不过，Osterwalder 等（2005）给出了较具代表性的定义：商业模式描述了公司能为顾客提供的价值主张、公司的资源整合、关键业务流程以及独特的盈利模式，是由一系列要素及其之间关系组成的概念性工具。

Lumpkin 等（2004）研究指出随着互联网的持续发展，企业可以将其作为升级他们能力和发展他们业务的重要资源。Ebay、Google 和亚马逊等企业的巨大成功，进一步证明了互联网的潜力。Henten 和 Windekilde（2016）从产业结构的视角研究分享经济，指出可以结合交易成本理论对于产业结构应用领域的变换进行分析，其中提到基于互联网平台的商业模式，如优步、Airbnb。本书提出了一个基于分享经济背景的多边平台、交易成本、替代和补充的理论分析框架。Fleusch（2010）指出对于物联网的研究主要集中于技术方面，而为了获得物联网的经济价值，商业模式的研究也是非常重要的。

王琴（2011）提到由于竞争压力与技术更替的驱动，企业只有通过价值网络重构创新商业模式，用以拓展新的收入来源以获得盈利。薛奕曦等（2014）研究得出影响电动汽车商业模式可持续性发展的关键因素包括充电时间、购电和充电差价以及充电需求量，并对各个电动汽车商业模式主体的盈利能力进行了比较和动态分析，总结存在问题并给出对策建议。梅姝娥和吴玉怡（2014）应用价值网和商业模式的相关理论与方法对技术交易平台商业模式进行了分析与研究，构建了技术交易平台商业模式的价值网，并给出其主要构成要素。王生金和徐明（2014）利用扎根理论提取出平台模式的 24 个核心要素，并给出平台商业模式的本质和特殊性，为平台商业模式的设计与创新指明了方向。程卫超（2015）研究给出平台商业模式成功构建的关键因素包括：平台生态圈的构建、关键盈利模式的选择与激发、平台网络效应的利用。荆浩（2014）的研究中将大数据与商业模式有效融合，分析给出大数据背景下商业模式创新的框架与商业模式构成要素的变革。

吴勇等（2013）通过对我国四个典型的物流平台商业模式进行对比分析，研究指出平台的生存之道包括：完善隐私保护、信用机制、差异化服务、灵活的价格撮合机制等。舒晖和翦象慧（2015）研究给出平台商业模式选择时需要考虑的因素。包富华等（2013）研究给出平台商业模式在旅游业的应用，并以携程网为例从价值主张、价值链、盈利模式、服务管理、营销五个方面分析该商业模式的构成。尤玉群和朱玉丹（2015）平台金融商业模式的构成要素和评价指标，并结合案例运用说明。冯华和陈亚琦（2015）通过经济时空与物理时空契合的角度对互联网环境下的平台商业模式进行深度分析。

结合平台商业模式主要理论，本书给出了“PtoS”模式的主要构成要素：客户价值主张、关键资源整合、关键流程构成和主要的盈利模式。从理论层面对平台快递商业模式进行梳理，为平台快递商业模式的深度研究进行铺垫。平台商业模式的交易过程发生在虚拟空间，平台上的参与者只需要付出较少的搜寻时间成本就可以完成交易，较低的时间成本替代了原本空间到场的硬约束。狭义范围上的平台商业模式，与传统的实体零售业态商业模式相对应，以阿里巴巴、小米公司、京东商城为代表。广义范围上的平台商业模式涉及行业较广，不同行业内在机制与属性不同，商业模式创新的驱动机理也是不同的。本书提到的“PtoS”快递新商业模式属于广义范围上的平台商业模式。

2.4 网络信用问题研究述评

我国互联网环境的提升成为在线购物渠道的催化剂，消费者可通过在线评价与潜在购买者分享他们的购物经历（包括商品本身和相关服务）。目前最普遍使用的是在线评价表达消费者购物的满意度。消费者的满意度被累加，并分为了几个等级，我们称为信用评价。信用评价会影响潜在消费者的最终决策，因此信用评价机制的制订成为了国内外学者的研究重点，因其主要应用在网络环境中，也称为网络信用的评价机制。

1. 现有网络信用评价机制的比较及方法分析

Pedro 等（2000）指出信息过载、不确定性和冒险精神增加是现代社会生活的重要特征，作为社会成员我们需要依靠信任来应对这些复杂性和不确定性，这是一切社会互动的基础。他们基于真实社会信任的特征，提供了一种信任模型。由于该模型没有对评价者的信用度进行衡量，因此无法解决恶意评价问题。Mui 等（2002）研究指出在互联网平台上通过信任评价系统遏制道德风险的重要性，并鼓励信任的交互。他们基于社会学和生物学的理论构建了信任模型，结合交易双方历史记录与信誉对其信用值进行推导。Zhang（2006）研究指出产品质量的不确定性和交易双方的可信度会阻碍网上拍卖的流动性和效率。之前相关在线反馈机制的文献综述并没有对交易者的角色进行区分，对于作为买方的购买历史并没有进行评价，仅仅只有销售时历史记录评估卖方的声誉。他们研究给出基于买卖双方信用度的评价模型，并用 Ebay 数据进行实证，验证结论的正确性，不过该模型并没有考虑一些破坏系统信用的行为。David 等（2008）指出电子商务发展成功的关键因素源于在线信任，研究得出在线购买意愿与信任的关系，并指出之后的研究可以采用多维度的信任模型。Dan（2008）等在电子商务背景下，采用纵向的方法，针对预购、购买和售后整个过程，构建消费者信任和满意度的模型。结果表明信任会直接或者间接影响消费者的购买决策，同时也指出通过满意度可以对消费者的信任产生长期的影响，并对模型的理论与实践的局限性和未来的发展方向进行讨论。Mármol 和 Pérez（2011）开发了一个无线传感网络的信任和声誉模型的模拟器（TRMSim - WSN），使用该模拟器对 BTRM - WSM、EigenTrust、PeerTrust and PowerTrust 等目前普遍使用的分布式网络的信任与声誉模型进行比较。研究表明，所有模型基本上都可以在任何环境下有一个合理的性能评价，不过通过比较也得出了具体模型的适用场景。如除了 EigenTrust 模型外其他所有模型都不受网络大小的影响，只要网络是静态的，拓扑结构保持不变，它们都可以获得好的结果。在遇到共谋的情形下，EigenTrust 和 PowerTrust 模型的效果会好些，但是如果恶意节点过多也会影响模型的性能等。通过信任与声誉模型的比较，可以根据网络的固有特征选择应用合适的信任与信誉模型。

谢恩等（2012）将信任分为能力、正直、友善三个维度，他们通过实证的方法分析研究信任的不同维度对消费者在线购买意愿的影响。王会娟和廖理（2014）指出信用是影响P2P网络借贷交易的重要因素。他们二人基于“人人贷”数据，依据信息不对称理论框架，研究得出P2P网络借贷平台的信用认证机制对借贷行为的影响。研究发现，信用评级越高，借款成功率越高而且借款成本越低；认证指标和认证方式也对借贷有影响，对借贷行为影响大的是工作认证、收入认证、视频认证和车产、房产等认证指标。与单纯的线上信用认证相比较，线上和线下结合效果更好。陈庭强和何建敏（2014）基于复杂网络理论，运用平均场的方法构建了信用风险传染模型，通过理论分析和实验仿真得出个体间关联程度、网络密集程度与个体被信用风险传染的概率和比例呈正比，网络异质性与其呈反比。

2. 现有网络评价机制存在的问题及改进方法

Li等（2013）提供了一个评估可信服务选择有效性的框架。他们建议基于服务相似性构建网络，在面向服务的社会网络中提供一种计算和传递信任的算法。通过实验验证该算法的有效性、健壮性和可行性。实验证明该模型可以为消费者提供更有用的信息。声誉是指产品的购买者的平均评分，是网络购买决策的主要影响因素之一。由于用户的评分很容易被操控，因此声誉的可信度将无法保证。本书将客户从活动频繁度、评价一致性、评价的主观性等方面进行划分，描述虚假声誉产生的场景，并设计算法量化客户评价描述可信声誉模型。最后通过与之前声誉模型进行对比验证新模型的有效性。

李敬泉（2014）以阿里巴巴旗下的淘宝网和天猫商城为例研究了网络零售网站的信用评价体系，并指出现有体系中店铺的好评率和动态评分是所有买家评价的算术平均值，并没有考虑到买家自身的信用度，使得一些卖家为提高信用等级或动态评分，花钱雇人进行“信用炒作”，或恶意诋毁竞争对手。为了能够真实反映店铺的真实水平，他提出一种以信任传递为基础的改进的信用计分机制。朴春慧等（2007）针对现有C2C电子商务信用评价模型存在的问题，建立了改进的信用评价模型，并提出了新的信用评价算法。其中通过考虑交易双方的信用度、交易次数和交易金额对被评用户进行信用加权平均分和信用度的计算，用以解决简单信用累积评价存在的问题。何清泉和邹运梅（2011）建立改进的C2C电子商务信用综合评价模型。其中对于新用户，采用该用户的社会诚信水平来代替其初始信用状态。杨韵（2010）提出的动态信用评价模型是基于以下理论构建的：信任是可以度量的，信任是主观的，信任是基于历史的，信任是动态的，应在动态信用的评价模型中引入惩罚/补偿函数。

张宝明（2013）提到网络市场中信任危机始终存在，完善网络市场信任机制尤为重要。网络市场存在各种不同的信任机制和评价模型，如身份认证、角色存取、信用评级、外部推荐、交易履约保障、交易安全保障金、商业联盟、综合评价等，其中都有不足之处，存在信誉欺诈等信用问题。他在界定信任和信用概念的基础上，通过建立博弈模型，分析网络市场的信任机制。马雪影（2012）提到三种思路即依赖网络技术手段、呼吁法律法规的行政介入、强调道德的规约，而在道德悖论的境遇中构建网络交易诚信的根本途径在于实现有效的伦理道德教育。金惠红（2010）在旅游服务的诚信评价中引入 BP 神经网络模型进行量化评价研究。

基于研究综述表明，现有的基于在线购物信用评价体系的构建主要是针对卖家、买家和商品。而基于服务的评价主要是基于服务参与双方以及服务过程。“PtoS”模式主要是针对服务的评价，其涉及服务参与方包括快递员、收件人和寄件人，服务过程包括快件信息在平台上发布到其到达收件人手中的整个过程。本书研究通过“PtoS”模式的闭环信用体系的搭建以屏蔽一些有不法企图的人员，“PtoS”模式平台的安全保障与风险隐患的屏蔽需要通过健全规则的设计提升参与者的信任度。

2.5 本章小结

“PtoS”模式即“互联网＋快递”，是物流众包中快递实施的一种重要模式，其相对于传统快递业而言采取的是轻资产模式。分享经济与“互联网＋”背景驱动该模式的产生，对于同城快递，这种方式更便捷也更加节省时间；对于异地快递，包裹送达是可以分段进行的。分布式的联合运输可以取代传统点对点和中心辐射型运输，该方式已在《零边际成本社会》中得到论证。

目前，同城快递已有达达、人人快递在实际运营，其业务重点集中于最后 3 公里的配送；跨城快递现已有空间客车，其业务重点集中于高铁或飞机上的闲置空间和闲置人员运送包裹；同城货运现已有罗计物流、云鸟配送，其业务重点集中于整合闲置货车信息。

综合上述研究可得“互联网＋快递”模式现主要集中于实践环节，对于其理论的研究还不多见，本书从理论上对该模式进行分析研究，主要集中于以下方面。

（1）电子商务与快递物流协同发展机理研究

本书应用协同学序参量原理，对电子商务与快递物流服务的协同度进行测度，为电子商务与快递物流服务系统的协同发展进行实证研究和理论解释，同时为“PtoS”模式的发展进行理论溯源。

（2）“PtoS”商业模式分析

本书的研究结合商业模式相关理论，对“PtoS”模式从顾客价值主张、关键资源整合、关键流程构建和独特的盈利模式四个维度进行构成要素分析，并给出该模式的顶层架构。

（3）“PtoS”模式信用评价机理研究

“PtoS”模式平台安全有效运营的基础就是网络信用，网络信用评价多集中于信用可信问题的改进，研究通过搭建闭环信用体系、建立完善可信闭环信用机制、构建可信闭环信用评价模型以及兼职快递员的推荐算法等途径解决平台的可信度问题。

（4）“PtoS”模式的运行机理研究

在信任的前提下，本书研究构建平台快递生态系统，并对该模式的运行机理进行研究。

（5）“PtoS”模式低碳问题仿真分析

本书研究从低碳视角对该模式进行系统边界界定，因果关系分析，并以京津高铁实际数据进行模拟仿真分析，对影响企业碳排放量的关键因素进行敏感性分析。

3 研究的方法基础

3.1 复杂系统理论

3.1.1 复杂系统理论概述

1. 复杂系统的定义及特征

20 世纪 40 年代，系统科学得到了迅速的发展。复杂系统的最初概念起源于 1945 年奥地利学者路德维希·冯·贝塔朗菲的定义。他认为系统具有三项非常重要的特征：一是系统的整体性，即系统是由所有元素或组元构成的复合统一整体；二是相关性或相干性，即系统由一些相互作用和相互依存的要素所组成；三是系统受环境影响和干扰，并和环境发生相互作用。贝塔朗菲指出，一般系统论和整体研究的兴起使现代技术和社会变得十分复杂，传统的研究方式和手段已不再满足需要，必须在一切知识领域中运用“整体”和“系统”的概念来处理复杂性问题。对复杂系统而言，不同的学者有不同的理解。最为典型的也是最为超前的研究要数美国圣菲研究所（以下简称 SFI），他们在吸取相关研究后提出复杂系统是由许多相互作用的单元组成，这些单元之间通过相互作用形成系统的整体自组织行为。

相对于简单系统而言，复杂系统是由多个子系统相互交织而成的复杂网络，在这个网络中，系统各组元之间形成了不同的关系，而且任何一个组元都会随其他组元的变化而变化，同时反过来又影响其他组元的变化。此外，复杂系统本身要与周围的环境不断进行着物质、能量和信息的交换，因而是一个复杂的不断以自我调整来适应环境变化的开放系统。同时，构成复杂系统的一部分或全部组元通过相互影响、相互制约和相互依存的非线性相互作用，使得系统在其演化过程中又表现出一种整体性和动态性特征。此外，不管是哪类复杂系统都具有多样性，主要原因是其由多个元件组成，各个元件内外关系错综复杂，而且各个元件之间的相互作用及其与环境之间的相互作用都不尽相同，各有特色。

系统具有高度的不确定性、非线性、实时性，而且难以用传统方法建立系统的模型。相对于简单系统而言，复杂系统更是具有以下特征。

（1）复杂性

系统往往规模都很庞大，其内部由多个子系统组成，系统各单元之间联系广泛紧密，构成一个网络，每一个单元的变化都会受到其他单元变化的影响，并会引起其他单元的变化。

（2）非线性

构成复杂系统的一部分或全部组元必须具有非线性特性，非线性的实质就是相互联系的事物是相互影响、相互制约和相互依存的。非线性又称为复杂性之源。

（3）多样性

复杂系统内外部关系多而错综复杂，这种多样性，一方面是由于构成系统的各组成因素之间的相互作用，另一方面是各组成因素与环境之间的相互作用的结果。无论是自然复杂系统，还是生物系统、经济系统等的整体行为（功能或特性）都具有多样性。复杂系统的行为表现可能是静止的、周期的、混沌的或不稳定的。

（4）开放性

系统本身与系统周围的环境有物质、能量、信息的交换。正是由于这些交换，系统是开放的。开放性能使系统通过与环境的相互作用，不断向更好地适应环境的方向发展变化。

（5）涌现性

系统科学将“整体具有而部分不具有的特性”称为涌现性。涌现性来源于非线性的相互作用，这种相互作用使得系统呈现动态性，并不断处于发展变化之中。涌现性是复杂系统演化、进化过程中所具有的一种整体特性。

（6）自适应性

复杂系统具有进化特征，系统进化指系统的组元、规模、结构或功能等随时间的推移朝着有利于自身存在的方向自我调整、自主适应内外环境变化。这正体现了适应性造就复杂性这一复杂适应系统理论的精髓。

复杂系统理论是系统科学的一个前沿方向，标志着人类认识论的新发展和现代科学的重大突破性进展。

2. 复杂系统的演化

根据复杂系统理论的形成、发展与成熟，该理论也相应经历了萌芽、形成到快速发展的三个阶段。

（1）第一阶段——复杂系统理论的萌芽阶段

20 世纪 30 年代前后形成了一般系统论、控制论、信息论等理论，在这些理论的发展过程中，众学者从结构特征角度逐渐形成了复杂系统理论的基础观点：即不同因素之间的相互作用所造成的影响不等于因素本身作用相加。虽然该阶段对于复杂性的方法研究属于初始阶段，没有实质进展，但这些研究都为复杂系统理论的进一步发展提供了基础。

（2）第二阶段——复杂系统理论的形成阶段

经过上一阶段长达数十年的理论积累，到了 20 世纪 60—70 年代，学者从系统行为、结构的特征演进，探讨了环境、动力机制、途径等因素对复杂性的影响，认为复杂系统内会通过各个要素的相互影响，自发和自主地从无序形成有序，从混乱中产生规则，从简单因素中产生复杂性，并在研究中提出了混沌理论、耗散结构理论、突变论以及协同学的理论和方法。后三个理论将系统的形成、结构和发展在从无序向有序转化的层面上联系起来，成为 20 世纪 60—70 年代推动系统科学理论发展的重要成果，也为下一阶段相关复杂系统理论的成熟奠定了重要的基础。

在此阶段，耗散结构理论和协同学理论对后期复杂系统理论的发展具有极其重要的影响。其中，耗散结构理论（又称自组织系统理论）研究的是系统自身能够在环境影响下自我发展和演化，形成新的时空和功能结构。该理论认为，一个非线性开放系统，在远离平衡态和没有外力驱使下，通过不断交换物质能量，系统内部构件能够协同工作，最终结构将达到有序。这种有序基于不断与外界交换物质和能量才能维持。“耗散结构”将宏观系统分为三种：孤立、封闭和开放系统，它们与外界的关系如图 3-1 所示，开放系统与外界有物质和能量的交换，封闭系统与外界只有能量而没有物质交换，孤立系统与外界既没有物质交换也没有能量交换。耗散结构理论认为，系统的有序化离不开外界的物质和能量。

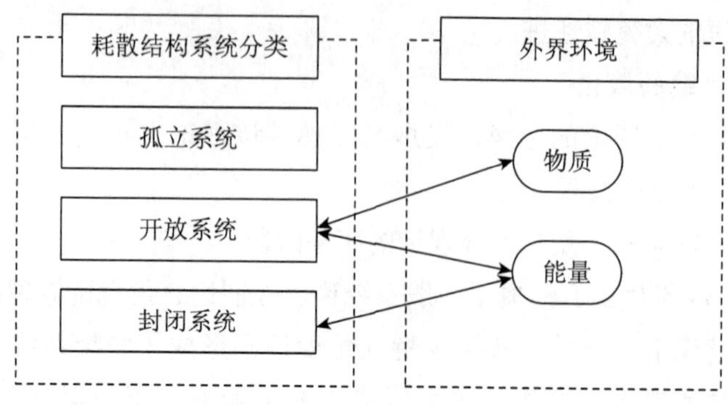

图 3-1　耗散结构系统分类

协同学理论是在耗散结构理论基础上发展形成的，该理论认为，各个系统间在环境中存在互相竞争以及合作的关系，简称竞合关系。系统内部子系统的有效协同被认为是系统自组织、有序化的根源。开放系统中，除了物质和能量外，信息流的输入也会刺激子系统的调整，不断发生相互作用，推动系统达到最佳协同状态。协同学理论进一步指出系统内部子系统在外界条件下的相互耦合是系统自组织的关键之处，也是最终造成协同现象的原因。其核心是支配原理，即变量之间的支配由快慢来决定，慢变量支配快变量，在系统中起主要作用。支配原理同样表明，系统内部只有在少数趋势、力量等起核心作用的情况下，才能促使系统内子系统协同运作，最终达到有序。

(3) 第三阶段——复杂系统理论的快速发展阶段

20 世纪 70—90 年代，学者基于结构、行为特征的构造角度发展了复杂系统理论，该理论认为复杂系统理论的思想进化主要动力之一就是极复杂行为表现。该阶段的理论成果主要有分形理论、超循环理论和复杂适应性系统理论，其中，复杂适应性系统理论（CAS）是发展最为完善，且在应用上最为广泛的一种理论。作为复杂性科学的一个分支，复杂适应性系统理论从进化角度认识复杂系统，并形成了完整理论体系。该理论将系统单元作为具有自主能力和明确目标的个体。同时，系统内个体间的主动、反复的交互，和环境变化对主体的影响是整个系统发展的动因。整体的变化根源都可以归结为个体行为规律的变化，这种个体与环境间主动交互所造成的变化可以用“适应”来概括。这也就是该理论的基本思想——“复杂性源于适应性”。下面从几个方面来说明：①系统中的主体具有主动性和适应能力。主动性，即为了能与环境和其他个体交互，并在不断交互中“改变”“适应”“积累”从而达到“学习”的作用，在不断的“学习”中，主体自身结构、行为方式也随之发生改变。②个体、环境以及个体之间的相互影响和作用是系统进化的主要动力。个体作为整体的基础，并非孤立存在，个体间相互作用将带来整个系统的“增值”，使整体大于个体之和，也正是这种“增值”带来了系统的进化和多变。所谓相互作用，即个体间的交互。这里的交互有两点意义：第一，整体的作用通过个体来实现和表现。个体在保持相对独立的情况下又有关联，别的个体相对另一个个体的影响也等同于“环境”影响，个体与整体是辩证统一的关系。第二，在个体的交互过程中，也存在个体关系的分化过程。比如，系统初期，个体潜力相同，在相互作用和各种因素作用下，个体的发展方向产生了变化，不同发展方向作用下的个体相互联系，产生了结构。在不断发生的动态相互作用下，整个系统便演化得比较复杂，这便是简单系统到复杂系统的演化。在个体的演化过程中，个体间的交互以个体的变化“记忆”在个体中。每个个体的变化（结构和行为）的不同，也体现了不同的交互作用在个体内部的“存储”的不同。③在宏观、微观方面达到有机统一。宏观层面上，复杂系统需要考察主体、个体以及环境的相互作用。微观层面上，需要考察个体之间的交互所产生的层面上、结构上的改变。在宏观和微观层面上，整个系统，包括主体、个体，都是“活”的，具有主动性和适应性。所谓主动性表现在个体根据外部交互发生主动改变，而适应性来自主动性所造成的个体表现乃至系统的改变，而这种改变是随着环境变化而产生的。④随机因素的引进加强了复杂系统的表述能力。比如从生物界获得有益启示的遗传算法，这种算法的基本思想在于：随机因素不仅影响系统状态，也影响组织结构以及行为方式。具有主动性的个体会“记住”这些影响他们组织结构的经验，并固化在自己的行为方式里，在今后的交互中体现。这点正类似于生物和生态系统乃至社会这个复杂系统的机理或者他们蕴含的潜力，所以说，它超越了以往的随机方法。

随后，计算智能、人工生命、复杂巨系统理论等的创立，同样从众多系统的结构、行为特征的进化角度，为学者提供了模拟、认识和应用复杂性理论的有效途径。

3.1.2 协同学基本理论与方法

协同学起初只限于研究非平衡开放系统在时间和空间方面的有序，哈肯等人通过对许多客观系统如激光系统进行观察，发现系统发展演化中存在一个普遍原理，即在任何系统中，各子系统之间均依靠有调节、有目的的自组织过程，使千差万别的子系统协同作用，并产生新的稳定有序的结构。哈肯发现，无论是平衡相变还是非平衡相变，系统在相变前之所以处于无序状态，是由于组成系统的大量子系统没有形成合作关系，自行其是、杂乱无章，不可能产生整体的新质。而一旦系统被拖到相变点，这些子系统就会迅速建立起合作关系，以自组织的方式协同行动，从而导致系统宏观性质的突变。哈肯在吸收了平衡相变理论、激光理论、信息理论、控制理论等相关理论后，经过与突变论、耗散结构理论的交流，于 20 世纪 70 年代建立了处理非平衡相变的理论和方法，即协同学。协同学从对一些平衡态理论的研究中发现并不是远离平衡才能出现有序结构，一个非平衡的开放系统不仅可以从无序到有序，而且当外参量增大到一定程度时，可以从有序到无序。由此可知协同学是关于多组元系统如何通过子系统的协同行动而导致结构有序演化的自组织理论。

在协同学中，哈肯把协同定义为：系统的各部分之间互相协作，使整个系统形成微个体层次所不存在的新质的结构和特征。协同学是研究复杂的开放系统内各子系统如何协同工作的理论，其基本思想是：在一个开放的系统中，当各子系统处于一定条件时，就会通过非线性的相互作用而产生协同作用或相干效应；在一定范围内，通过涨落达到一定的临界点；通过自组织使系统产生新的有序结构，从而使旧的结构在时间、空间、性质、功能等方面发生根本变化；它把系统的有序或高级有序的方式称作“自组织”；过程称为“相变”；“状态”称为“涨落”；把影响系统有序的关键因素称为“序参量”，非关键因素称为控制变量。

快变量跟随着慢变量的变化，即慢变量支配快变量，而具有支配地位的慢变量就是序参量。协同学理论解释了复杂、开放的系统内部各子系统如何通过非线性的相互作用产生协同效应，是系统从混沌状态走向有序状态、从低级有序向高级有序以及从有序转向混沌的一般机理和共同规律。协同学所研究的这种有序结构是通过自组织方式形成的，其用序参量来描述系统的宏观有序状态，序参量之间的协同合作与竞争决定着系统从无序到有序的深化进程。子系统间的协同是指在序参量支配下形成的系统之间的协同运动，它是系统走上有序以及形成演化序列的原因。协同学中的序参量从无到有的形成，实际上是被作为一种整体涌现性来刻画系统的自组织行为。此外，协同学还认为可以采用被组织的方式对影响系统自组织的序参量施加外部压力，即通过改变对序参量协同竞争起导向作用的控制参量来改变自组织状态，促使系统达成有序或高级有序。

协同学理论的领域与许多学科有关，它的一些理论是建立在多学科联系的基础上的（如动力系统理论和统计物理学之间的联系），因此协同学理论的发展与许多学科的发展紧密相关，并且正在形成自己的跨学科框架。随后很多学者对协同学在经济社会管理系统中的应用进行了探索，可以应用协同学去建立一个协调的组织系统，解决系统诸如合作效应和组织现象类等复杂性问题。协同论的出现是现代系统思想的发展，为我们处理复杂问题提供了新的思路，同样可以作为探索复杂系统结构和秩序的有效手段。应用协同学的基本原理，寻找影响复杂系统变化的序参量，进而研究如何发挥系统内子系统间的协同作用。

3.2 网络信用理论

3.2.1 信用

1. 信用的概念

信用作为人类社会交往的基本行为规范，形成于人类社会的初期。可以说，信用规范、信用观念与人类发展史一样地源远流长。随着人类社会的变化发展，信用概念也体现为一个有规律的连续过程，即随着人们的社会实践的发展而发展。

在《汉语大词典》中，信用意指："不需要提供物资保证，不立即支付现金，而凭信任所进行的。"在《辞海》中信用第 2 条解释是："遵守诺言，实践成约，从而取得对他人的信任。"很显然，中国文化中的信用不仅与买卖活动中的信用交易方式有关，还与社会道德和文化背景有关，同时具有社会和经济伦理范畴的意义。

在西方，与汉语信用一词相对应的词汇是 Credit，它来自拉丁语动词 Credo，意思是"我相信"。而 Credo 又来源于 Crad 和 Do，Crad 的梵文解释为"信任（Trust）"，而 Do 是拉丁语动词，意思是"我给予"。《牛津法律大辞典》将其解释为："为得到或提供货物或服务后并不立即而是允诺在将来付给报酬的做法。""一方是否通过信贷与另一方做交易，取决于他对债务人的特点、偿还能力和提供的担保的估计。"美国《布莱克法律辞典》从多角度阐述了 Credit 的基本含义，其中主要有两种：一是指商家或个人贷款或取得货物的“能力”。二是指债权人赋予债务人延期支付或承担债务且缓期偿还的“权利”。这表明，在西方，信用与赊购、信贷等交易活动有关，是当事人特殊经济能力的表现。

根据以上信用概念的不同表述，信用至少包含下列两种含义。

（1）基本信用

基本信用是指能够履行事先约定的事情而取得的信任。这是一个广义的信用，它通常表现为一个伦理学范畴，体现了人们基本的思想观念，主要是指参与社会和经济活动的当事人或组织之间建立起来的以诚实守信为道德基础的行为准则。这是信用的第一层面，是一种口碑，起一种定性作用。

（2）商业信用

商业信用是作为资金借贷、风险分担和市场规则的信用。它通常指当事人或组织不需要提供物资保证，可以按时偿付的信用借贷，或商业上的赊销，是当代社会特别是市场经济和社会征信制度发达国家的一个重要现象，是基本信用的进一步发展。相对于基本信用，商业信用称为狭义的信用。狭义的信用表现为一个经济学和法律学范畴，体现了人们在经济活动中的行为规则。

2. 信用的基本要素及分类

（1）信用的基本要素

人们在经济活动中发生各种各样的信用行为，这些行为过程中必有信用主体、信用客体、信用载体和信用制度规则，它们构成信用的基本要素。

①信用主体。信用主体是指信用行为发生的当事者双方，是具有各种民事行为能力的经济主体，包括法人和自然人。其中转移资产的一方为授信人（债权人），而接受资产转移的另一方为受信人（债务人）。在商品交换、买卖或抵押贷款中，当事者常常既是授信人，又是受信人。而在信用贷款中，授信人与受信人则是分离的、不统一的。可见信用行为的发生具有双向性和单向性，且授信人和受信人具有一定的权利和义务关系。

②信用客体。信用是通过一定经济交易行为的发生来体现的，就应当有被交易的对象，即信用客体。信用客体是指信用行为中被交易的对象，它表现为授信方的资产，可以是有形的（如商品、货币形式），也可以是无形的（如服务形式）。没有被交易的对象，就不会有交易行为的发生，也不会有信用行为发生。

③信用载体。信用以及授信者和受信者双方的权利和义务关系需要通过信用载体反映出来，这一载体可以是内化在交易双方行为中的价值准则，也

可以是带有非正式契约性质的口头承诺或者基于完备的制度规则的各种信用工具。没有信用载体，信用关系就无所依附，信用行为就无从规范，信用也就难以形成和维持。

④信用制度规则。在市场经济条件下，市场交易的发生和完成通过一定的契约关系得以实现，而这些契约的履行和遵守必须依靠一套完善的交易制度规则，否则交易双方易处于不平等的状况中，信用机制也就无法实施。所以，制度规则体系也是信用得以存在的要素之一。

（2）信用的划分方式①

①按产生的范围不同，信用分为社会信用和网络信用。

②按主体的不同，信用分为个人信用、商业信用、银行信用、财政信用、政府信用等。

③按对象的用途不同，信用分为生产信用、流通信用、消费信用等。

④按期限不同，信用分为长期信用、中期信用、短期信用等。

3. 征信

征信是信用体系的一部分，是信用体系建设的基础和核心。从行业的角度看，征信对应着有关信息产品信用状况资料的生产和加工。征信服务的最基本功能是了解、调查、验证他人的信用，使商务活动中的授信方能够比较充分地了解信用申请方的真实资信状况和履约能力，使授信方的风险降至最低。②

近年来欧美各国征信业发展迅速，已经形成了一种非常重要的产业，它与银行等金融机构相互影响，相互促进，联手防范信用风险，促进各国经济健康发展。如美国的“社会安全号码”制度（即每个人在出生后3个月左右都可以办理并拥有一个终身不变的9位数号码，其涵盖范围包括姓名、性别、出生年月、直系亲属、家庭地址、联系电话、受教育程度、保险状况与金额及一切信用记录等）为其征信产业的发展提供了世界上独一无二的雄厚基础③。

目前我国的征信业仍处于起步阶段，应借鉴发达国家经验，找到适合我国征信业发展的模式与途径。

---

①张亦春等编《中国社会信用问题研究》，中国金融出版社，2004，第8页。

②喻敬明，林钧跃，孙杰：《国家信用管理体系》，社会科学文献出版社，2000，第8页。

③艾洪德，范南编《市场经济中的个人信用问题研究》，经济科学出版社，2004，第125页。

4. 信用评估和信用评级

信用评估是指由专门的评估机构，依据有关的法律、法规制度和严格规范的科学评级指标体系，按照独立、科学、客观、公开、公平、公正的原则，以评估客体的财务状况和主观诚信两大方面为基本点，通过在对其财务状况及履行相应经济承诺能力和信用程度的调查、分析、测算等基础上进行综合评估，以国际通用的简明符号表示，并向社会和评估客体负责的一种经济行为。

自约翰·穆迪1890年创办穆迪评估公司以来，信用评估经历了一百多年的发展。在这长足的发展历程中，国内外的评估机构在实践中已积累了大量的评估方法，大致可以分为三类定性评估法、定量评估法和综合评估法。其中，综合评估法是以定性分析为主、定量分析为辅，首先要求对评估对象做出全局性评估，其次是建立合适的信用评估指标内容和评估模型，最后根据对评估内容所做的系统分析，并在信用评价数学模型的基础上对评估客体的某些状况做出趋势的推测和量的判断，这种方法能够更好地反映评估客体的未来信用风险大小。因此，它现已被国际著名评级公司所采用，代表了当今信用评估方法发展的主流方向。①

信用评级是在信用评估的基础上，运用概率理论知识，用专门的符号来标明评估客体的信用程度。

5. 信用问题的理解

信用产生的同时，信用问题也随之出现了。信用问题是指人们在社会交往或商品交换中因缺乏一定的信任关系，使授信人或受信人到期无法或没有实现承诺从而导致交易成本上升，社会秩序趋于复杂化、混乱化的社会现象。信用问题之所以在我们这样的社会凸显出来，原因主要有两个：一是，由于中国目前还是非征信国家，信用机制的严重缺位导致当前社会各类信用问题极为突出；二是，由于计算机技术、网络技术以及通信技术的高速发展，使习惯于在传统的“熟人社会”进行商务活动的人们一夜之间被推进了“陌生人社会”里，传统的信用约束机制失灵，而新的信用机制还没有完全建立起来，这一切使得信用问题更加突出。

我国信用问题的解决是一个长期的、复杂的、系统的过程，这其中既有西方国家在制度转换过程中曾经遇到的共同问题，也有中国特有的问题：即

①http：//www.cnco.cn.

产权制度和政府行为的问题，另外还有技术方面的问题。总之，中国在信用领域的转轨成本比西方更高。

3.2.2 网络社会、网络经济与信用

人类从农业社会到工业社会的发展与变迁，在生产方式、社会结构、人际关系上已经表现出鲜明的不同特征，而且随着人类社会工业化进程的升级和工业化质量的不断提高，人类社会正“延伸”出一种新型的虚拟社会——网络社会。

在网络社会里建设、管理与使用网络，并具有相应道德需要、道德义务和权利的人或组织称为网络主体。具体来说，网络主体包括处于不同层次、不同类型的用户、企业、网络产品服务商、各种组织、政府机构等。

网络社会的生存与发展，正在而且已经引发了现实社会生产方式的革命性变革，在整体上创造着人类全新的生存方式和生活方式。美国管理专家彼得·德鲁克认为，因特网在彻底改变着经济，但他同时强调：因特网“给政治和社会所带来的影响可能更大”。

1. 网络社会与网络经济

从网络社会的生存过程看其“特征”，网络社会是现实社会的延伸，并依存于现实社会。因此它是现实社会自身发展的结果，是人们交互作用的“产物”。从现实社会的角度审视其“特征”，那么，网络社会不是现实社会的“翻版”，而是对现实社会的重组和再造，是现实社会的“另类空间”。也就是说，网络社会有它自身的特点。

（1）开放性

人类社会的发展史，是不断从封闭走向开放的历史，而以互联网为基础的信息高速公路的建设，大大加速和强化了这一进程。在传统社会里，人们的交往观念、道德观念、道德规范与道德行为无不表现出某些封闭性。而在网络社会里，因为信息的传播无地域、无国家、无时间的约束，人们可以不受时空的限制，相互之间自由交往。

（2）自治性

“无政府”“个人至上”“绝对自由”等口号充斥着网络社会。人们在网上可以自由选择信息，上传和发布信息，其间一般没有严格的新闻审查制度和稽核系统。而且，人们也不必面对面直接打交道，摆脱了传统“熟人社会”众多的道德约束。另外，网上没有国家和地域界限，现实社会中那种分地域设卡、设

点管辖的方式也不再起作用了，虚拟社会为人们提供了一个“自由时空”。

(3) 虚拟性

与物理空间相对应，计算机网络空间完全是一个“虚拟的世界”。在现实交往中那些备受关注的特征，诸如性别、年龄、相貌、身份等都能借助虚拟网络得到隐匿、篡改，这一篡改的行为有时甚至就发生在同一次网络行为过程之中。而且，人们“超越时空”的行为也表现为各种必不可少的信息图标和象征符号。

随着网络社会的发展，作为市场经济的延伸，网络经济已成为现代社会的一个主要特征。网络经济是指由于计算机互联网络在经济领域的普遍应用，使得信息成本得以急剧下降，从而导致信息替代资本形成在经济中的主导地位，并最终成为核心经济资源全球化的经济形态。

2. 网络社会与信用

网络如同一把双刃剑，它在消除现实社会人际交往种种束缚的同时，也使我们的传统信用受到了冲击，造成了某些负面的、消极的影响，甚至导致严重的行为规范的失控。

在虚拟的网络社会里，网民可以完全隐去自己真实的社会身份，以一个或多个虚拟的身份从事网上活动和交往。一旦自己不满意，可以随时终止虚拟身份，而不必承担任何责任。当然，网民还可以借用别人之名，或以名人之名发表个人意见。这种匿名制和多重身份的使用导致网络社会中人际关系具有了不确定性和脆弱性。

3. 网络经济与信用

在市场经济中，商品交换是以社会分工为基础的面对面的劳动产品交换，其基本原则为等价交换，交换双方都必须以信用作为守约条件，构成互相信任的经济关系。如果有一方不守信用，等价交换关系就会遭到破坏。

但在网络经济中，交易活动不像以前只发生在一个较小社区，通过网络它可以发生在整个民族、国家范围内，乃至全球化的市场上，而且在这个虚拟的、匿名的空间里，传统的邻里之间的“低头不见抬头见”的道德约束已不起作用了。即使有一些契约，由于网络的虚拟性、匿名性，也使得交易主体的行动和兑现较之诺言和约定是滞后的，言与行、承诺与兑现之间存在着时间差，信任者与被信任者之间存在着“信息不对称”。所以说，网络中的活动和行为更需要用信用来保障，没有信用便会造成恶性的欺诈行为，从而使电子商务这样的网络经济无法生存。

3.2.3 网络信用

1. 网络信用的概念

网络信用实际上是一个虚拟命题，它在本质上并非是一种全新的信用，而是传统信用在网络中的拓展，也就是说传统社会中形成的信用在网络社会中的适用是有差异的。因此，在建设网络信用体系的时候，一方面要领会网络信用是由于电子空间的出现而产生的，另一方面绝不能由此片面强调网络信用与传统信用的差别，而认为在网络中要形成一个与传统信用完全不同的信用体系，其建设要从头做起。事实上，网络信用要立足于传统信用积累的经验、方法和一部分资源，并根据网络中人们行为的特点，建设完善、合理的网络信用体系。

网络信用也包含两层含义：一是指网络基本信用，它表现为网络主体一般行为活动或与其他网络主体进行交流时产生的基本行为规则；二是指网络经济信用，它表现为网络主体在网络经济活动中所产生的基本行为规则。

2. 网络信用的特点

（1）信用积累的方式

在传统的商业模式中，基本信用的积累是一个较为漫长的过程。它需要交易各方进行不断地接触、了解、交流，并在交易的操作中不断地验证。而网络的出现，从根本上改变了传统的信息交流方式，人们甚至不用见面，通过网络就能把生意做成，使得商业操作的节奏加快。而且随着信息技术的不断改进，网络上的交流与沟通也变得更加生动活泼，人们可以进行类似于面对面的信用交流方式。这些沟通方式的变化，必将导致信用积累方式的变化。

（2）信用传递的广泛性、实效性

网络提供了辐射全球范围的高速信息资源传输通道，信息资源在时间和空间范围内得到了最大程度的延伸和扩展，不仅可以把相关信息提供给全社会的每一个人、每一个家庭，还可以提供给全社会的每一个行业、每一个应用领域。网络具有的开放性、全球性、高效率、资源高度共享等特点，为信用信息的有效利用创造了条件。

（3）影响信用主体的因素

在传统的商业形式中，企业信用一般是以拥有多少厂房、土地、机器等为代表的固定资产、流动资金来体现的。而在网络社会里，像 Google（谷歌）、百度这种提供网络信息服务的企业来说，其信用与拥有的数据库、数据库中拥有多少有效信息、信息的搜索能力等有密切的关系。即在网络社会里，影响信用主体的因素变得多样化、复杂化。

3. 网络信用是互联网产业发展的关键

在网络环境下，如果某人想要了解一家从未访问过的公司或组织，他只要依靠一台设置比较全面的计算机就可以在任何时间、任何地方进行相关信息的查询。这比任何时代都更方便，而且搜索的资料更丰富。在虚拟的网络世界里，信用要比任何时代都重要。

对消费者而言，通过网络除了能有效地取得所需的信息之外，购物的便利以及商品的海量信息使得消费者们无法抵抗网络商务的无穷魅力。可以断定，大多数用户是真诚的；作为买方时，对他人的出价是真心的；作为卖方时，登记出售的物品也是真实的。但是并不排除有些人恶作剧，出售一些子虚乌有的东西，或随意喊价却并无购买意图。

对商家而言，网络展现的是更多的商机。他们青睐网络渠道的原因之一是能从中获得信息资源，为市场决策提供支持，所以信息的真实度便影响着商家参与网站合作的热情。如果商家获得的多为虚假信息，将使他们对网络失去信心。

对网站而言，信用建设尤为重要，营造信任的交易平台是网站管理水平的体现，这对于树立网站知名度，提高访问量都具有重要的意义。

因此，可以说，没有信用，就没有网上交易的生存。只有为网上交易创造和谐的环境，营造信任的交易平台，才能最大限度地消除消费者和商家的顾虑，否则网络经济发展就无从谈起。

3.2.4 网络信用评价

网络交易给现代人带来诸多便利的同时，也带来了一系列的问题。特别是"网上购物让电子商务难过"，买卖双方在进行网上交易时屡屡出现不和谐的现象。究其原因，主要是由于网络交易双方的诚信问题。交易欺诈的现象在 C2C（个人对个人）网络交易中尤为突出，因为 C2C 交易双方都是个人，他们之间通过虚拟的电子交易平台进行交易，其身份的真实性无法得到有效识别和确认。另外，多数电子交易平台运营商声称不提供对交易过程的保护。因此，在 C2C 市场上不确定因素更多，信任问题也更加突出。

由于交易方的信任是由若干因素决定的，这些因素又互为关联，因此必须寻求科学的、客观的评价方法对交易双方的信用做出评价，以此作为建立交易双方信任的基础。

1. 建立交易方信用评价模型的必要性

多年来，信任的概念一直在各种情境之下被提出，不同领域的专家学者对信任的概念定义不同。有学者将信任看作“一种信念，认为在一个交易过程中一方的承诺是可靠的，而且它会按照承诺履行自己的义务”。也有学者将其定义为“交易的一方对另一方可靠性与诚实性的相信”。更有学者将信任看作“对自己的交易伙伴具有信心并愿意认为它是可靠的”。因此，信任可被定义为在充满不确定性和风险的环境中，一方对另一方能力和意愿的相信。信任被看作决定交易过程成败的关键因素和交易关系进一步发展的催化剂。信任存在于传统交易中，同样也存在于网络交易中。

传统交易方式是一种面对面的交易方式，交易双方通过现实中的相互了解和真实接触，为建立双方的信任提供了一定的保证。网络交易作为一种新型的交易方式，被定义为借助于计算机、通信以及相关技术进行商务活动以及基于商务目的的实体之间的信息交换。网络交易发生在虚拟环境中，交易双方的行为在网络上表现为数字流的形式，不确定性和风险程度与传统交易方式相比更大。信任在网络交易过程中所起的作用远远超过了它在传统交易活动中所起的作用，因为此时的信任是建立在虚拟空间的交流基础之上的。

在 B2C（企业对个人）网络交易中，交易一方是企业（Business），相对于个人（Customer）而言，企业是具有一定诚信度的法人实体，企业的相关信息也较容易通过其他途径获取。在 C2C 网络交易中，双方都是个人（Customer），通过虚拟的交易平台完成整个交易过程，一般情况下很难准确识别对方的信息。如何能够科学客观地获得对方的信用水平，是 C2C 网络交易进一步发展要研究的问题之一。

根据博弈理论，如果交易双方只存在单次交易行为，那么可以用表 3－1 来说明双方将采取的交易行为。

表 3－1　单次交易行为的收益博弈

交易方 A \ 交易方 B	不信任	信任
不信任	π，π	3π，0
信任	0，3π	2π，2π

表中的π代表交易方的收益，此表是基于这样一种假设，即如果双方都信任对方，那么双方的收益都较多；如果一方信任，另一方不信任，那么不信任的一方获益较多，因为其可能因为防范或投机心理而采取自我保护或者投机行为，而信任的一方由于没有保护措施而损失较多；如果双方都选择不信任对方，则双方的获益都较少。通过以上的分析，我们可以看到：

①π^A（不信任，不信任）$=\pi>0=\pi^A$（信任，不信任）。

从这个结果来看，交易方A采取不信任或投机行为，其收益将大于采取信任行为的收益。前提是交易方A认为交易方B将采取同样的行为。虽然交易双方都清楚如果双方都采取信任的行为将使双方的利益最大化，但这只是单次交易，谁也不愿意冒这个风险，当然也希望获得最大的收益。因此，交易方A权衡利弊，必然将采取不信任或者投机行为。

②π^B（不信任，不信任）$=\pi>0=\pi^B$（不信任，信任）。

理由如上所述，交易方B将采取不信任或投机行为。

③π^A（信任，信任）$=2\pi<3\pi=\pi^A$（不信任，信任）。

从这个结果来看，在交易方B采取信任的前提下，交易方A的不信任或投机行为将带来更大的收益。出于投机心理，交易方A将采取不信任措施或投机行为。

④π^B（信任，信任）$=2\pi<3\pi=\pi^B$（信任，不信任）。

理由如上所述，交易方B将采取不信任措施或投机行为。

从上述的博弈论分析可以得出，当且仅当存在单次交易时，从理性的角度，交易双方都将采取不信任的行为完成交易。因此，就单次交易而言，交易过程是不可信的。

现实社会中的交易往往是多次的，单次交易的可能性很小。由于存在多次交易，交易方就必须在本次交易中为下次交易做准备，即必须以诚信的态度来获得对方下一次的交易机会。

Patricia M. Doney认为，在商业交换中，一方对交易伙伴信任感的形成包括如图3-2所示的五个阶段。

第一个阶段是计算过程，即一方计算另一方欺骗行为的利弊。如果一方认为对方从不信任行为中获得的利益低于或等于采取信任行为得到的利益，即得到对方欺骗行为将会损害对方最大利益的判断，亦即认为对方是可信的。也就是上面所说的博弈过程。

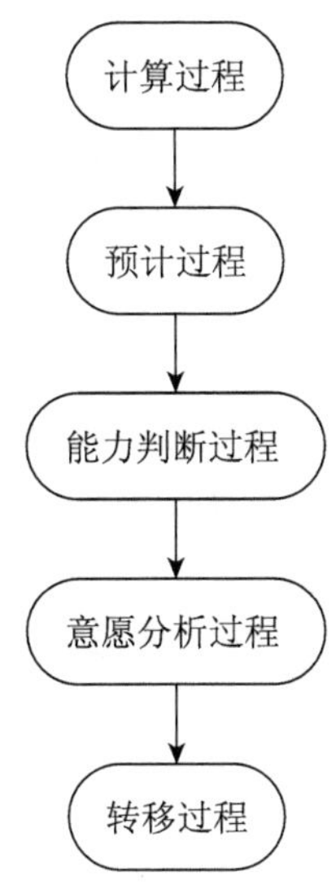

图 3－2　信任感形成的五个阶段

预计的过程与一方预测另一方行为的能力有关。要形成信任感，一方必须拥有足够的关于对方过去的行为和承诺的信息，以评估对方的可信性。对交易伙伴了解越多，对其行为的预测能力也越佳。随着预测效果的精确（即对方实际的行为越接近原先的预期），信任的程度也就越高。

从上面的内容我们可以得出这样一个结论，单次交易将导致交易方不信任或者欺诈行为；多次交易则会在一定程度上避免这样的行为发生。基于人们对交易伙伴产生信任感多数是出于对以往交易历史借鉴的考虑，在多次交易中，交易方不得不考虑下一次的交易行为。尽管网络交易，特别是在 C2C 网络交易环境中，存在着单次交易的可能，但我们可以通过累计交易方在以往交易历史的行为来获得交易方信用，这样即使先前与交易对方没有业务往来，也可以通过确认该交易方的信用等级来考虑是否进行交易，这样就从可能的单次交易行为变成多次交易行为，降低了单次交易所带来的不信任或欺诈行为发生的可能性。

2. 交易方信用评价模型的建立与评价方法

（1）信用评价的含义

信用评价也称为信用评估、资信评估。目前至少包括以下几种解释：

①信用评价是以一套相关指标体系为考核基础，标示出个人或企业偿付其债务能力和意愿的过程。

②信用评价即由专业的机构或部门，根据“公正、客观、科学”的原则，按照一定的方法和程序，在对企业或个人进行全面了解、考察调研和分析的基础上，做出有关其信用行为的可靠性、安全性程度的估量，并以专用符号或简单的文字形式来表达的一种管理活动。

③信用评价是由信用服务机构根据规范的指标体系和科学的评估方法，以客观公正的立场，对被评估对象履行经济责任所承担的能力及其可信程度进行评价，并以一定的符号表示其信用等级的一种有组织的活动。

④信用评价就是对各类市场参与主体履行相应的经济契约的能力及其可信程度所进行的一种综合分析和测定，是市场经济不可缺少的一种中介服务。

⑤信用评价是对各类企业所负各种债务能否如约还本付息的能力和可信任程度的评估，是对债务偿还风险的评价。

从以上可以看出，信用评价主要包含：专业机构、特定对象、履约能力、评价等因素。因此，本书给出的定义是：由专门机构根据规范的指标体系和科学的评价方法，以客观公正的立场，对各类市场的参与者及各类金融工具的发行主体履行各类经济承诺的能力及可信任程度进行综合评价，并以一定的符号表示其信用程度的活动。

（2）个人信用等级评价的特点

个人信用等级评价，从其自身机构的设置、评估过程、评估结果及其发布的过程来说，具有如下特点。

①独立性。个人信用评估机构应该是一个中介机构，独立于个人（借款人、贷款人或投资者）之外，是不受政府隶属关系影响的独立经济法人，不依附于任何单位和个人，其评估的过程、评估的结果必须处于超脱地位。虽然在评估过程中要取得政府部门及相关企业的协调，但它是信用评估的执行者，即个人信用评估机构是独立的。

②信息性。个人信用评估并不是在缔结经济、金融承诺与协议、合同、契约各方之间进行仲裁，而是对一方践约、履约可能性的评价与判断，从而为社会各方提供个人信用的信息，注重个人信用程度的信息客观释放，而不参与其中的关系。

③公正性。信用评估机构作为中介机构，其评估人员，必须本着对评估对象负责，对社会各界负责的态度，依据评估机构及其对象的客观情况，保持客观中立的立场，不偏向任何一方，严格按照评估程序进行规范操作。

④严密性。信用评估人员在评估工作开始时，要严格按照评估作业规范

和程序进行操作，做出判断一定要谨慎严密，保护委托方利益。

⑤客观性。评估人员对评估对象进行评估时，首先，要尽量保证用来测算分析定性指标和定量指标的事实材料一定要客观、准确，切忌没有根据的判断；其次，数据要准确，数据的来源和公布需要合法的渠道；再次，在体现评估结果的报告中，文字表达一定要客观，要使用规范化的语言；最后，所定的信用等级一定要客观、公正，经得起实践检验。同时，个人信用评估的结果，要随着被评估人所处客观环境的变化而变化，如个人财产和债务的变化，势必会引起评估权重的一系列变化。

⑥时效性。信用评估结论作为评估对象信用水平结论的一种信息，是在一定时间、一定地点，根据一定的条件，经过综合测定评价而成的，只能在一定时期内有效。随着时间、地点的变化，信用等级的评估结论也会随之改变，尤其是个人信用的变化。

⑦统一性。个人信用评估点多面宽，涉及范围广，为此，更应强调统一性。个人信用评估的统一性是指评估标准的统一、评估方法的统一和评估程序的统一。

⑧隐私性。个人信用评价因涉及个人的财产、存款等许多个人隐私内容，因此，对个人信用评价必须在严密的监督下进行，相关工作人员和机构必须对涉及个人隐私的内容及条款采取保密措施。

（3）基本原理与算法

建立交易方信用评价模型与评价方法是基于这样的假设，即单次交易将存在不信任与欺诈的风险，多次交易则在一定程度上可以避免这样的风险。该信用评价模型与评价方法的基本原理是通过对交易方在完成交易行为后提交的信用评价数据（主要是交易后交易双方在网上对对方交易信用的反馈）的积累，作为评判依据。通过在电子交易平台上部署这样的功能，交易方在交易前可以通过网络对对方的信用等级进行查询，以此作为是否进行交易的参考。其主要方法如下：

首先，将交易方的信用进行分级，例如，可以划分为 5 个等级：很好，即信用值在区间（0.8，1.0]；好，即信用值在区间（0.6，0.8]；中，即信用值在区间（0.4，0.6]；差，即信用值在区间（0.2，0.4]；很差，即信用值在区间（0.0，0.2]。信用值一旦为零，该交易方将被确认为无信用商家，可以考虑清除出交易平台。以上罗列的信用等级划分方式仅是举例，具体应用中可以根据实际情况的需要划分更详细的信用等级以提高信用判别程度。

交易方当前总体信用值 F_0 的基本计算过程如下：

交易方在交易之前确认对方当前的信用等级。要获得交易方当前的信用等级首先要计算交易方的当前总体信用值。当前总体信用值 F_0 通过交易方截至上一次交易后获得的历史总体信用值 F_1 并结合时间函数计算求得，该时间函数可以称为惩罚/补偿函数，因为它将随着时间的推移而动态地增加或减少交易方的信用值。一旦计算出该交易方的总体信用值，根据该值的区间得出该交易方的当前信用等级。例如，如果计算出该交易方的当前总体信用值是0.7258，则根据前面设定的信用等级区间，可以认为该交易方的当前信用等级为“好”。

交易双方在完成一次交易后，通过层次分析法与模糊评判方法来获得交易双方评价的单次交易信用等级，并根据该等级取得单次交易信用值 F_2。例如，如果该交易方的信用等级为中，则信用值就设定为0.5，可以设定为取该等级区间的中值。结合历史总体信用值 F_1 来计算当前总体信用值 F_0，即给 F_1 一个权重系数，给 F_2 一个权重系数来获得该交易方当前总体信用值 F_0。

（4）信用评价体系的内容

信用评价体系是指由一系列与风险评价相关的评价制度、评价指标体系、评价方法以及评价标准等形成的有机整体。它由信用评价制度体系和评价指标体系两个子体系组成。其中信用评价指标体系是信用评价模型设计的一个非常重要的步骤，作为一个完整的体系，应包括以下几个方面的内容。

①信用评价的要素。信用评价要素关系到信用概念的认识。狭义来说，信用指还本付息的能力；广义来说，信用是履行经济责任的能力及其可信任程度。因此，信用评价的要素应该体现对信用概念的理解。

②信用评价的指标。指标一般体现信用评价要素的具体项目。指标的选择，必须以能充分体现评价的内容为条件。通过几项主要指标的衡量，就能把信用的某一方面的情况充分揭示出来。

③信用评价的等级。信用等级为反映信用状况高低的符号和级别。有的采用5级，有的采用9级，也有的采用4级。一般来说，长期债务的时间长，影响面广，信用波动大，采用级别较宽，通常可分为9级。

④信用评价的标准。要把信用状况划分为不同的级别，这就要对每一项指标定出不同级别的标准，以便参照定位。一般来说，信用评级的标准要根据企业所在行业的总体水平来确定，国际上通常采用全球标准，则信用评估的标准要反映全球的水平。目前，我国已经加入 WTO（世界贸易组织），电

子商务涉及范围不仅仅局限于国内，所以应按照国际标准设立。

⑤信用评价的方法。为保证信用评价的可靠性与权威性，信用评级应通过由政府授权或相关机构确认的专业评价机构进行，并可以采用定量分析与定性分析相结合的方法。

⑥信用评价的权重。权重指在评价指标体系中各项指标的重要性。信用评价的各项指标在信用评价指标体系中不可能等同看待，有些指标占有重要地位，对信用评价起决定性作用，其权重就应大一些；有些指标的作用可能小一些，其权重可能就相对较小。

在建立信用评价指标体系时，要考虑到指标的科学性、整体性、可比性、实用性和动态性，这样才能保证信用评价结果的客观、公正、合理，达到预定要求。

（5）网络信用评价方法

①层次分析法（The Analysis Hierarchy Process，AHP）。层次分析法是指将决策问题的有关元素分解成目标、准则、方案等层次，在此基础上进行定性分析和定量分析的一种决策方法。层次分析法在对复杂决策问题的本质、影响因素及其内在关系等进行深入分析之后，构建特点是一个层次分析结构模型，然后利用较少的定量信息，把决策的思维过程数字化，从而为求解多目标、多准则或无结构性的复杂决策问题，提供一种简便的决策方法。层次分析方法中由于评价指标的复杂性及本身所带有的人为因素，在评价过程中加入人为因素有其合理性，同时主观上直接评价确定权重比较困难，而通过相对重要程度的比较以确定权重相对容易，从而最大程度上消除了权重确定的随意性，提高可靠性、减小误差。而且层次分析法的整个过程体现了人的决策思维的基本特征，定性与定量相结合，便于决策者之间的沟通，是一种十分有效的系统分析方法。但是，面对因素较多、规模较大的问题时，该方法容易出现问题。

AHP 法的基本原理是把所要研究的复杂问题看作一个大系统，通过对系统的多个因素的分析，划出各因素间相互联系的有序层次；再请专家对每一层次的各因素进行较为客观的判断后，相应给出相对重要性的定量表示；进而建立数学模型，计算出每一层次全部因素的相对重要性的权重，并加以排序；最后根据排序结果进行规划决策和选择解决问题的措施。

②模糊综合评价法。在模糊集合理论产生之前，人们常用总分法和加权平均法来进行综合评判。总分法，是对评判对象按每一影响因素评定一个分数，然后用所有分数的总分作为评判标准的一种综合评判方法，总分法把每

个因素都看成是同等重要的，这显然不完全符合客观实际。实际上，影响事物的各个因素，其重要程度是各不一样的，而同一因素，对甲事物很重要，对乙事物可能并不重要了。因此进行综合评判时，不仅应考虑因素的性质和多少，而且应考虑各因素的重要程度；加权平均法，是对每一因素按其重要程度分配相应的权数 a_i（$i=1$，2，…，m），然后把各因素的评分 S_i（$i=1$，2，…，m）进行加权平均，再用加权平均值作为评判标准的综合评判方法。显然，加权平均法比总分法能给出更加合理的评判结果，因为它考虑了各个因素不同的重要程度。上述两种综合评定，相应于每一元素，都有一个确定的评判分数。但对许多问题，并不能简单地用一个分数来加以评判。例如，评价服装的好坏时，影响评判的因素有花色、样式、价格、耐用度等。显然，按同一评判因素，不同的人会得出不同的评判结果。如按花色来评判，有的认为好，有的认为差，有的认为一般，评判结果，不再是一个确定的数，而是一个用语言来表达的模糊概念了。这时，为了得到合理的评判结果，便采用模糊综合评判法。

3.3 系统动力学相关理论

系统动力学（System Dynamics，SD）是20世纪50年代美国麻省理工学院的福雷斯特（Jay W. Forrester）教授提出的，系统动力学最早被应用在工业管理上，称为工业动力学（Industrial Dynamics）。后来，逐渐被应用在城市综合研究中，称为城市动力学模型（Urban Dynamics）。关于系统动力学理论和方法研究的经典著作是1961年福雷斯特出版的《工业动力学》。20世纪七八十年代是系统动力学发展的旺盛时期，也是系统动力学发展成熟的时期，应用范围遍及工业、农业、交通、能源、产品开发、城市规划、国民经济计划、人口、生态等多个领域，并且取得显著成果，进一步完善系统动力学的理论与方法，为今后系统动力学的发展奠定基础。

系统动力学是一门分析研究信息反馈系统的学科，也是一门认识系统问题和解决系统问题的交叉综合学科。从系统方法论来说：系统动力学是结构的方法、功能的方法和历史的方法的统一。它基于系统论，吸收了控制论、信息论的精髓，是一门综合自然科学和社会科学的横向学科。

系统动力学运用“凡系统必有结构，系统结构决定系统功能”的系统科学思想，根据系统内部组成要素互为因果的反馈特点，从系统的内部结构来寻找问题发生的根源，而不是用外部的干扰或随机事件来说明系统的行为性质。

3.3.1 系统动力学概述

1. **系统动力学的内涵**

什么是系统动力学？简单地说："系统动力学是一门对信息反馈系统的动态结构和行为进行分析研究的学科，是一门认识系统问题、解决系统问题的综合交叉学科。系统动力学是将系统科学理论与计算机仿真技术紧密结合起来，面对实际中的复杂问题，将信息反馈的控制原理与因果关系的逻辑分析有机结合，建立系统内部结构的系统动力学模型，应用计算机仿真技术对系统的宏观行为进行分析，从而寻求解决问题的正确方法。"

系统动力学理论遵循系统工程中的"凡系统必有结构，系统结构决定系统功能"这一思想，不是用随机事件或外部的干扰解释系统的行为特性，而是从系统内部结构着手，根据系统内部各组成要素之间因果关系反馈的特点，寻找问题的根源。例如，美国的能源模型不是用恶劣的气候或阿拉伯的石油禁运等外部因素解释能源问题，而是根据美国人的习惯、决策方法和限制条件，应用系统动力学方法建立能源模型，解释美国的能源问题。系统动力学是一种从系统整体角度出发，针对系统中实际存在的问题，通过对影响因素进行估计和研究，对复杂系统进行研究的方法，不回避问题的复杂性。

系统动力学不是针对系统，而是针对问题的，围绕一个系统问题建立系统动力学模型，如资源短缺、交通堵塞、教育质量降低等问题，而不是考虑整个生态系统、交通网络、教育系统的各个方面建立庞大的系统模型。

20 世纪 70 年代国内开始对系统动力学进行研究，经历了四十多年的发展和应用，目前，系统动力学作为一种工具已经被广泛应用于经济学和管理学相关问题的研究中。

2. **系统动力学的基本观点**

系统动力学是一种将定性分析与定量分析有机结合的研究方法，以定性分析为主导，定量分析为支撑，定性与定量相统一，逐步解决问题。应用系统动力学理论与方法对实际问题进行分析，建立将定性模型和定量模型相结合的系统动力学模型，同时，应用计算机仿真技术对社会经济问题进行定性和定量研究，为决策者制定和实施决策提供理论基础。其基本观点可以概括为以下两方面。

(1) 系统的结构和功能

系统是一个结构和功能相统一的整体，根据系统动力学的观点，系统结构的内涵是指：第一，系统内部反馈回路的结构及其之间的相互作用；第二，构成系统的各子结构及其之间相互制约的关系。可以用系统结构、功能表示系统的组成和行为特征，在一个特定条件下，系统结构和功能之间对立统一的关系是可以相互转化的。因此，在对系统进行研究的过程中，应用重复交叉的方法对系统的结构和功能进行考察，从而建立反映实际系统的模型。

(2) 系统结构的描述

在社会经济系统中，反馈回路的三个基本组成分别是流位、流率和信息。在系统动力学中，应用反馈回路对复杂系统的结构进行描述，系统的功能和行为是通过反馈回路的交叉及相互作用形成的，同时，反馈回路的相互作用受环境变化的影响。根据系统的内部特点和性质，应用分解原理将系统分为若干个相关联的子系统，但通常只有部分子系统是重要的。

3. 系统动力学的特点及适用性

(1) 系统动力学的特点

系统动力学模型相当于实际系统中生态、经济及社会等复杂大系统的“实验室”。建立规范的数学模型解决问题是系统动力学的一大特点，从系统内部结构出发建立数学模型，利用计算机仿真技术，对系统结构功能和动态行为之间的关系进行分析，最后找出解决问题的方法。从理论体系上说，系统动力学具有以下特点。

①系统动力学是一门用于研究具有高阶次、多变量、非线性、多反馈及复杂时变性等系统问题的学科，可以从宏观层面和微观层面研究多层次和多部门的复杂大系统。

②系统动力学主要以开放系统为研究对象，强调系统运动、联系及发展的观点，认为系统内部的动态结构和反馈机制决定系统的行为模式和特性。

③系统动力学是运用系统分析、综合推理、定性与定量相结合的方法解决问题，系统动力学模型模拟就是一种结构—功能的模拟，尽可能把不良结构相对地良性化。

④系统动力学模型相当于实际系统的实验室。应用模型对系统进行剖析，获得相关信息，从而寻求解决问题的方法。在生态、经济及社会等领域中，系统动力学可以应用定性和定量相结合的方法对历史、现在及未来进行研究，有利于实现现代化的经营管理和做出科学的决策。系统动力学解决问题的过程实际上就是

一个寻优的过程，通过寻求系统的最优结构和参数得到最优的系统功能。

⑤模型规范化。规范的模型是系统动力学中最引人注目的特点之一，根据系统基本结构的组成分类变量，在辅助方程中可能存在定性、半定性或半定量的描述。模型的规范化有利于清晰地进行思想沟通，有利于剖析问题和假设政策实验，有利于处理复杂的系统问题，可以找出假设中存在的凌乱，避开人们直观上的差错、情绪上的偏颇或言辞上的含糊。

⑥系统动力学的建模过程是一个学习和调研的过程，有助于运用各类资料、数据及人们的知识经验，有助于实现建模人员、专家群体和决策者的结合，有助于汲取和融汇系统学科之间的理论精髓。

（2）系统动力学的适用性

系统动力学模型相当于实际系统的实验室，它适用于对信息反馈系统的结构、行为及功能之间的动态关系进行分析研究。系统动力学以其独有的特点，广泛应用于生态、社会及经济等系统以及复合的各类复杂系统，对社会系统的未来行为进行模拟，提出相应的战略决策。

①系统动力学适用于解决周期性的问题。在社会经济系统中经常出现周期性的波动，社会经济系统的周期性波动可以分为外生周期性波动和内生周期性波动。外生周期性波动学认为经济系统的周期性波动行为是由经济系统以外的因素造成的，而内生周期性波动学认为经济系统的周期性波动行为是经济系统内部自身的原因。系统动力学模型可以很好地描绘出社会经济系统的周期性波动特征。

②系统动力学适用于解决长期性的问题。系统动力学仿真可以延长仿真时间，能有效地模拟具有较大惯性的社会经济系统。

③系统动力学适用于解决精度要求不高、数据不足的问题。在研究社会经济系统时，有时会存在数据不足或参数难以量化的问题，由于社会经济系统中存在多项反馈环，使得系统行为的模式对参数没有一定的敏感性，在这种情况下，虽然缺乏数据，但只要估计的参数在允许范围内，仍可以对系统的行为趋势、波动周期、行为模式、相位超前与滞后等问题进行模拟。

④系统动力学适用于解决非线性、高阶及时变等问题。复杂的社会经济系统往往是非线性、高阶及时变等问题，常规的线性规划方法很难解决，系统动力学应用计算机仿真技术，为获取完整的信息提供有效的解决方法。系统动力学通过建立数学模型模拟系统，对系统的动态特征和各个变量之间的反馈和相互作用进行分析。

3.3.2 系统动力学基本理论

对系统动态行为进行分析的关键是了解和掌握系统结构，只有在了解系统结构的基础上，才能有效地组合和整理观察所得的现象和收集所得的信息。对系统进行不同层次的分析，结果得到的系统结构内涵也是不同的，但是，可以用一项一般性的概念对不同层次的系统结构进行分析，这样有助于掌握系统的结构特征，建立系统的动态模型。

1. 闭合的边界

划定系统边界是确定系统结构的第一步，是根据实际问题中反馈机制和建模目的确定的。研究对象相同，建模目的不同，可以有不同系统边界。在确定系统边界的基础上，才能确定系统的外生变量与内生变量。外生变量是由模型外部因素决定的变量，随时间变化规律而变化的；而内生变量是由系统内部反馈结构决定的变量。外生变量影响内生变量，反之内生变量不影响外生变量。

根据系统特性，社会系统和管理系统都属于开放系统，开放系统的主要特点是系统和环境之间进行信息、物质及能量的交流，但界定系统边界并不受这种交流的影响。需要强调的概念是：在建立系统模型的过程中，尽管系统和环境之间存在相互作用的现象，但必须假设系统是完全独立的，并集中对系统内部各个因素之间的关系进行分析，在确定系统内部结构的基础上，再考虑环境和系统之间的相互作用。根据管理的概念，系统是可控因素的集合，而环境包含的是不可控因素，因此，我们需要先分析可控因素，进而再分析不可控因素对可控因素的影响。所以，闭合边界的定义对所研究问题的动态模型的建立具有重要作用。

2. 模型反馈

找出系统中的反馈环（因果关系环）是确定系统结构的第二步，反馈环的多少可以衡量系统的复杂程度。系统是由相互影响、相互联系的元素组成的，元素之间的联系或关系称为因果关系，正是由于这种因果关系的相互作用形成系统的结构和功能。因此，因果关系分析是一种对系统内部结构关系的定性描述，是系统动力学建模的基础。

（1）因果链

通常用一个箭头表示因果关系，这个带有箭头的线称为因果关系链，简称因果链。因果链可以分为正因果链和负因果链。系统中有 X 和 Y 两个要素，X 表示原因，Y 表示结果，$X \rightarrow Y$ 表示 X 到 Y 的作用。要素 X 和要素 Y 之间的因果关系如表 3－2 所示。

表 3－2　因果链极性：含义及数学公式

符号	解释	数学公式
$X \xrightarrow{+} Y$	在其他条件相同的情况下，如果 X 增加（减少），那么 Y 增加（减少）到高于（低于）原所应有的量，在累加的情况下，X 加入 Y	$\partial Y / \partial X > 0$ 在累加的情况下 $Y = \int_{t_0}^{t} (X + \cdots) ds + Y_{t_0}$
$X \xrightarrow{-} Y$	在其他条件相同的情况下，如果 X 增加（减少），那么 Y 减少（增加）到低于（高于）它原所应有的量。在累加的情况下，X 从 Y 中扣除	$\partial Y / \partial X < 0$ 在累加的情况下 $Y = \int_{t_0}^{t} (-X + \cdots) ds + Y_{t_0}$

X 的变化引起 Y 的变化，假定，ΔX 表示 X 的改变量，ΔY 表示 Y 的改变量。如果满足下列条件之一：

①X 加到 Y 中；

②X 是 Y 的乘积因子；

③X 变到 $X \pm \Delta X$，Y 变到 $Y \pm \Delta Y$，即 X、Y 的变化方向相同。

称 X 到 Y 之间具有正因果关系，简称正关系，在因果链旁边用“＋”表示。如图 3－3 所示。

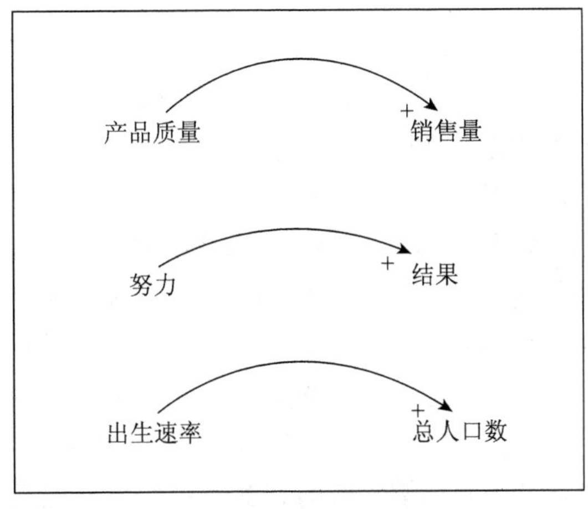

图 3－3　正因果关系举例

如果满足下列条件之一：

①X从Y中减去；

②$1/X$是Y的乘积因子；

③X变到$X\pm\Delta X$，Y变到$Y\pm\Delta Y$，即X、Y的变化方向相反。

称X到Y之间具有负因果关系，简称负关系，在因果链旁边用“-”表示。如图3-4所示。

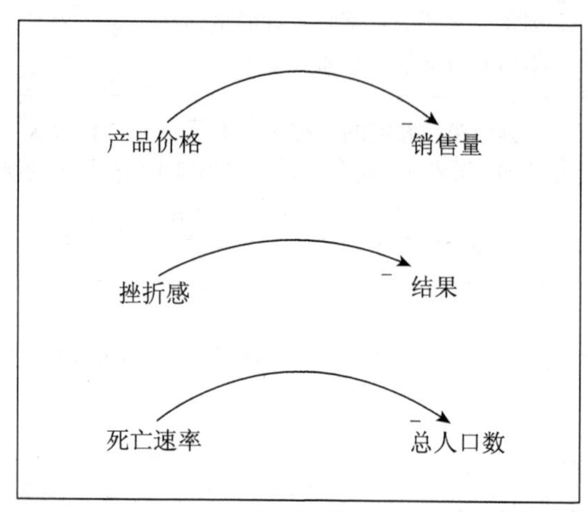

图3-4 负因果关系举例

(2) 反馈环

反馈环是由两个以上因果链首尾相连形成的一个闭合回路。从因果关系看，两个系统变量之间可以是正关系、负关系、复杂关系或无关系，因果链可以分为正因果链和负因果链，所以反馈环可以分为正反馈环和负反馈环。正反馈环就是某一变量的增加导致另一个变量的增加，反之则称为负反馈环。正负反馈环是对因果关系质的规定，在因果关系图中分别用带“+”“-”的箭头表示正负反馈。正反馈环就是一个变量经过一个闭合回路最后引起变量本身的增加，如图3-5(a)所示；反之则称为负反馈环，如图3-5(b)所示。

复杂的社会系统是由很多个相关联的非线性反馈回路构成。因果反馈回路可以分为正反馈回路和负反馈回路，但系统行为本身是正、负反馈回路相结合的，没有正负之分。在正、负反馈回路相结合的过程中，自我增强变动的力量并不完全与自我调整变动的力量相等，所以系统行为会出现“稳定”或“增长”的变化。正、负反馈回路的相互作用使得系统常常会呈现振荡的现象，当正反馈回路自我增强变化的力量较强，系统显示趋向“增长”或

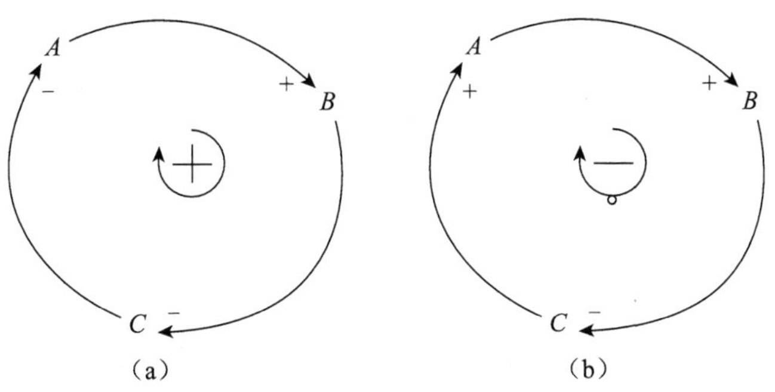

图 3 - 5 反馈环

“衰退”的状态，当正反馈回路自我调整变动的力量较弱，系统显示趋向“稳定”的状态。在系统模型中，某个因果关系的结果经常是另外一个因果关系的原因，很多个因果链相互联系，形成一个因果序列，这个因果序列称为因果反馈回路（Causal Feedback Loop）。反馈的意义就在于信息的传递和返回，一组相互联系的反馈回路就组合成了反馈系统。

一般原则是：正反馈回路的反馈回路中负因果链的个数为偶数，其极性为正；负反馈回路的反馈回路中负因果链的个数为奇数，其极性为负。

3. 流位与流率

确定反馈环的流率和流位是确定系统结构的第三步，每一个反馈环至少包括流率和流位两种基本变量。流率和流位是两个性质完全不同的量，从物理概念上，流率将流位的变化定量化。流率是单位时间内流位流入或流出的流量，分为入流率和出流率；流位是一个状态变量，是系统中流量的积累。依据分析收集得到的资料及建模目的，从很多个要素中抽象出可以描述系统概况的流位变量是非常重要的。

确定流率结构是确定系统结构的第四步。流率方程是通过描述流率对系统状态的依赖关系和控制策略，对流位动态变化的内在规律进行描述，所以说流率结构的确定是系统建模的核心。只有了解系统的运行机制才能够更好地确定流率结构。一般来说，社会经济系统都受到人为控制，尽管流率可以控制流入、流出流位的流量大小，但并不是每一个流率都受人为控制。什么样的流率适合人为控制？这需要思索和研究。例如，针对库存的控制，容易控制进货，而不容易控制销售。这类流率方程称为“政策的陈述”，表明某种流位控制的策略，也称为“决策函数”。流率的结构可以分为四部分：目标；已观察到的状态；目标与已观察到状态的偏差；基于这种偏差期望行动的表述。

流率方程通常没有规范的方程表达式，且流率方程式过于复杂，为了简化流率方程式常引入辅助变量，辅助变量具有独立的物理或经济意义，在流图的信息通道中出现。

经过上面四个步骤，就可以得到一个完整的系统结构图示——流图，从流图和因果关系图中可以看到系统各个要素之间的关系。例如，可以判断系统中两个变量之间是正因果还是负因果，是即刻的还是延迟的，是直接关系还是间接关系。但是，流图具有定性的性质，并不是数学模型，不能通过流图，就写出一组完整的数学方程。

4. 流图

在 Vensim（系统动力学的一种软件）中，主要的模型变量类型有状态变量、速率变量、辅助变量及常量四种。

（1）状态变量

状态变量（存量），是系统中起到累积作用的量，需要定义初始值。

（2）速率变量

速率变量（流量），是作用于存量的微分性质的量。

（3）辅助变量

辅助变量（变量），是系统中的信息量，形式多样。

（4）常量

常量（参数），是决定系统结构的重要参数。

5. 方程体系

方程中的变量可以直观地反映其与相关变量或时间之间的关系，方便了解系统动力学方程的运行机制，讨论系统动力学的方程体系。利用菜单选择来对方程的类型进行选择，方程类型主要分为以下五类。

（1）水平方程（L 方程）

水平方程就像一座水槽，通过控制积累水的流动速率，增加或减少水槽的水量。M 时刻水槽水量的计算是将 L 时刻的水量加上 L 至 M 时刻速率的净差值。

在同一个水平方程中，水平变量值的增加或减少可以由一个或若干个速率引起。水平方程右边必须有速率乘数的 DT 值及水平变量前一时刻的值。

（2）速率方程（R 方程）

速率方程表示系统下一计算时间间隔的变动量，下一时间间隔的行动或决定是根据现在时刻的可用信息来预测的。就方程本身而言，速率方程是水平变量的函数，其输出值对下一时刻水平变量的值进行控制，速率方程是根据时刻 M 点的水平变量值计算出下一时间间隔 MP 之间的流动速率。

（3）辅助方程（A 方程）

在表示速率方程的过程中，将其分为几个部分，这几个部分表示成方程的形式，称为辅助方程。辅助方程是速率方程的一部分，是对速率方程的辅助说明和细化。在实际决策的过程中，常常将一个复杂决策分成几步进行，辅助方程可以对每一步中的因素进行清楚地表述，便于理解速率方程，使得模型与实际系统状况更接近。

（4）常量方程（C 方程）

在常量方程中不允许对常量进行时间标注，在重复运行的过程中可以对常量进行修改，常量方程常常出现在速率方程、初值方程及辅助方程之后，方便对其进行深入说明。

（5）初值方程（N 方程）

初值方程也称方程，为水平方程赋予初始值。在方程体系中，只有水平方程中的水平变量才具有初始状态的意义，所以初值方程通常出现在水平方程之后，且每一个水平方程在计算的过程中都需要附加代表水平变量初值的 N 方程。

3.3.3 系统动力学模型

1. 系统动力学模型的特点

系统动力学解决问题的特点是应用计算机仿真技术，从系统内部的微观结构对系统动态行为和结构功能的内在关系进行研究，建立规范的数学模型，从而找出解决问题的方法。

（1）系统动力学基于系统论

系统论强调系统内部机制决定系统行为，并且对系统内部因素及系统内外因素的相互关系有明确的认识和体现。

（2）所建模型要和管理者的思维模型相沟通

任何一个模型一般都是在经过信息组织、观点澄清及统一认识等几个过程之后，对于有争议和令人困惑的系统行为要做出一个令人满意的解释。系统动力学的建模技术便于量化管理者的思维。

（3）注重从因果机制出发研究问题

因果关系是各种现象之间存在的普遍关系。从因果关系出发，对各因素之间组成的因果反馈环进行分析，明确认识和体现系统内部所隐含的反馈回路，减少参数对系统行为模式的影响，降低数据缺乏或参数估计不足的影响，最终找出现象发生的形成机制和内在原因。

(4) 从观察系统结构入手

系统动力学认为系统发展的内在动力是系统结构。强调系统发展、联系及运动的观点，认为预测系统的未来行为必须在了解系统结构和变化机制的基础上。

(5) 内部结构处理

系统动力学模型研究的重点是模型的内部结构，寻找解释系统行为规律的出发点是系统内部。

(6) 非线性

系统动力学模型应用计算机仿真技术，可以处理高阶非线性的复杂问题，适用对工业、企业物流这样的复杂系统进行研究。

(7) 延迟特性

将延迟机制引入系统动力学模型中，使系统动力学模型更接近所要描述的实际系统。

(8) 可以进行仿真

系统动力学具有模拟实验室的作用，可以模拟不同情况下的系统行为，通过输入不同模型参数来实现。利用系统动力学模型对实际系统进行模拟仿真，获得更多的信息，从而寻求解决系统问题的方法。

2. 系统动力学建模的步骤

系统动力学建模是通过对系统的各个因素进行因果关系分析获得流程图，并根据流程图写出相应方程式，应用计算机仿真技术对系统模型进行仿真实验，通过对系统模型进行调整和控制，最终研究得出相关政策，从而对现有系统进行改进和发展。系统动力学建模基本步骤如下：

第一步：明确仿真目的。不同的目的涉及不同的要素。

第二步：建立系统因果反馈环。在仿真目的、相关经验因果关系的基础上，建立系统因果反馈环。

第三步：绘制系统流程图。绘制流程图的前提是区分因果反馈环中各基本要素的性质与类型，然后确定相关变量，如流位变量、流率变量等，根据流程图中的各类记号，最终绘制系统流程图。

第四步：程序设计。依据系统流程图，写出相应的数学方程式。

第五步：上机仿真实验。

第六步：仿真结果分析。依据系统仿真结果，对系统行为进行分析，同时，对各种策略进行评估。

3.4 本章小结

本章对书中后续章节研究所用的研究方法进行了简单的介绍，包括复杂系统理论、协同学理论、网络信用理论、系统动力学理论等。

4 电子商务与快递物流服务系统协同发展机理研究

据艾瑞咨询统计数据显示，2015 年中国电子商务市场交易规模已达到 16.4 万亿元。在“互联网+”的背景下，跨境电商、移动电商将会把电子商务推向另一个高潮，而作为电子商务支撑产业的快递物流服务业的发展将直接影响电子商务的客户体验。电子商务的迅猛发展将大大增加对于快递物流服务业的需求，而快递物流服务业出色的服务也会进一步推进电子商务的发展。电子商务系统与快递物流系统在经济生态圈中共荣共生，其协同发展是一个复杂的动态过程。电子商务系统与快递物流系统都属于复合系统，既具有自然系统的内部自组织性，又具有人造系统的可协调性、自适应性。

2009 年淘宝发起了“双 11”活动，连续多年销售屡创新高，网上商城的活动促销是对电商+快递综合服务的一项社会测试，测试证明快递物流服务成为电子商务购物的瓶颈。为了更好地应对各种名目的网上促销，线下的快递物流也是使出浑身解数接招，做出了很多尝试，比如，组建快递联盟、电商快递一体化、快递电商跨界发展、自建配送中心物流网络等。

电子商务与快递物流服务在网购供应链中处于不同的地位，快递物流产业由于服务趋同、低价竞争，远远跟不上电子商务系统发展的脚步。电子商务与快递物流服务好比天平的两端，任何一端的发展滞后，都会造成二者发展失衡。只有双方联动发展，协同共赢，才能更好地为客户提供优质的服务。

4.1 我国电子商务与快递物流服务业发展状况

4.1.1 我国电子商务的发展

新常态下，我国电子商务发展面临新的机遇，肩负新的使命。据艾瑞咨询数据统计表明：2015 年我国网购市场交易规模达到 3.8 万亿元，与 2014 年相比增长 37.2%，继续保持着稳定的增长水平。

1. 网络购物

我国网购市场依旧保持着稳健的增长速度，2015 年我国网络购物的用户规模已经达到 4.13 亿，较 2014 年增长 14.3%。其中手机移动端网购用户规模达到 3.4 亿，增长速度迅猛，较 2014 年增长 43.9%，应用手机购物的比例已经由 42.4%上升至 54.8%，如图 4-1 所示。

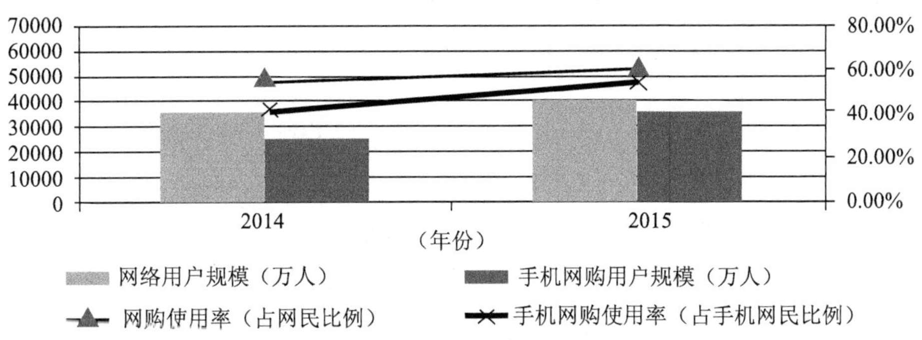

图 4-1　2014—2015 年网络购物/手机网络购物用户规模及使用率

资料来源：根据 CNNIC 中国互联网络发展状况统计报告整理绘制。

2015 年政府部门出台多项促进网络零售市场快速发展的政策。其中包括《“互联网+流通”行动计划》《关于积极推进“互联网+”行动的指导意见》以及《中共中央关于制定国民经济和社会发展第十三个五年规划的建议》等。“十三五规划建议”中提出将“共享”作为一种新的经济与商业模式，而电子商务的“平台型经济”顺应了这一发展理念，可以将生产者、物流服务供应商和消费者整合在同一应用平台上，不仅可以释放潜在需求，而且能够创造新的需求；不仅可以直接催生一批新的服务业模式、新的业态形式，而且可以促进各种要素和资源的合理配置和重新组合。

在政策的支持下，跨境电商成为电子商务发展的一个新的增长点，影响力扩散至全球。商务部数据显示，中国主要跨境电子商务交易额平均增长率达到 40%左右，其中进口增长率 60%左右，出口增长率 40%左右。

2. 团购

2015 年年底我国团购用户规模达到 1.8 亿，与 2014 年相比增长 4.4%，即有 26.2%的网民曾经使用过团购网站的服务。在整个团购市场中，用户使用手机进行团购的用户规模达到 1.58 亿，与 2014 年相比增长 33.1%。

经过几年的发展，团购行业已经进入成熟期，而成熟的结果是各大团购网站都释放出"去团购化"而向O2O生活服务消费平台转型的倾向。比如，百度现专注于"百度外卖""百度影业（垂直O2O领域的电影在线选座和购票业务）""百度直达号（移动搜索）"的发展，均未主打糯米旗号，其O2O战略专注于"会员＋"生态布局，围绕到店付、储值卡、VIP会员制开展相关产品端服务。目前，餐饮、电影、外卖等高频次类别O2O模式的发展相对成熟，而上门服务的美容、家政、美甲等低频次品类的市场潜力尚不明朗。

3. 网上外卖

2015年年底网上外卖用户规模已经达到1.14亿，占整体网民的16.5%，其中网上外卖手机端用户规模已经达到1.04亿，占手机网民的16.8%。网上外卖明确了以短途配送为核心价值的生态化运营模式的前景。

互联网基础资源的发展能够很好地带动电子商务的发展，如表4-1、表4-2所示。

表4-1　我国互联网络发展状况统计数据

年份	IPv4（万个）	com域名数量（万个）	网络国际出口带宽总量（Mbps）	网站数（万个）	网络购物用户规模（亿人）	网民总人数（亿人）	每周上网时间（小时）
2005	7439	120	136106	69	0.32	1.11	15.9
2006	9802	194	256696	84	0.43	1.37	16.9
2007	13527	244	368927	150	0.57	2.10	16.2
2008	18127	274	640287	288	0.79	2.98	19.0
2009	23245	278	866367	323	1.21	3.84	21.1
2010	27764	371	1098957	191	1.58	4.57	18.3
2011	33044	364	1389529	230	2.03	5.13	18.7
2012	33053	484	1899792	268	2.47	5.64	20.5
2013	33031	631	3406824	320	3.12	6.18	25.0
2014	33199	795	4118663	335	3.90	6.49	25.9
2015	33651	1100	5392116	423	4.13	6.88	26.2

资料来源：根据CNNIC中国互联网络发展状况统计报告整理获得。

表 4-2　电子商务发展相关数据

年份	电子商务从业人员（万人）	电子商务交易总规模（万亿元）	中国电子商务行业投资情况（百万美元）
2005	10	0.7	45.84
2006	22	1.1	171.55
2007	37	1.7	188.74
2008	45	2.9	363.81
2009	100	3.7	458.06
2010	160	4.8	753.77
2011	180	6.4	4690.67
2012	200	8.1	5600.00
2013	235	10.1	6509.33
2014	250	12.3	7418.66

资料来源：根据 CNNIC 中国互联网络发展状况统计报告整理获得。

4.1.2　我国快递物流服务业的发展现状

我国国内快递兴起于 1984 年，而第一家民营快递公司快客达成立于 1993 年。随着我国经济的飞速发展，民营快递企业如雨后春笋般成立。截至 2016 年 3 月 1 日，北京市拥有北京邮政总局颁发的“快递业务经营许可证”的企业就多达 426 家。目前中国快递市场的争夺主要有三种力量：以 EMS 为首的国营快递企业、民营快递企业、国际速递巨头。中国榜上有名的快递企业成立时间及公司总部可见表 4-3。国内快递企业的发展现状如下。

①顺丰速运。1993 年成立于广东顺德，现已开通美国、韩国、日本、马来西亚、泰国等多个国家的快递服务。截至 2015 年 7 月，顺丰已拥有员工近 34 万名，运输车辆 1.6 万台，自有全货机 19 架及遍布中国国内、国外的营业网点上万个。

②中国邮政，全称中国邮政速递物流股份有限公司，成立于 1980 年，首先开办国际邮政特快专递业务，开创了我国的快递业，2010 年完成股份制改造。截至 2016 年年底，公司拥有员工近 16 万人。其在国内 31 个省（自治区、直辖市）设立全资子公司，自营营业网点超过 5000 个。

表 4-3　　快递企业成立时间及公司总部所在城市

快递企业名称	成立时间（年）	公司总部
顺丰速运	1993	深圳
邮政 EMS	1980	北京
圆通快递	2000	上海
申通快递	1993	上海
韵达快递	1999	上海
百世汇通快递	2010	杭州
中通快递	2002	上海
宅急送	1994	北京
天天快递	1994	杭州

资料来源：作者编制。

③圆通快递创建于 2000 年 5 月 28 日，其核心价值观是"领先"。截至 2015 年年底，快递服务网络已覆盖全国 31 个省（自治区、直辖市），覆盖城市 101 个，共开通航线 1110 条，运输车辆超过 32000 辆，陆路运输干线 2928 条。2015 年 10 月，圆通航空正式运营开航。

④申通快递创建于 1993 年，现共有独立网点及分公司 1507 家，服务网点及门店 20000 余家，每年可新增就业岗位近 1 万个，从业人员累计超过 30 万人。

⑤韵达快递创建于 1999 年，现提供快递服务、仓配服务和在线服务。服务范围覆盖大陆 31 个省（自治区、直辖市）及港澳台地区，2013 年开启了国际化步伐。共有员工 9 万多名，70 多个分拨中心，40000 余家网点。

⑥百世物流于 2010 年收购汇通快运，成立百世汇通。百世汇通是其产品品牌之一，可以提供全国 31 个省（自治区、直辖市）的高性价比的门到门的快递服务。现拥有快递网点 16000 多个，班车路线 2200 多条，专业快递团队提供岗位多达 13 万个。

⑦中通快递建立于 2002 年，现有员工 25 万多名，转运中心 72 个，服务网点 10000 多家，运输配送车辆 4 万多辆。

国际主要的快递企业包括：联合包裹服务公司（UPS）、联邦快递（Federal Express，FedEx）、DHL 国际快递、TNT 国际快递等。外资快递凭借其良好的管理及服务能力、雄厚的资金与技术实力、遍布全球的网络资源在国际快递业务方面占有明显优势。如表 4-4 所示。

表 4-4　　国际快递企业成立时间及公司总部所在城市

国际快递名称	成立时间（年）	公司总部	2015 年业务收入
德国 DHL	1969	布鲁塞尔	592.3 亿欧元
荷兰 TNT	1946	阿姆斯特丹	69.14 亿欧元
美国 UPS	1907	亚特兰大	160.5 亿美元
美国 FedEx	1973	孟菲斯	127 亿美元

资料来源：思比特物流。

我国民营快递企业的业务收入基本上都是国内快递业务。民营快递虽然数目众多，但绝大部分处于国内局部市场的填补者的位置。由于电子商务 B2C 和 C2C 个人网购等相关产业发展的过程中要求及时配送服务，为我国快递企业的发展提供了巨大的发展空间。但快递企业由于服务方式单一，单纯对于价格的竞争不利于快递整个行业的发展。从长远看，如果快递企业不能从服务方式、服务理念、服务标准、服务范围等多方面提升的话，其所面临的市场压力和挑战会越来越大。

4.1.3　我国电子商务与快递物流服务业的关联关系

截至 2015 年 12 月，我国快递服务业完成快递包裹送达累计 206.7 亿件，业务收入累计达 2769.6 亿元，2005—2015 年的相关数据如表 4-5 所示。

快递行业在互联网化进程中会释放出巨大的活力，在供应链垂直方向上可以与国内外电商企业战略联盟；在横向上，可以共享各个快递企业的资源，如快递网点、快递车辆、中转中心、快递人员等，使市场格局发生显著变化。以“互联网＋”为契机，紧密上下游环节间的衔接，进一步巩固合作模式；引导市场主体细化产品层次，提高附加价值；挖掘新兴市场需求，拓展“最后一公里”服务范畴，不断融入新模式与新业态。

网购的兴起给中国快递业带来了前所未有的发展助推力，以顺丰和“三通一达”（圆通、中通、申通和韵达）为代表的民营快递企业的崛起，打破了原有国有快递企业垄断的格局。未来的电子商务将致力于农产品、跨境商品交易，并沿着产业集聚的方向聚焦电子商务与物流园区。跨境电商的发展将成为快递业下一个风口。因此，快递企业应该看清形势、适应趋势、共谋发展。

表 4－5　　2005—2015 年快递业务量与快递业务收入

年份	快递业务量（亿件）	快递业务收入（亿元）
2005	8.7	239.7
2006	10.6	299.7
2007	12.0	342.6
2008	15.1	408.4
2009	18.6	479.0
2010	23.4	574.6
2011	36.7	758.0
2012	56.9	1055.3
2013	91.9	1441.7
2014	139.6	2045.4
2015	206.7	2769.6

资料来源：根据中国邮政局官网统计数据整理绘制。

当前我国电子商务与快递物流协同发展的趋势明显，网购派生出对于快递业务的需求，而快递服务也为网购提供支持，两者协同发展特征明显。故本章应用协同学序参量原理，将复合系统协调评价应用在电子商务与快递物流服务系统的协同发展评价中。构建电子商务与快递物流服务系统的协同度评价模型，选取二级指标评价体系用于协同度的评价，以揭示电子商务与快递物流服务系统的协同发展机理。最后应用近十年的数据进行实证研究，分析得出电子商务与快递物流服务系统的协同发展轨迹，最后给出其发展路径。

4.2　电子商务与快递物流服务系统协同度评价模型

电子商务与快递物流服务的发展经历了电商跨界自营快递、快递企业逆网购供应链向上进军电商等阶段。目前，对电子商务与快递物流服务协同发展方面的探讨文献相对较少，仅有的一些基本上也都是基于定性分析的，这些文献主要集中在其协同发展过程中存在的问题及对策建议方面，针对该问题进行定量分析，系统性建模的较少。

4.2.1 电子商务与快递物流服务协同发展研究

国内外对于电子商务与快递物流服务协同的相关文献主要集中在以下方面。

1. 应用供应链理论构建模型求解

网购供应链是由供应商、电商、快递企业和终端消费者组成的，通过构建网购供应链以解决网商和快递服务商的竞争和协调问题（朱道立等，2011；胡一竑等，2012）。李莎（2010）应用供应链理论，通过对 SCOR 和 CPFR 模型的整合，构建了电子商务与快递服务业的协同发展模型。韩军涛（2014）以电商快递服务供应链上的参与主体为主要研究对象，从微观上分清各个市场参与者的相互关系，抓住问题与矛盾；中观上研究快递价格形成机制、参与主体竞合机制，探讨其作用机理，以实现电商快递服务业的协同发展；宏观上研究促使整个系统协同发展的对策与建议。

2 研究如何提高服务能力以适应不断扩大的电子商务规模

Li 等（2012）考虑包含两个服务供应商的服务系统，顾客在选择的时候综合考虑服务价格、服务成本、等候时间以及服务容量等参数，构建服务队列模型。Ülkü 和 Bookbinder（2012）考虑了不同价格组合下对于第三方物流服务提供商的影响，综合考虑价格和配送时间，以最大化第三方物流提供商的利润为目标函数，提供四种容易应用的价格框架，并用数值算例进行敏感性分析。Berling 和 Larsson（2014）给出了服务提供商针对于价格、时间和环境影响的优化策略，并指出运输整合项目的失败源于没能就客户需求的异质性和整合策略进行匹配。Xu 等（2013）提出用软件平台支持快递企业服务的协调性。Čupić和 Dušan（2013）用多目标的方法解决包裹快递服务交付问题，在特定区域中协调快递企业枢纽节点、中转场与网点间的需求与服务设施分配。Ferrucci 和 Bock（2014）提出在动态环境中即新需求到达、交通堵塞、车辆故障等情景下实时控制快递的收发过程。戴君等（2015）通过对 130 家物流用户企业的实证分析，探索了第三方物流整合对物流服务质量、伙伴关系以及企业运营绩效的影响。研究表明，第三方物流整合能够提高其服务质量，而物流服务质量的提高与双方的信任和关系承诺水平呈正相关，同时伙伴关系的加深可以促进企业运营绩效的提高。

3. 协同理论相关研究

应用协同思想对企业进行管理、组织与设计。将协同学序参量原理与役使原理应用在信息产业、物流业与制造业协同、制造业产品与工艺创新等领域。如陶长琪和齐亚伟（2009）构建了信息产业系统协同发展模型，从融合、创新、结构调整以及组织四个方面测度信息产业系统的协同度，并通过实证分析得出信息产业系统协同度不高，找出原因并给出政策建议。孙鹏和罗新星（2012）以湖南省的数据进行实证分析，构建协同度评价模型，计算区域物流服务业与制造业的协同度，研究结果表明，整个系统协同度近些年得到提升，但增长缓慢，需要建立协同发展长效机制。毕克新和孙德花（2010）运用协同学序参量原理和役使原理，构建产品创新和工艺创新协同发展的协调度模型，并应用 2000—2008 年制造业企业科技活动的数据进行了实证研究，研究表明我国制造业产品创新与工艺创新协同发展程度并不高。Xu 和 Cheng（2013）将区域科技创新系统分为技术产出和经济产出子系统，通过建立协同度模型计算两个子系统的协同度。Feng 等（2012）应用协同的概念以及协同演化理论构建了铁路重载运输的收集、分发和运输系统的协同演化模型。

电子商务与快递物流服务系统都属于复合系统，它们的发展除了源于各自系统内部的组织与协调外，也要受到彼此间的影响以及环境的影响。电子商务的发展与我国的网络基础环境、网购用户规模、网民人数等密不可分。快递服务的发展与快递网点数量、快递从业人数、揽收派送车辆数量等也是互相关联的。这些能够影响系统结构、行为、功能的要素我们称为序参量，它们能够体现协同系统在不同发展阶段的运行状态。

对于复合系统 $S=f(S_1, S_2, \cdots, S_j)$，$S_j$ 为组成复合系统的第 j 个子系统。各个系统之间存在着的相互影响、相互作用的关系称为 S 的复合机制，可进一步抽象为

$$S=f(S_1, S_2, \cdots, S_j) \tag{4-1}$$

对于复合系统的协调实际上是在寻找外部作用，使得复合系统在其影响下总体效能大于各个子系统效能之和。式（4-1）中，S_1 代表子系统之一电子商务系统，S_2 代表子系统之二快递物流服务系统，f 为电子商务系统与快递物流系统协同发展的复合因子。

4.2.2 序参量

对于复合系统中的每一个子系统，都由若干个序参量组成，序参量主宰着子系统的演化过程，支配着子系统的行为。本书定义 U_j（$j=\{1, 2\}$），j

是子系统的下标，分别代表电子商务与快递物流服务系统的序参量。$U_j=(X_{j1}, X_{j2}, \cdots, X_{jn})$，本书对于每个状态变量的实际表现值用 X_{ji}（$j=1, 2$；$i=1, 2, \cdots, n$）作为指标。定义功效函数 $EC(U_{ji})$ 代表序参量对于子系统有序性的贡献大小，其中 $0<EC<1$；EC 越接近 1，系统的有序度越大；越接近 0，系统的有序度越小。

在系统的演变过程中，状态变量指标 X_{ji}，如果是效益类指标，其值越大，证明系统的有序度越高，反之，其值越小，系统的有序度越低；对于成本类指标，其值越大，系统的有序度越低，其值越小，系统的有序度越高。对于实际产生的数据，需要进行进一步标准化处理。

定义 1：定义式（4－2）作为子系统 S_j 的序参量分量 U_{ji} 的系统有序度。

$$EC(U_{ji})=\begin{cases}\dfrac{X_{ji}-U_{ji}}{T_{ji}-U_{ji}}, & i\in[1, l]\\[2ex] \dfrac{T_{ji}-X_{ji}}{T_{ji}-U_{ji}}, & i\in[l, n]\end{cases} \tag{4-2}$$

其中 $U_{ji}\leqslant X_{ji}\leqslant T_{ji}$，$U_{ji}$、$T_{ji}$ 分别为 X_{ji} 指标的临界点上下限。$EC(U_{ji})$ 为指标 X_{ji} 对于子系统有序度的贡献。$EC(U_{ji})$ 的数值越大，U_{ji} 对于子系统有序的“贡献”越大。在实际的经济系统中，U_{ji} 取值太大或者太小都不合适，而只能集中在某个特定点周围才是最佳的，通常 $[U_{ji}, T_{ji}]$ 取值区间来找到最佳点，使其有序度满足式（4－2）的定义。

4.2.3 子系统有序度模型

从总体上来看，序参量变量 U_{ji} 对于子系统的有序度的“总贡献”可以通过 $EC(U_{ji})$ 的集成来实现。对于电子商务子系统与快递物流服务子系统的总体有序度，可以通过“集成与整合”的方法，本书采用线性加权法将序参量对于子系统的作用进行组合。

定义 2：定义式（4－3）中 $EC_j(U_j)$ 为序参量 U_j 的系统有序度。

$$EC_j(U_j)=\sum_{i=1}^{n}k_i\cdot EC(U_{ji}) \quad k_i\geqslant 0, \sum_{i=1}^{n}k_i=1 \tag{4-3}$$

最终求得子系统 S_j 的有序度。当有序度为 0 时，表示系统有序度极小；当有序度为 1 时，表示系统有序度极大。很明显，子系统的有序度 $EC_j(U_j)\in[0, 1]$。使用线性加权求和法的过程中，权系数 k_i 的确定要考虑到子系统的现实运行状况，也要能够反映子系统在一定时期内的发展目标。

4.2.4 总体协同度的计算

电子商务与快递物流服务系统的协同度反映了我国整个网购系统的协同状况，同时决定了整个复合经济系统由无序走向有序的趋势与程度。

定义 3：给定初始时刻 t_0，设各个子系统的有序度为 $EC_j^0(U_j)$（$j=1$，2），则对于整个复合经济系统在发展演变过程中的 t_1 时刻而言，各个子系统有序度为 $EC_j^1(U_j)$（$j=1$，2），定义 *SEES* 为电子商务与快递物流服务系统发展协同度（Synergy of E－commerce and Express Service），简称 SEES 模型。

$$SEES=\lambda\sqrt{\left|\prod_{j=1}^{2}\left[EC_j^1(U_j)-EC_j^0(U_j)\right]\right|} \qquad (4-4)$$

其中

$$\lambda=\frac{\min\limits_{j}\left[EC_j^1(U_j)-EC_j^0(U_j)\right]}{\left|\min\limits_{j}\left[EC_j^1(U_j)-EC_j^0(U_j)\right]\right|},\ j=1,\ 2 \qquad (4-5)$$

式（4－4）中对于给定某个特定时间段 t_0，$EC_j^0(U_j)$ 为子系统 t_0 时间段的有序度，经过一段时间的发展演变到 t_1 时刻，子系统有序度变为 $EC_j^1(U_j)$。

对式 4－4 做如下解释：

A. *SEES* 的结果为 0～1，*SEES* 结果值越大，说明复合经济系统即电子商务与快递物流服务系统的协同度越高，反之就证明其协同度越低。

B. 参数 λ 的作用在于：时间由 t_0 发展变化到 t_1 时，当且仅当 $EC_j^1(U_j)-EC_j^0(U_j)>0$ 时，复合经济系统才有正的协同度。

C. 综合考虑各个子系统的情况，如果整个复合经济系统中某个子系统有序度提高幅度较大，而另外一个子系统有序度提高幅度不明显，或者下降，则整个复合经济系统也不能处于一个较好的协同状态或者根本不协同，其表现为 $SEES\in[-1,\ 0]$。

D. 系统协同度 *SEES* 是分别从子系统的序参量的有序度的变化反映整体复合经济系统的协同状况的；是对整个复合经济系统整体协同动态的分析，是一种动态地反映协同发展演化效果的度量评价方法。

4.3 电子商务与快递物流服务系统协同演化实证分析

4.3.1 评价指标的选取

评价指标需要反映系统状态的有序性质和程度。在实际的运行中，所选取的评价指标既要能够反映系统的本质特征又可以反作用于系统，影响系统间的协同方式，使其朝着有序方向发展。由于快递属于特种形式的物流，因此可借鉴物流服务的相关指标进行度量。定量地反映物流服务能力的指标包括物流服务业的行业规模、物流服务业的发展程度以及物流服务水平。不同发展阶段的物流服务能力可以反映出协同系统的不同运行状态，而以往衡量物流能力的指标体系，一般从物流服务的基础性设施、支持性情况、促进性指标和保障性能力等方面展开。本书在综合已有评测方法的基础上，结合序参量的特征及我国电商系统与快递物流系统的自身运行规律，将指标选取集中在基础设施、经营规模以及持续发展三个方面。

1. 电子商务系统评价指标（见表 4-6）

（1）基础设施指标

互联网的基础资源包括 IP 地址、域名、网站以及网络国际出口带宽。IP 地址是互联网中的基础资源，IP 地址的数量决定了与互联网相连的上网计算机、服务器或者网络中其他设备的多少。域名是与 IP 地址相对应的互联网地址标识。网站是指以域名本身或者“www. ＋域名”为网址的 web 站点。由于全球 IPv4 地址于 2012 年前后已分配完毕，因而我国自 2011 年开始 IPv4 地址的数量基本没有发生变化，其数量的增长都已转向 IPv6。域名统计中包括 CN、COM、NET、ORG 等分类域名的统计，由于电子商务属于商业类网站，因此在选取指标的时候选取 COM 类域名的数量作为衡量商业网站发展的指标。

（2）经营规模指标

电子商务的从业人员、网络购物的人数将直接影响电子商务的发展规模。网民的总人数、每周上网时间虽然不能够直接影响电子商务的经营规模，但是从长远来看，网络购物的人是由网民转化来的，网民拥有网络购物的潜在能力，上网时间越长进行网络购物的可能性就越大。电子商务从业人员直接决定了电子商务发展的规模。因此，本书选取中国网络购物用户规模（亿人）、电子商务从业人员（万人）、网民总人数（亿人）、电子商务交易总规模（万亿元）、每周上网时间作为经营规模的评价指标。

(3) 持续发展指标

伴随着电子商务如火如荼的发展，各行各业均加入到电子商务大潮中来，电子商务的投资额越大，电子商务发展规模就越大。因此选取中国电子商务行业投资额作为电子商务持续发展的评价指标。

表 4-6　电子商务子系统序参量指标

一级指标	二级指标	指标名称
电子商务经济价值创造能力	基础设施指标	IP 地址 X_1（万个）、域名 X_2（万个）、网站以及网络国际出口带宽 X_3（Mbps）、COM 网站数 X_4（万个）
	经营规模指标	中国网络购物用户规模 X_5（亿人）、电子商务从业人员 X_6（万人）、网民总人数 X_7（亿人）、电子商务交易总规模 X_8（万亿元）、每周上网时间 X_9（小时）
	持续发展指标	中国电子商务行业投资额 X_{10}（US＄M）来自清科数据库

资料来源：作者编制。

2. 快递物流评价体系（见表 4-7）

(1) 基础设施指标

快递物流服务业与电子商务的发展都离不开对基础设施的依赖。对于基础设施投入的资金量越大，基础设施越完善，其发展就会越迅速。

快递物流服务业的基础设施包括营业网点、配送车辆等硬件条件。营业网点的服务半径越小，居民在收发快递时就会越加快捷便利。每一营业网点服务人口数越少，其能够提供给客户的服务体验就会越高。用于揽收、派送等用途的车辆越多，快件包裹的吞吐量也就越大，快递企业能够接收和配送的快件数量也就越多。因此选取快递网点（万家），平均每一营业网点服务面积（平方千米），平均每一营业网点服务人口（万人），拥有揽收、派送等用途的汽车数量（万辆）作为基础设施建设的关键指标。

(2) 经营规模指标

经营规模指标从实物以及经营经济数据方面描述快递物流业发展的总体情况。快递从业人员数量是快件能够及时收发与派送的保障，其影响了快递物流服务业的服务效率，也反映了快递业发展带动实际就业的情况。快递业务量代表单位时间内的快件数量，是很好地反映快递行业服务能力的一个指标，体现着快递行业为国民经济提供服务的数量。快递业务收入能够很好地衡量快递物流业的发展对于经济的作用，从另一个侧面也能够反映我国电子商务的飞速发展。

（3）持续发展指标

快递物流业的发展与国家的交通基础设施，整体的外部市场环境是密切相关的。固定资产投资常作为衡量物流业供给能力的指标。由于专门针对物流业的固定资产投资额并没有统计，因此在这里借用交通运输、仓储和邮政业固定资产投资（万亿元）这个指标，其从一定程度上可以反映总体物流业的投资情况。

表 4-7　　快递物流服务子系统序参量指标

一级指标	二级指标	指标名称
快递物流服务能力	基础设施指标	快递网点 Y_1（万家），拥有揽收、派送等用途的汽车数量 Y_2（万辆），平均每一营业网点服务面积 Y_3（平方千米），平均每一营业网点服务人口 Y_4（万人）
	经营规模指标	快递从业人员 Y_5（万人）、快递业务量 Y_6（亿件）、快递业务收入 Y_7（亿元）
	持续发展指标	交通运输、仓储和邮政业固定资产投资 Y_8（万亿元）

资料来源：作者编制。

4.3.2　样本选取与数据来源

本章选取全国的电子商务系统以及快递物流服务系统作为研究对象，电子商务系统统计数据来源于中国互联网信息中心的《中国互联网络发展状况统计报告》以及艾瑞咨询数据；快递物流服务系统数据来源于中国邮政总局统计数据以及统计年鉴数据。由于我国快递物流发展较晚，中国邮政总局对于快递数据的统计从 2005 年起，因此选取 2005—2014 年的数据进行研究（见表 4-8 至表 4-11）。数据说明如下：①由于平均每一营业网点服务面积（平方千米）、平均每一营业网点服务人口（万人）这两个指标，随着人们对于快递服务水平要求的提高，这两个指标越小越好，指标越小说明单位面积和人口获得的服务水平越高，因此在计算相关系数前，对其进行修正，这里取其倒数作为研究基础数据。②由于研究数据来源于统计年鉴和统计报告，个别数据存在缺失现象，在进行分析前采取统计方法进行弥补。③为了进行协同度分析，对于各个研究指标，需要确定数值的上限与下限，本书结合我国发展的特点综合确定。④在计算协同度前，计算各指标的灰色关联系数，其值越大，关联性越强，代表指标耦合性越好，反之同理。通过综合计算分析，剔除关联性指标低于 0.6 的指标。

表 4-8　电子商务相关指标原始统计数据

年份	IPv4（万个）	com域名数量（万个）	网络国际出口带宽总量（Mbps）	网站数（万个）	网络购物用户规模（亿人）	电子商务从业人员（万人）	网民总人数（亿人）	电子商务交易总规模（万亿元）	每周上网时间（小时）	中国电子商务行业投资情况（百万美元）
2005	7439	120	136106	69	0.32	10	1.11	0.7	15.9	45.84
2006	9802	194	256696	84	0.43	22	1.37	1.1	16.9	171.55
2007	13527	244	368927	150	0.57	37	2.1	1.7	16.2	188.74
2008	18127	274	640287	288	0.79	45	2.98	2.9	19.0	363.81
2009	23245	278	866367	323	1.21	100	3.84	3.7	21.1	458.06
2010	27764	371	1098957	191	1.58	160	4.57	4.8	18.3	753.77
2011	33044	364	1389529	230	2.03	180	5.13	6.4	18.7	4690.67
2012	33053	484	1899792	268	2.47	200	5.64	8.1	20.5	5600.00
2013	33031	631	3406824	320	3.12	235	6.18	10.1	25	6509.33
2014	33199	795	4118663	335	3.90	250	6.49	12.3	25.9	7418.66

表4-9　快递物流相关指标原始统计数据

年份	快递网点（万家）	拥有揽收、派送等用途的汽车数量（万辆）	平均每一营业网点服务面积（平方千米）	平均每一营业网点服务人口（万人）	快递从业人员（万人）	快递业务量（亿件）	快递业务收入（亿元）	交通运输、仓储和邮政业固定资产投资（万亿元）
2005	2.8	2.4	145.0	2.00	16.6	8.7	239.7	0.93
2006	3.5	3.2	140.0	1.95	22.7	10.6	299.7	1.22
2007	4.7	3.6	135.9	1.90	23.4	12.0	342.6	1.43
2008	5.7	4.2	131.0	1.86	30.0	15.1	408.4	1.75
2009	6.0	5.6	128.0	1.83	38.0	18.6	479.0	2.00
2010	6.4	7.0	126.8	1.80	54.2	23.4	574.6	2.20
2011	7.5	9.6	122.0	1.70	60.0	36.7	758.0	3.23
2012	8.9	12.1	100.4	1.40	75.0	56.9	1055.3	3.40
2013	11.8	15.7	76.7	1.10	90.0	91.9	1441.7	3.62
2014	13.2	17.8	69.8	1.00	100.0	139.6	2045.4	3.80

表 4-10　标准化后的电子商务数据

年份	X_1	X_2	X_3	X_4	X_5	X_6	X_7	X_8	X_9	X_{10}
2005	0.025	0.016	0.003	0.023	0.008	0.004	0.018	0.005	0.112	0.001
2006	0.104	0.112	0.030	0.071	0.035	0.049	0.060	0.038	0.183	0.016
2007	0.229	0.177	0.056	0.287	0.070	0.105	0.179	0.084	0.133	0.018
2008	0.383	0.217	0.117	0.737	0.125	0.135	0.323	0.177	0.331	0.040
2009	0.555	0.222	0.169	0.852	0.230	0.342	0.463	0.239	0.479	0.051
2010	0.706	0.343	0.222	0.421	0.323	0.568	0.582	0.324	0.281	0.088
2011	0.883	0.334	0.287	0.548	0.435	0.643	0.673	0.448	0.310	0.573
2012	0.884	0.491	0.403	0.672	0.545	0.718	0.756	0.580	0.437	0.685
2013	0.883	0.682	0.745	0.842	0.708	0.850	0.844	0.734	0.754	0.797
2014	0.889	0.896	0.907	0.891	0.903	0.906	0.894	0.905	0.817	0.909

表 4-11 标准化后的快递物流数据

年份	Y_1	Y_2	Y_3	Y_4	Y_5	Y_6	Y_7	Y_8
2005	0.02333	0.01389	0.07220	0.07692	0.01750	0.00594	0.01178	0.02782
2006	0.08167	0.05887	0.09798	0.09665	0.08106	0.01926	0.04128	0.11457
2007	0.18167	0.08186	0.12054	0.11741	0.08874	0.02887	0.06237	0.17739
2008	0.26500	0.11633	0.14935	0.13482	0.15819	0.05013	0.09471	0.27311
2009	0.29000	0.19677	0.16808	0.14838	0.24237	0.07414	0.12942	0.34789
2010	0.32333	0.27721	0.17582	0.16239	0.41284	0.10707	0.17642	0.40772
2011	0.41500	0.42659	0.20831	0.21267	0.47387	0.19831	0.26658	0.71582
2012	0.53167	0.57023	0.39291	0.40659	0.63171	0.33689	0.41273	0.76668
2013	0.77333	0.77707	0.71510	0.70629	0.78955	0.57700	0.60268	0.83249
2014	0.89000	0.89773	0.85002	0.84615	0.89477	0.90423	0.89945	0.88633

4.3.3 数据的标准化处理

电子商务系统与快递物流系统的各个序参量的指标原始数据的数值单位是不一样的，不同单位的指标所代表的含义是不同的，这样会给数据量化带来不一样的理解，最终使得测量值存在较大的差距。为了消除指标之间的差距，使得指标之间具有可比性，需要在数据分析之前，将指标数据进行标准化处理。标准化处理主要包括无量纲化处理和数据趋同化处理两个方面。数据标准化的方法有很多种，常用的有"最小—最大标准化""Z-Score标准化"等。本书采取"Z-Score标准化"的方法对电子商务与快递物流的序参量指标进行标准化处理。

"Z-Score标准化"的方法为：

$$X'_{ij}=\frac{X_{ij}-\overline{X}_j}{\sigma_j} \tag{4-6}$$

如式（4-6）所示：X'_{ij}代表序参量指标进行标准化后的结果值，X_{ij}代表序参量指标值，$\overline{X}_j$代表该项序参量指标的平均值，σ_j代表该项序参量指标的标准差。

数据进行去量纲化处理，使得序参量指标数据代表的含义趋于一致，即原始数据进行标准化后，获得基础数据如表4-10、表4-11所示。

4.3.4 子系统有序度的测算

1. 子系统指标权重的确定

由于每个指标对于系统的重要程度不同，需要对其赋予不同的权重。本书采取CRITIC方法评价指标间的对比强度。使用此方法需要计算指标的相关系数以及标准差，指标间具有较强的正相关，说明指标冲突性较低，标准差越大，其取值差距越大。δ_j表示指标j的标准差，r_{ij}表示评价指标i与评价指标j之间的相关系数，则：

$$c_j=\delta_j\sum_{i=1}^{n}(1-r_{ij}),\ j=1,\ 2,\ \cdots,\ n \tag{4-7}$$

式（4-7）中：c_j表示第j个指标对子系统的影响程度，其值越大，说明指标j在整个指标体系中所起到的影响作用越大，所以该指标的权重也就应该越大。因此，各指标的权重θ可由c_j进行归一化处理后得到：

$$\theta_j=\frac{c_j}{\sum_{j=1}^{n}c_j},\ j=1,\ 2,\ \cdots,\ n \tag{4-8}$$

应用统计软件 SPSS 进行自相关性检验，电子商务 10 个变量以及快递物流服务系统 8 个变量的双侧检验值都小于 0.01，具有显著的自相关性，并且通过了双侧检验，可以通过自相关的方法来确定各个指标的权重。将进行标准化处理的电子商务系统的指标数据以及快递物流系统的指标数据两两进行相关分析，得到相关系数矩阵，根据公式计算得到电子商务系统以及快递物流系统的各指标权重系数，如表 4－12、表 4－13 所示。

表 4－12　　　　电子商务子系统指标的权重系数

指标	权重	数值
IPv4（X_1）	θ_1	0.20981
com 域名数量（X_2）	θ_2	0.02753
网络国际出口带宽总量（X_3）	θ_3	0.02676
网站数（X_4）	θ_4	0.30516
中国网络购物用户规模（X_5）	θ_5	0.03037
电子商务从业人员（X_6）	θ_6	0.10197
网民总人数（X_7）	θ_7	0.11443
电子商务交易总规模（X_8）	θ_8	0.03044
每周上网时间（X_9）	θ_9	0.07229
中国电子商务行业投资情况（X_{10}）	θ_{10}	0.08123

电子商务系统（IPv4X_1、com 域名数量 X_2、网络国际出口带宽总量 X_3、网站数 X_4、中国网络购物用户规模 X_5、电子商务从业人员 X_6、网民总人数 X_7、电子商务交易总规模 X_8、每周上网时间 X_9、中国电子商务行业投资情况 X_{10}）＝（0.20981　0.02753　0.02676　0.30516　0.03037　0.10197　0.11443　0.03044　0.07229　0.08123），如表 4－13 所示；快递物流系统（快递网点 Y_1，拥有揽收、派送等用途的汽车数量 Y_2，平均每一营业网点服务面积 Y_3，平均每一营业网点服务人口 Y_4，快递从业人员 Y_5，快递业务量 Y_6，快递业务收入 Y_7，交通运输、仓储和邮政业固定资产投资 Y_8）＝（0.07999　0.09779　0.15348　0.17736　0.07988　0.17007　0.13029　0.11113），如表 4－13 所示。

表 4-13　　快递物流服务子系统指标的权重系数

指标	权重	数值
快递网点（Y_1）	θ_1	0.07999
拥有揽收、派送等用途的汽车数量（Y_2）	θ_2	0.09779
平均每一营业网点服务面积（Y_3）	θ_3	0.15348
平均每一营业网点服务人口（Y_4）	θ_4	0.17736
快递从业人员（Y_5）	θ_5	0.07988
快递业务量（Y_6）	θ_6	0.17007
快递业务收入（Y_7）	θ_7	0.13029
交通运输、仓储和邮政业固定资产投资（Y_8）	θ_8	0.11113

2. 电子商务子系统与快递物流子系统有序度和总体协同度

将电子商务子系统与快递物流子系统中的指标数据与其权重进行矩阵乘法，可以得到2005—2014年各子系统的有序度。根据总体协同度式（4-4）计算得出电子商务系统与快递物流系统的总体协同度如表4-14所示，并以此数据绘制如图4-2所示的电子商务与快递物流服务系统协同发展趋势图。

表 4-14　　子系统有序度以及系统总体协同度

年份	电子商务有序度	快递物流有序度	系统总协同度
2005	0.02363	0.03498	—
2006	0.07621	0.07233	0.04431
2007	0.18906	0.10170	0.05757
2008	0.40157	0.14326	0.09399
2009	0.52779	0.18205	0.06997
2010	0.46356	0.22824	0.05447
2011	0.60777	0.33047	0.12142
2012	0.69588	0.47744	0.11380
2013	0.82711	0.70511	0.17285
2014	0.88976	0.88047	0.10481

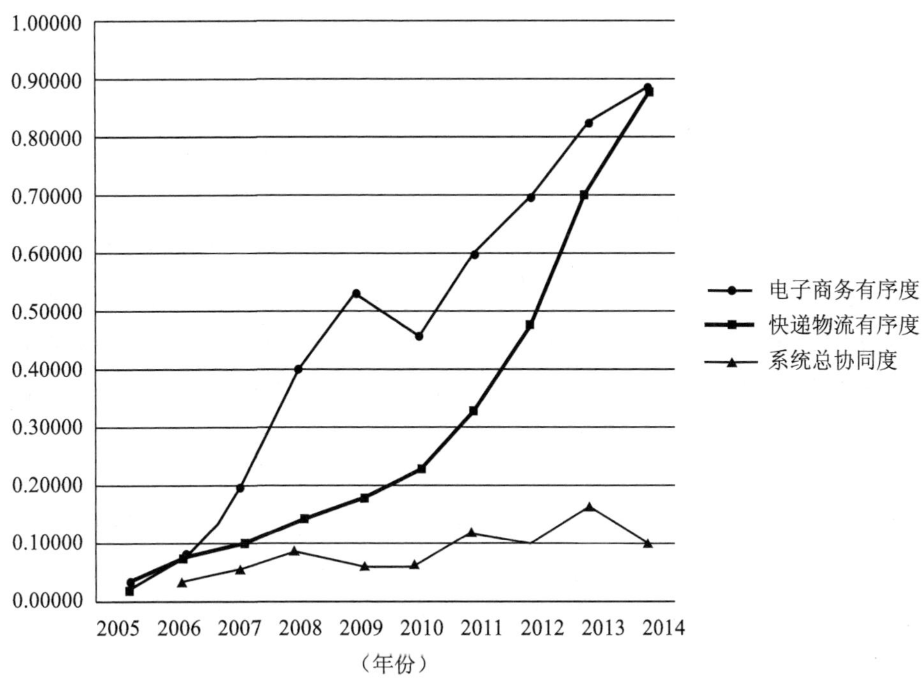

图 4 - 2 电子商务系统与快递物流系统协同发展趋势

4.4 电子商务与快递物流系统协同发展路径分析

电子商务与快递物流服务系统具有明显的经济特征差异，其体现在网络规模方面、服务方面和规范方面。电子商务具有长尾效应；其服务要求根据不同属性的商品提供不同层次的快递服务，强调个性化和定制化服务；需要根据不同商品提供不同的包装规范、签收细则及理赔细则。而快递物流具有规模效应；并且只能够提供同质化的服务；缺乏行业规范。

如图 4 - 2 所示，电子商务系统与快递物流系统协同发展趋势具有以下特点。

①电子商务系统的有序度和快递物流服务系统的有序度自 2005 年以来呈逐渐上升趋势。但是任何一个子系统有序度的提升并不能促使系统整体协同度的明显提升。

②电子商务系统的有序度要优于快递物流系统的有序度，其结果与现实情况一致。电子商务作为一种新型的科技产业，其发展速度取得了令人瞩目

的成绩，而快递物流，虽然在近几年中也得到了快速发展，但一直以来始终存在着企业规模小、管理不规范、服务差等诸多问题。

③电子商务与快递物流服务系统的总体协同度呈现上升趋势，并且是螺旋式上升。电子商务与快递物流服务系统在协同——不协同——协同循环演化中彼此相互适应与协调。

根据电子商务系统的有序度以及快递物流服务系统的有序度的预测分析，在未来的发展中，快递物流的有序度的发展将呈现指数级别的增长，在未来的发展过程中是很有可能超过电子商务系统发展的有序度的。电子商务近几年的迅猛增长也会成为今后继续扩大发展的障碍。只有通过不断创新商业模式、进行技术研发才能有新的出路。

为了进一步得到在电子商务与快递物流服务系统协同发展的过程中基础设施指标、经营规模指标在复合系统协同过程中的贡献大小，特将基础设施-持续发展、经营规模-持续发展分别进行协同度的计算，最终分别得出在各类序参量指标影响下电子商务与快递物流服务系统总体的协同度，如图 4 - 3 所示。

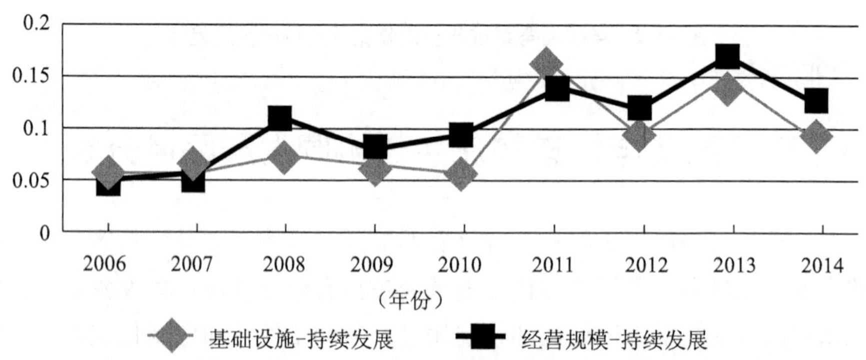

图 4 - 3　基础设施-持续发展、经营规模-持续发展对总有序度的影响

通过图 4 - 3 可以看出，基础设施对于电商快递物流复合系统总有序度的影响除了在 2006 年、2007 年、2011 年高于经营规模指标对于系统总有序度的影响外，其余各年均低于经营规模指标对于总有序度的影响。这也很好地证明了对于电子商务和快递物流而言，在基础设施的建设方面协同度不高，在今后发展中急需改善。在经营规模方面，电子商务与快递物流系统的协同度逐年上升，但是总体协同度并不高。

为了动态协调电商与快递物流的协同，应进一步完善电商与快递在技术研发与基础设施方面的发展，有效构建一体化电商快递云服务平台共享信息、对接标准，根据电商个性化、定制化的商品配套建立与之相适应的快递物流新服务模式，进行商品从下单到送达整个过程的实时监控，以形成电商快递生态化的闭环链条。

4.5 本章小结

本章以复合系统协调度测度模型为基础，应用协同学序参量理论，分别建立电子商务与快递物流服务系统协同发展的子系统有序度测度模型和系统整体协同度测度模型，并应用2005—2014年的数据对电子商务与快递物流服务系统的协同发展进行实证研究和理论解释。在此基础上，为了进一步测度系统序参量指标对于总系统协同度的影响，分别对基础设施-持续发展、经营规模-持续发展进行总有序度的测算，并最终给出其发展路径，为电子商务与快递物流服务系统的协同发展提供一定的理论依据与实践依据，具有重要的参考价值。电子商务与快递物流服务的总有序度逐年上升，但是协同程度不高。在今后的研究中，应重点探讨如何通过电子商务与快递服务的模式创新来提高其协同度。

5 “PtoS”商业模式分析

5.1 “PtoS”商业模式的含义

我国快递行业经历了近30年的快速发展，之前推动其快速发展的经营模式已经很难适应目前市场竞争的需要，为了提高与电子商务系统的协同度，引入新的商业模式势在必行。这就要求应用“互联网＋”的方式重构快递业务流程，实现快递业务与电子商务在时空上的深度融合；应用分享经济的思维对快递行业使用的社会资源进行进一步整合，以实现快递行业轻资产的运营模式。

“PtoS”模式具有双边市场的基本特征，本章在对其市场进行分析后，围绕商业模式的客户价值主张、关键资源整合、关键流程构建和独特的盈利模式四个维度分析了“PtoS”模式的构成要素和构成结构的变革。

5.1.1 双边市场的界定与基本特征

1. 双边市场的界定

目前，学术界对于双边市场并没有权威统一的界定。通过对主流文献的梳理发现，对双边市场的界定与特征描述大致可分为以下三个观点：一是“价格结构中性说”，由 Rochet 和 Tirole（2003，2006，2010）提出；二是“交叉网络外部性”，由 Evans（2003）、Armstrong（2004）提出，Wright 和 Armstrong（2008）又对其进行了深入研究；三是基于“交叉网络外部性”的广义的双边市场概念与判定方法，Hagiu（2004，2006）、Hagiu 和 Wright（2015）对此进行了研究。

2. 基本特征

（1）双边客户群体的需求互补性特征

需求互补性特征是指接入平台不同类型的客户群体之间的需求是具有互补性的，在平台的整个运营过程中缺一不可，只有相关客户群体同时存在于平台之上，且互为需求，这样的平台才具有价值（赵保燕，2015）①。如打车App平台缺少了司机与乘客中任何一方都是无法正常运营的，不同的乘客有不同的出行需求，只有该平台聚集大量司机，平台上的供给与需求才可能被更大限度地满足。

（2）交叉网络外部性特征

双边市场的主要特征是交叉网络外部性，其也是判定双边市场的主要依据。网络外部性是指一种产品或者服务对消费者的价值随着其他使用者数量的增加而增加，然而，对于双边市场表现出的是一种“交叉”的特质（赵保燕，2015）。

如打车App平台，由于需求互补性，双边市场的用户相互依赖。如司机方使用打车App的用户数量越多，乘客成功打到车的概率就越高，从而使更多的乘客接入到该平台上来；乘客方使用该App的用户越多，司机接单的成功率会越高，其大大降低了车辆的“空驶率”，从而吸引更多的司机接入该平台。

（3）价格结构非对称性

双边市场中，平台提供的产品或者服务面对的是不同的客户群体，通过文献综述可知，平台并不是根据价格与边际成本相对等的原则来进行定价，在实际的操作中，为了将平台交易持续、有效地运营下去，平台会采取偏斜定价的方式，即对一方客户进行边际成本或低价的定价方式，以积累更多用户，而对另一方用户采取高价以获取利润。

之前我国出租车市场由于供需总量失衡、信息不对称导致出租车资源配置效率低下，乘客常常面临着“打车难”的困境，因此乘客对于打车App软件有着较强烈的需求，相对于司机一方，乘客对于打车App软件的需求价格弹性相对较低，根据“偏斜定价”原则，平台倾向于对交叉网络外部性强的一方制订低价，较弱的一方制订高价，因此，打车App对司机一方制订低价吸引更多司机接入，而对乘客方制订高价用以盈利（耿磊，2015）。

5.1.2 “PtoS”双边市场基本属性

1. “PtoS”模式的双边需求互补性

在“PtoS”模式的平台上，缺少了兼职快递员和消费者中任何一方，该

①赵保燕：《基于双边市场理论的物流平台构建与商业模式研究》，硕士学位论文，重庆交通大学，2015。

平台均无法运营。兼职快递员与消费者的需求具有互补性，消费者有寄递快件的需求，兼职快递员有递送快件以获得配送费用的需求。一边市场所提供的服务恰好满足了另一边的市场需求。快递平台同时向兼职快递员与消费者提供服务，平台的盈利来源于兼职快递员与消费者的联合需求。

2. "PtoS"模式的交叉网络外部性

由于具有需求互补性，双边市场用户相互依赖。兼职快递员一方使用该"PtoS"平台的用户数量越多，消费者在进行快件寄递的时候，快件被及时、顺利接单配送的概率就越高，这样接入到该平台的消费者就会越多；同样，消费者一方接入到该平台的数量越多，兼职快递员成功接到订单的概率就会越高，接到订单的数目就会越多，当然获利的可能性就会越高，从而成功吸引更多兼职快递员接入到该平台。兼职快递员与消费者的效用会随着对方市场所拥有的用户的数量的增加而增加，即存在正的交叉外部网络效应。

3. "PtoS"模式的偏斜定价

"PtoS"模式在运营初期对消费者吸引力的增强来源于兼职快递员数量的增加，相比较消费者一方，兼职快递员一方具有较强的交叉网络外部性，根据双边市场价格结构非对称性原则，平台倾向于对交叉网络外部性强的一方采取低价，即对兼职快递员采取免费的方式，吸引更多兼职快递员接入该平台；对交叉网络外部性较弱的一方采取高价，即对快递寄递客户收取相应的费用以获得盈利。

5.1.3 "PtoS"商业模式

在分享经济模式中，"PtoS"模式所涉及的主要参与者包括平台的提供方、兼职快递员以及消费者。其中平台提供者指的是快递企业，其通过寄递平台，将兼职快递员与投寄快递包裹的消费者联系起来，将所有快递服务需求发布到平台上，任何已申请成为兼职快递员的人均可就近领单，在超过一定时限的情况下，快递企业通过合作企业将快递发送出去，以顺利完成快递包裹的送达，其收益通过收取一定佣金获得，下文将其简称为平台快递企业。消费者是指有投寄快递包裹需求的客户，通过平台向兼职快递员与平台快递企业支付费用，以下将其称为消费者。

"PtoS"平台中任何一笔业务除了包括传统交易中的快递流（传统业务中的物流，这里专指快递包裹的流向）、信息流、资金流外，还包括信用流。信用流专指在"PtoS"平台上各个参与方的信用评价信息，用以保证兼职快递员以及收寄客户的人身安全、递送物品安全稳妥和快递综合体验的良好，本书第 6 章重点解决“PtoS”模式的网络信用体系的研究。

智能快递箱是现代物联网的一个组成部分，可以通过人脸识别、密码验证等方式验证相关人员的身份；可以对快递包裹的条码进行激光扫描；可以对快递包裹的相关信息进行汇总统计分析；可以使用高清摄像头等现代技术对寄件、取件进行全过程跟踪摄像，用以对快递包裹的坏损等相关问题进行责任界定。

兼职快递模式可以根据运送方式分为几个类别，如表 5－1 所示。根据不同类别兼职快递模式的划分，可以分配不同等级的快递运送任务。

表 5－1　　　　兼职快递模式

兼职快递模式	具体形式
人＋非机动车	人、人＋自行车、人＋电动车等
人＋客运车	人＋轿车、人＋客车、人＋城市内公共交通等
人＋货运车	人＋微型货车（$GA\leqslant1.8$ 吨）、人＋轻型货车（1.8 吨＜ $GA\leqslant6$ 吨）等（GA 为依公路运行时厂定最大总质量）
人＋铁路	人＋高铁、人＋非高铁等
人＋空运	人＋飞机

资料来源：作者编制。

同城快递可以提供的服务如表 5－2 所示。

表 5－2　　　　快递服务类别

服务类别	具体内容
人—人	从寄件人手中取货直接送到收件人
人—箱	从寄件人手中取货送到指定智能快递箱
箱—人	从智能快递箱中取货送到收件人
箱—箱	从智能快递箱中取货送到指定智能快递箱

资料来源：作者编制。

异地快递主要分为三个过程，如图 5－1 所示。

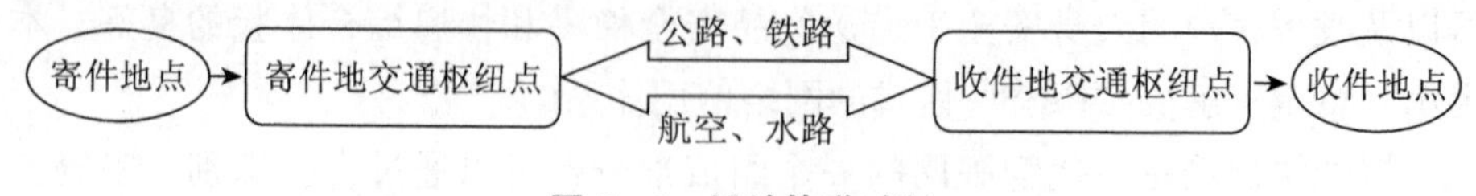

图 5-1 异地快递过程

资料来源：作者编制。

目前，同城快递已有达达、人人快递在实际运营，其业务重点集中于"最后 3 公里"的配送；跨城快递已有空间客车在实际运营，其业务重点集中于高铁或飞机上的闲置空间和闲置人员运送包裹；同城货运现已有罗计物流、云鸟配送在实际运营，其业务重点集中于整合闲置货车信息。而本研究将重点放在基于智能快递箱的配送模式，重点研究智能快递箱的网点布局，以及兼职快递员对平台快递企业的影响。

目前我国快递从业人员近百万人，但同时 2014 年全年仅铁路运输就达到 23.2 亿人次，日均发送旅客 600 万人次以上。如果这些人中有 1/10 愿意作为兼职快递人员进行长距离运输，我们就可以一瞬间增加至少 50%快递从业人员。这还不包含高速公路上成千上万的私家车和日益发展的民用航空飞机。

随着全国高速公路、铁路建设的全面铺开，2015 年 10 月，我国高铁已达到 1.7 万千米，而到 2020 年将实现 5 万千米，未来五年将进入高铁建设跨越性发展阶段。高铁拉近了城市与城市之间的距离，以京津冀为例①，五年内将形成"四纵四横一环"为骨架的城际铁路网络，新建城际 23 条，总规模达 3400 千米，打造京津冀 0.5～1 小时交通圈。基于这些已建成与将要建成的资源，"PtoS"模式将迎来大发展的未来。

5.2 "PtoS"模式市场分析

5.2.1 目标人群和市场规模

"PtoS"模式的发展依赖于我国互联网基础设施的快速发展以及网民规模爆炸式增长，如图 5-2 所示。

①《京津冀城际铁路网规划修编方案（2015—2030 年）》。

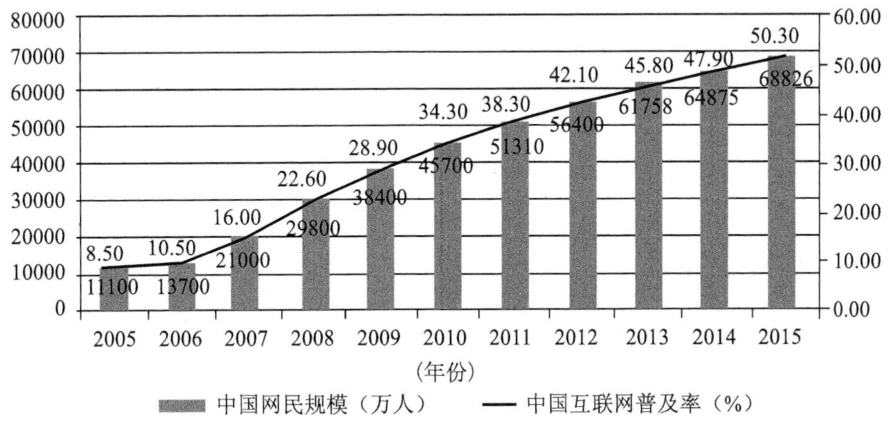

图 5－2 中国网民规模和中国互联网普及率

资料来源：根据中国互联网络发展状况统计报告整理绘制。

1. 网络基础设施

截至 2015 年 12 月，我国 IPv4 地址数量、IPv6 地址数量、域名、网站、国际出口带宽等网络基础设施都得到了进一步的发展，如表 5－3 所示。我国网络环境的快速发展为“PtoS”模式的创新提供了外在动力。

表 5－3 2014 年 12 月与 2015 年 12 月中国互联网络基础资源对比

项目	2014 年 12 月	2015 年 12 月	年增长量	年增长率（%）
IPv4（个）	331988224	336519680	4531456	1.4
IPv6（块/32）	18797	20594	1797	9.6
域名（个）	20600526	31020514	10419988	50.6
其中 .CN 域名（个）	11089231	16363594	5274363	47.6
网站（个）	3348926	4229293	880367	26.3
其中 .CN 下网站（个）	1582870	2130791	547921	34.6
国际出口带宽（Mbps）	4118663	5392116	1273453	30.9

资料来源：根据 CNNIC 中国互联网络发展状况统计报告整理获得。

2. 网民规模

截至 2015 年 12 月，我国网民规模已经达到 6.88 亿，全年新增网民共计 3951 万人。互联网普及率已经达到 50.3%，比 2014 年提升了 2.4 个百分点，如表 5－4 所示。

表 5-4　　中国网民规模与互联网普及率

年份	中国网民规模（万人）	中国互联网普及率（%）
2005	11100	8.5
2006	13700	10.5
2007	21000	16.0
2008	29800	22.6
2009	38400	28.9
2010	45700	34.3
2011	51310	38.3
2012	56400	42.1
2013	61758	45.8
2014	64875	47.9
2015	68826	50.3

资料来源：根据 CNNIC 中国互联网络发展状况统计报告整理获得。

在互联网的整个发展过程中，新网民不断增长，使得互联网与经济社会深度融合有了更加坚实的基础。调查结果显示，2015 年新增网民上网设备主要是手机，使用率达到 71.5%，与 2014 年相比上升了 7.4 个百分点。2015 年新增网民群体中，低龄（19 岁以下）、学生群体分别占到了 46.1%、46.4%，这部分人被称为网络的原住民，他们对于互联网的使用主要是娱乐、沟通，便携易用的智能手机很好地满足了他们的需求。新网民对于台式机的使用率较 2014 年有明显下降。年轻人的涌入，为"PtoS"模式提供了大量潜在客户，如图 5-3 所示。

3. 手机网民规模

随着网络环境的日益完善、移动互联网技术的不断发展，各类移动互联网应用需求被激发，手机、平板等智能移动端设备的广泛使用，为"PtoS"模式提供了大量的移动设备接入端，如图 5-4 所示。截至 2015 年 12 月，我国手机网民规模已经达到 6.2 亿，有 90.1%的网民通过手机上网，手机已经成为拉动网民规模增长的首要设备。

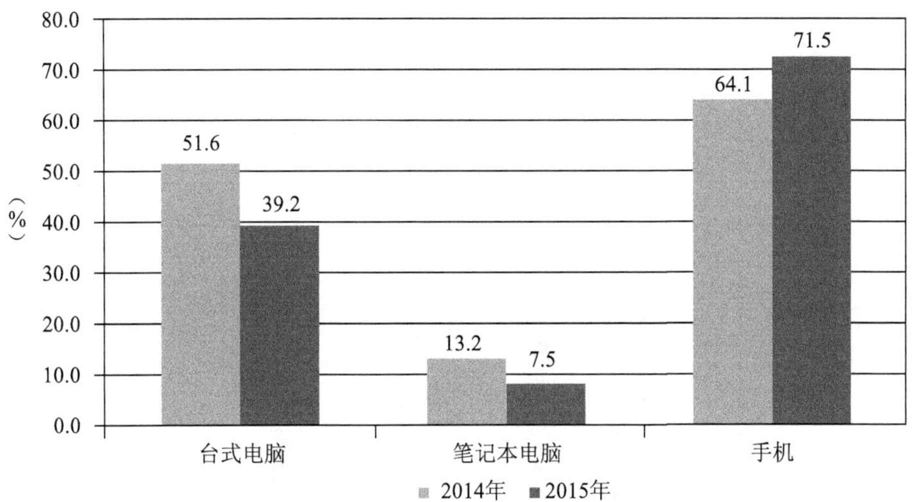

图 5-3 新网民互联网接入设备使用情况

资料来源：根据 CNNIC 中国互联网络发展状况统计报告整理获得。

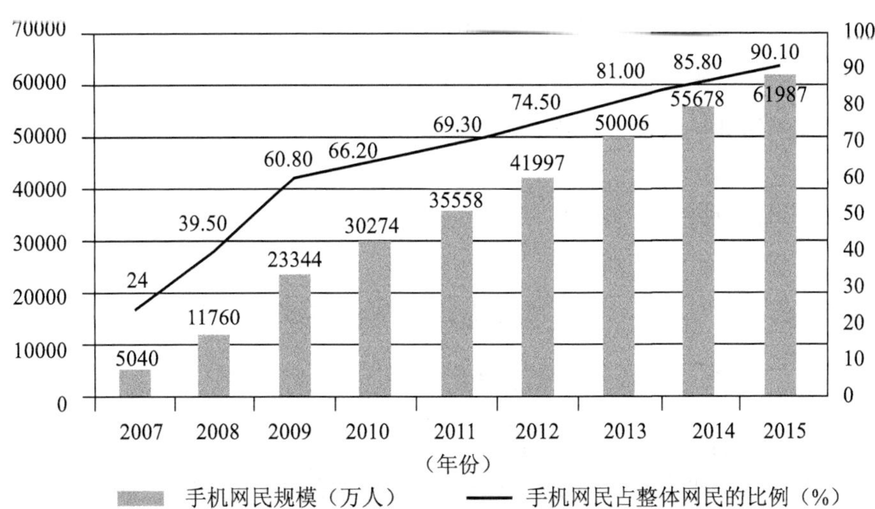

图 5-4 2007—2015 年手机网民规模和手机网民占整体网民的比例

资料来源：根据 CNNIC 中国互联网络发展状况统计报告整理绘制。

4. **网民结构**

我国存在着优质的网民，他们的年龄结构如图 5-5 所示。

2015 年，我国网民年轻化特征明显，网民主体年龄集中在 10～39 岁，其中 20～29 岁区间的网民数量最大，其次是 30～39 岁区间，再次是 10～19 岁区间，分别占比为29.9%、23.8%、21.4%。根据统计数据可得，20～39岁的网民已经占到了我国全体网民的50%以上，这部分网民成为网络世界的中坚力量。

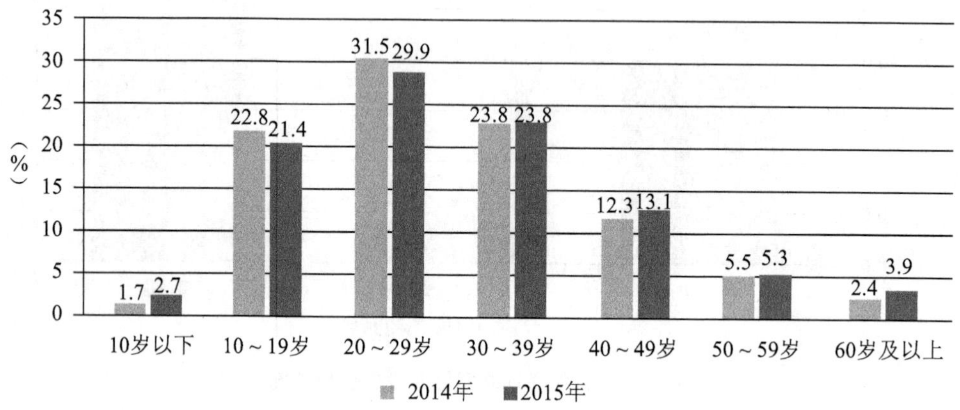

图5-5 中国网民年龄结构

资料来源：根据CNNIC中国互联网络发展状况统计报告整理获得。

网民中具备中等教育程度的群体规模最大，网民的受教育水平一定程度上决定了网络环境的优劣，优质的网络环境为企业的互联网生存提供了可靠的保证。

网民中占比前三位的职业分别是学生、自由职业者、企业/公司的管理人员和一般职员，占比分别为25.2%、22.1%、15.2%。这三类职业的人群在网民中的占比相对稳定。这三类网民是“PtoS”模式主要针对的用户群体。

5.2.2 “PtoS”模式优劣势分析

1. 市场优势

①随着高新技术不断涌现，传统行业都在进行“互联网+”模式的转型，“PtoS”模式为传统服务业开辟了新的模式和道路。

②“PtoS”模式顺应“互联网+”的战略发展方向，顺应传统行业的转型与升级。其为快递服务的供给方与需求方提供了一个更加专业化的平台，盈利模式则是通过赚取服务费的方式实现。

③我国经济的持续发展为网络购物创造了一个良好的支撑环境，“PtoS”模式为网络购物创造了一个支撑体系，其反过来会促进网购市场的繁荣。

④我国互联网基础设施的完善以及网络宽带的提速进一步为“PtoS”模

式提供了一个持续发展的环境。

⑤优步、滴滴等互联网应用的普及，已经改变了居民的整个消费生活方式，其为“PtoS”模式起到了很好的铺垫作用。网络约车合法化是国家对分享经济的肯定与鼓励。

2. 市场劣势

①服务网点初期建设会从人员密集度高、交通便利的一二线城市开始，不能全面满足大众的需要。

②需要新技术的支持，智能快递箱的铺设费用，以及铺设地点的选择都需要与各个场所负责部门进行协商。

③一种新的商业模式运行初期，都会受到之前固有方式、思想的禁锢，需要通过不同的营销方式取得消费者行为模式的改变以及思想上的认同。

④新的方式需要磨合。新的商业模式在运行期间都会面临政策方面、环境方面、竞争对手方面的融合，会存在“问题出现—问题解决—新问题出现—新问题解决”循环上升的过程，需要在运营过程中不断完善。

5.2.3 “PtoS”模式可行性调研

当今世界，随着移动互联网的普及，各行各业逐渐融入移动互联网，越来越多的创业者在思考如何使用互联网思维改造既有行业的传统模式，特别是服务业的运作模式。互联网思维中一个很重要的理念是以开放网络为平台，使资源以共享的模式得到充分利用，最大限度发挥它的价值，降低全社会的成本。

打车行业在互联网思维的运用上已经走在了前列，其中滴滴顺风车、Uber的模式最具代表性。互联网思维改造传统打车模式的成功范例迅速传导到其他服务行业。蚂蚁金服、京东白条抢占互联网金融高地；百度外卖、美团外卖在外送行业兴起；爱屋吉屋、搜房网依靠低佣金挺进二手房中介市场。

互联网思维对各行各业的改造正如火如荼地进行着，依赖劳动密集型的快递业将何去何从。中国社会科学院2015年发布的经济发展蓝皮书显示：2016年中国劳动人口将开始负增长。面对“十三五”期间中国经济调结构的大趋势，各行业正在从劳动密集型转向技术密集型。在人口红利逐渐消失的情况下，未来的年轻人口会越来越少，快递业长期依靠的劳动密集型的发展模式是不可持续的。

本书研究以发展的眼光分析快递业的成本变化，以价格与速度的取舍回归快递的本质，以面对面服务模式与智能快递箱服务模式的对比思考终极客户体验，以整合每个人随时随地移动的价值来作为现有快递模式的有效补充。

"互联网＋快递"可行性调研问卷如下。

本书对"在'顺路'的情况下，您愿意成为一名兼职快递人员赚取额外收入吗?"进行了问卷调查，以测试大家对于新的快递模式的接受程度。

通过朋友圈、QQ、社交媒体转发链接以及申请推荐的方式，一共回收调查问卷404份。如图5－6所示，其中对职业进行了划分，占比前三名的行业分别是国企、公务员、事业单位，占调查人员总数的32.18％；学生位于第二位，占调查总数的22.52％；企业白领位于第三位，占比21.04％；其他各类职业占调查总人数的24.26％。

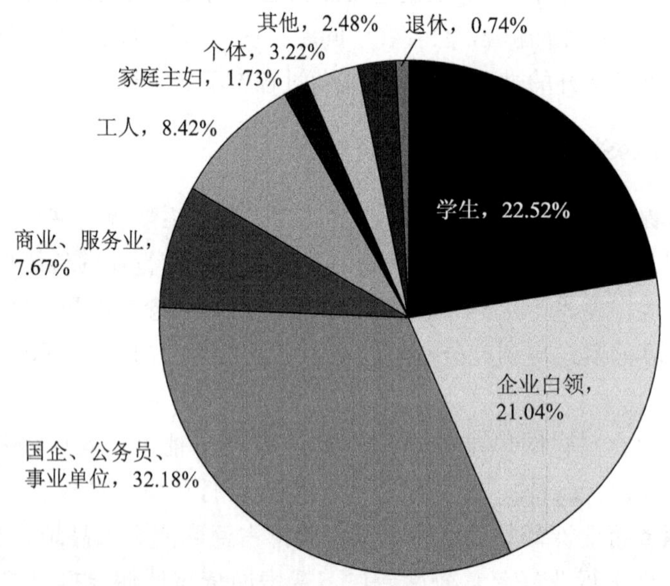

图5－6　调查人员职业所占比例

被调查人员年龄主要分布在20～40岁，占被调查人员的68.07％，接近被调查人员的半数以上，这部分人员是现在社会的中流砥柱，他们的选择能够代表社会的主流方向。

被调查人员的性别男女比例基本上是1∶1，男性占被调查人数的48.51％，女性占被调查人数的51.49％。因此调查结果可以被认为是不存在性别差异的结果。

被调查人员的收入有66.59%集中于5000元以下，8000元以上的调查者占到总调查人数的9.41%。调查人员对于收入的填写一般都比较保守，但调查结果显示，收入低的人愿意从事兼职的动力会比较大。

问卷调查问题的设定主要从快递服务供给方与需求方入手。

对于快递服务的供给方包含的问题为：

问题1：在“顺路”的情况下，您愿意兼职递送快递赚取额外收入吗？(在城市内部或者城市之间)

选择“是”的占被调查者的78.71%。这说明在顺路的情况下，大家是愿意成为兼职快递员去提供快递服务的。这为新的快递服务模式的供给提供了保障。

问题2：您不想成为“顺路”的兼职快递人员的原因？多项选择题。

通过调查结果发现，怕出现麻烦和纠纷、怕出现安全问题是阻碍大家成为兼职快递员的首要问题。这也是本书第五章将“PtoS”模式的信用评价机理做深入研究的原因。

问题3：如果您成为兼职快递员，您关注哪些方面？多项选择题。

成为兼职快递员后，兼职快递员所关注的问题前三位集中于每单收入、快件丢失损坏的赔偿金额和责任、快件本身是否安全。快件大小、快件重量等所得到的关注并不是很大。

问题4：目前天津市区内快递员派送每单最低收入2元，作为兼职快递人员“顺路”捎带快件，您能接受每件快递最低收入是多少？

占比49.5%的人员选择了2元及以下，说明大家对于捎带快递包裹的每单收入还是具有理性的。

对于快递需求方，实际上问卷想要调查大家对于智能快递箱的接受程度。

问题1：无论您的快件什么时候到达，您都方便接收吗？

51.49%的被调查者选择了“否”。这也很直观地说明了专职快递员投递不成功的原因，进一步反映了一半以上的消费者会有快件接收时限的烦恼，以及对企业提供快递服务进行改进的需求。

问题2：接收快递时，您希望快递员为您派送，还是送到您附近的快递箱中？

70.3%的被调查者选择了快递员配送。其实这个结果与上一个问题的结果是存在矛盾的。一是由于大家的惯性思维，现有的快递模式培养了消费者从快递员手中接收快递包裹的行为模式。二是由于目前的“最后一公里”的自助提货点并没有普遍采用，而且位置比较分散，不方便大家自助取货。

问题3：如果采用快递箱接收快递，您希望快递箱在哪里设置？

问卷为被调查者提供了七个选项，大家集中选择了小区门外、写字楼下以及学校门口。这和快件集中的发放位置不谋而合。选择“小区门外”选项的被调查者占到了被调查者84.17%的支持度，远远高于“写字楼”选项40.83%的支持度。这从另一个侧面反映了如果快件可以送到家门口的快递箱中，消费者就不会退而求其次选择在单位接收快件。

问题4：现在广州到天津快件最低价格是15元，如果还能下调，您希望是多少？

30.2%的被调查者选择了10元，大家都希望快递能够有再下降的空间。但是目前快递模式已经是低价竞争，赔本经营了，可下降空间基本为0，通过新的快递模式是不是可以实现快递成本的进一步降低？

问题5：如果快递费更低，您是否容忍您的快件晚到1～2天？

快递的本质除了快之外，其实更重要的本质是递。不同消费者对于快递的递送需求是不一样的，在价格很低的情况下，有些消费者是可以允许快件晚一两天到达的。调查结果也支持了这个结论，对于此问题78.22%的被调查者选择了“是”，在价格与速度的选择上，很多人倾向于价格。

通过该调查问卷分析得出，调查人员对于这种新的快递模式的接受占到了78.71%。而成为兼职快递员后，大家无疑将关注问题集中到快件丢失损坏责任的划分、快件本身是否安全等核心问题上，而这就要依靠平台快递企业制度的制定与流程的完善以保障兼职快递员和寄件人的权益。因此对于兼职快递员与寄件人网络信用的评价成为急需解决与完善的问题。通过兼职快递员的身份审核，每一单业务的完成效果等相关内容的评价用以保障快件在递送过程中的安全。同时，根据寄件人寄件过程以及身份信息的核定以保障其寄送快件的安全。

现实情境下，快递员并不能保证在任何时间到达，以方便消费者进行快递包裹的接收，这进一步证明了智能快递箱的应用实际上是提供了一种实时快递投递与接收的解决方案，很好地解决了快递员空投带来的时间、成本上的浪费。而智能快递箱位置的选择对于寄递快件的需求者与提供快件投递服务的供给者而言至关重要，服务网点布局的合理性会加大供给者与需求者使用的便利性。因此，通过新的商业模式的构建，可以为快递服务提供一种新的供给，为消费者提供更多的选择。

5.3 "PtoS"商业模式构建

商业模式是企业创造价值的基本机制，自从 20 世纪"互联网商业模式热潮"以来，许多商业模式的专家和学者都一直致力于寻找一套具有基础性、规律性的商业模式理论模型，并以此为通用工具对企业创造价值的一般机制进行解释。

程愚和孙建国（2013）提到，商业模式研究最终归结为两个基本问题：一是商业模式主要包括哪些基本要素；二是这些基本要素之间的相互关系。王瑜（2011）描述了企业如何创造价值、传递价值和获取价值的基本原理。

"PtoS"模式的核心商业逻辑是将社会上有空闲时间的人、有富裕空间的车辆进行实时信息的互通，通过一定的运营管理模式为客户提供快递的及时配送，为提供服务的兼职快递人创造额外的收入，为快递包裹的投递者提供优质快速的配送服务，同时为自身企业赚得相应的利润。

Rudall（2010）将商业模式划分为九个基本的构造块：客户细分（Customer Segments，CS）、价值主张（Value Propositions，VP）、渠道通路（Channels，CH）、客户关系（Customers Relationships，CR）、收入来源（Revenue Streams，RS）、核心资源（Key Resources，KR）、关键业务（Key Activities，KA）、重要合作（Key Partnerships，KP）和成本结构（Cost Structure，CS），具体含义如表 5 - 5 所示。

表 5 - 5　　商业模式基本构造块的具体含义

名称	定义
客户细分	企业或机构所提供服务的一个或者多个客户分类群体
价值主张	企业通过提供产品或者服务解决客户难题或者满足客户的需求
渠道通路	企业向客户传递价值主张的方式，可以通过沟通、分销和销售渠道进行
客户关系	如何在每一个细分市场建立和维护与客户的关系
收入来源	价值主张获利
核心资源	企业具备的重要资产
关键业务	使得商业模式得以正常运转的一系列关键业务活动
重要合作	需要外包或者与外部合作完成相关活动
成本结构	上述相关要素所引发的成本

资料来源：Rudall Y R S. Business Model Generation [M]. John Wiley & Sons，2010.

“PtoS”模式如图 5-7 所示，这 9 个构造块共同覆盖了商业模式当中四个主要方面的内容：客户价值主张、关键资源、关键流程和盈利模式（沈永言，2011；赵青，2015）。商业模式就像一个战略蓝图，需要通过企业的组织结构、流程和系统来实现。

<table>
<tr><td rowspan="2">KP：
与现有快递企业
与现有物流行业</td><td>KA：
平台管理
服务管理
扩展研究</td><td rowspan="2" colspan="2">VP：
颠覆低效，提供一个与电子商务相符的全天候快递模式
重视客户体验，实时发布快递订单信息
移动端实时观测订单配送轨迹
提供一个有弹性的、可选择的工作与生活方式</td><td>CR：
平台与兼职快递员
平台与消费者</td><td rowspan="2">CS：
根据时效划分
根据价格划分
个性化需求</td></tr>
<tr><td>KR：
平台</td><td>CH：
横向整合
纵向整合</td></tr>
<tr><td colspan="3">CS：
平台的开发与维护
基础设施的建设</td><td colspan="3">RS：
平台服务费
平台推广费
线下户外收入
增值服务</td></tr>
</table>

图 5-7　“PtoS”商业模式构成要素

商业模式创新是通过对企业全部具有价值的活动进行的优化选择，并对某些核心价值活动进行的创新，然后再进行重新排列、优化整合而成（孙永波，2011；王雪冬和董大海，2013）。商业模式的创新是通过对各种资源的优化配置来创造更大的价值，是通过对目标顾客需求和市场竞争状况进行分析，区分已经满足的需求、未满足的需求和潜在需求；对企业内部价值链进行分析，明确企业进行创造价值的内部核心资源能力；对供应链分析，把握与企业价值创造和价值转换有关的外部资源能力，在这四个分析的基础上，以顾客需求的变化为中心，找出创新的可能领域，进而优化整合各种资源以实现价值活动的创新。

下面从商业模式模型的四个维度：客户价值主张、关键资源、关键流程和盈利模式对“PtoS”模式进行分析，用以更加清晰地描述新快递商业模式如何利用现有的关键资源，通过重构关键流程，为客户提供价值升值的服务，同时也实现自身盈利的模式。

5.3.1 客户价值主张

客户价值主张是商业模式最核心的要素之一，商业模式相关的一切活动都是围绕客户价值主张展开的。客户价值主张主要解决的问题包括三个：我们的客户是谁？他们有什么样的需求？我们能够满足他们哪些需求？

以客户为中心，倾听客户心声、明确客户价值定位、对不断变化的客户期望做出迅速反应的能力成为企业成功的关键。

以淘宝网为例，淘宝商家卖出的每一件商品的快递物流信息包括从店家提交快递订单到快递签收整个过程，如表 5-6 所示。通过对整个流程进行分析可以得出，由于网上店家使用的是第三方快递物流服务，店家会根据各家快递的服务时间进行订单的下达，而实际订单完成支付与店家实际提交快递订单是有一段时间间隔的，而快递公司接收到订单到实际上门收揽快件也是存在一段时间间隔的，如表 5-7 所示。由于淘宝网站只保留近三个月的快递物流信息，因此本书整理收集了近三个月的快递订单信息。从表中可以看出：淘宝买家的订单支付完成时间，与订单开始处理时间存在一定的时间间隔，如晚上接收到订单后，店家会在次日上午进行订单的处理；而店家提交订单与快递公司实际到店收揽快递又会存在一定的时间间隔。这两段时间间隔会大大降低快递订单的配送效率。而通过“PtoS”模式，可以将这两段时间间隔大大降低。智能快递箱可以实现一天 24 小时，一周七天的无休息运转，而兼职快递员可以是 24 小时无休息的轮转。有很多人和车会在夜间穿梭在其工作或者是生活的轨道上，这样网上店家可以根据实时订单的接收状况实时发布快递订单信息，这时通过“PtoS”平台，兼职快递员也可以实时接单，进而快速及时地完成订单的配送。

表 5-6 快递订单物流详细信息

日期	星期	时间	详细内容	状态
2016/04/10	周日	09：30：51	您的订单开始处理	—
		09：54：26	您的订单待配货	—
		09：56：22	您的包裹已出库	—
		09：56：22	商家正通知快递公司揽件	—
		18：19：21	【宁波市】快捷快递 浙江宁波洪塘站公司收件员	已揽件

续 表

日期	星期	时间	详细内容	状态
2016/04/11	周一	20：33：46	【宁波市】快件已到达 宁波转运中心	—
		20：36：19	【宁波市】宁波转运中心 已发出	—
		23：21：33	【杭州市】快件已到达 杭州转运中心	—
2016/04/12	周二	01：13：32	【杭州市】杭州转运中心	已发出
2016/04/13	周三	03：04：31	【天津市】快件已到达 天津转运中心	—
		04：12：57	【天津市】天津转运中心 已发出	—
		06：37：36	【天津市】快件已到达 天津河西公司	—
		09：05：26	【天津市】天津河西公司派件员正在为您派件	—
		13：29：49	【天津市】天津河西公司，派件已签收，签收人是拍照签收，感谢使用快捷快递，期待再次为您服务	已签收

资料来源：作者根据淘宝网数据整理。

表 5-7　订单支付完成时间、订单开始处理时间、快递公司实际揽件时间

订单开始日期	支付完成时间	订单开始处理时间	快递公司揽件日期	快递公司揽件时间	快递公司
2016/05/01	20：41：34	20：53：15	2016/05/02	10：34：57	韵达
2016/05/01	15：15：16	15：44：50	2016/05/01	17：33：54	韵达
2016/04/10	(04-09) 23：10：21	09：30：51	2016/04/10	18：19：21	快捷快递
2016/04/01	(03-31) 22：32：05	10：07：59	2016/04/01	22：58：25	申通
2016/03/31	21：35：24	21：37：23	2016/04/01	17：13：01	圆通
2016/03/26	00：59：49	16：09：02	2016/03/26	19：58：25	中通
2016/03/24	(03-23) 23：47：39	09：25：26	2016/03/24	19：38：12	圆通
2016/03/17	13：13：46	13：57：25	2016/03/17	18：24：14	圆通
2016/03/09	22：56：01	22：56：35	2016/03/10	15：18：54	中通
2016/02/24	(02-23) 21：36：09	09：18：51	2016/02/24	16：27：14	中通
2016/02/20	22：20：32	22：20：34	2016/02/21	20：35：33	邮政快递包裹

资料来源：作者根据淘宝网数据整理。

由于实际获取企业订单信息存在一定的困难，因此，笔者通过查询自己近半年来的淘宝订单上的物流信息，对于淘宝上快递订单收揽的及时率进行初步测算。由于订单涉及包括申通、圆通、韵达、邮政快递包裹等多家快递公司，因此相关信息具有一定的代表性。如表 5－8 所示，由于快递公司的信息化水平参差不齐，一些公司的详细物流信息一段时间后就不能够进行查询了。淘宝网上包括订单成交时间、订单支付完成时间，两者一般会存在一定的时间间隔，淘宝上约定订单提交后如果三天不进行支付交易就失效了。一般用户会在提交订单后，随后进行支付。商品最终买下以支付时间为准，一般店家会在用户进行支付后再进行后续快递物流的处理。因此，计算订单平均响应时间，即各个商家从买家进行支付完成后，到商家提交快递订单等待处理的时间间隔，其在一定程度上可以描述出快递包裹被响应的及时程度。

$$\text{订单平均响应时间}=\frac{\sum_{i=1}^{n}(\text{订单 } i \text{ 开始处理时间}-\text{订单 } i \text{ 支付完成时间})}{n} \tag{5-1}$$

根据式（5－1）计算得出订单平均处理时间约为 6 小时 13 分 38 秒，在进行计算时需要注意当订单的支付完成时间与订单开始处理时间是同一天时，将两个时间直接相减即可得到订单响应时间。当淘宝店家在非快递公司营业时间接收订单时，其一般都会在转天进行订单下达，所以当订单支付完成时间与订单开始处理时间不是同一天时，需要用 24：00：00 与订单支付完成时间做减法，之后再加上转天订单开始响应时间来算出订单响应时间。

通过计算得出：对现有的快递企业收揽快递的模式，快递订单从真正支付完成时刻，到开始时刻会有很大一段时间间隔，而这源于以下原因：其一，电子商务是可以一天 24 小时、一周 7 天、一年 365 天随时随地进行订单的下达的，而快递企业却是按照其运输设备班次的轮转、专职快递工作人员的工作时间和业务流程安排进行接单的，因此其不能实现无缝衔接；其二，电子商务可以实时进行信息的对接，使得卖家与买家可以实时沟通，尤其是现在手机、平板等智能移动端的入网，更将这种对接深入化，实现了随时随地碎片化时间的利用。快递企业还是按照传统企业观念进行其业务流程的管理，很显然会和电子商务的距离越来越远，因此实时对接快递的需求与供给成为了亟待解决的重要问题；其三，传统快递企业已经形成的不是按照客户需求来决定快递接收的时间，而是按照自己企业的业务流程，要求客户根据自己的流程进行订单的下单安排，很显然这不能很好地满足电子商务快递订单的实时需求。

通过收集整理近半年的淘宝快递订单的详细内容发现，如表 5 - 8 所示（完整表格见附录 1），快递订单从支付完成到快递公司实际揽件完成的时间间隔就更长了，这段时间实际上均可以被压缩，压缩的时间可以为客户或者说快递企业带来价值的增加。通过表 5 - 8 计算得出：若订单支付与快递订单真正到达快递公司的时间是同一天，则快递响应时间基本上也需要 6 个多小时，而如果不是同一天完成订单支付与收揽的话，那时间会间隔 18 个小时之久。当然，这其中也许包含着快递公司实际上已经将快递包裹进行收揽，但由于信息更新不及时，未能体现实时信息跟踪。但是抛开这一部分原因，我们可以看到，网购订单从支付完成到快递公司开始进行配送的时间间隔是影响快递物流效率的严重问题。

表 5 - 8　　快递包裹物流追踪信息

订单开始日期	支付完成时间	快递公司揽件日期	快递公司揽件时间	快递公司
2016/05/01	20：41：34	2016/05/02	10：34：57	韵达
2016/05/01	15：15：16	2016/05/01	17：33：54	韵达
2016/04/09	23：10：21	2016/04/10	18：19：21	快捷快递
2016/03/31	22：32：05	2016/04/01	22：58：25	申通
2016/03/31	21：35：24	2016/04/01	17：13：01	圆通
2016/03/26	00：59：49	2016/03/26	19：58：25	中通
2016/03/23	23：47：39	2016/03/24	19：38：12	圆通
2016/03/17	13：13：46	2016/03/17	18：24：14	圆通
2016/03/09	22：56：01	2016/03/10	15：18：54	中通
2016/02/23	21：36：09	2016/02/24	16：27：14	中通
2016/02/20	22：20：32	2016/02/21	20：35：33	邮政快递包裹
2016/01/30	06：41：35	2016/01/30	14：03：48	圆通

资料来源：作者根据淘宝网数据整理。

因此，“PtoS”模式的客户价值主张可以概括为以下方面。

（1）颠覆低效，为客户提供一个一天 24 小时，一周 7 天，一年 365 天与电子商务特征相符的全天候快递模式。

（2）重视客户体验，按照“以客户为中心”理念，在客户需要快递订单配送的时候，实时将快递订单信息进行发布，由顺路兼职快递人员进行领单配送，而不是按照传统快递企业的业务流程让客户根据快递企业的工作时间按时按点进行订单配送。

（3）此快递配送过程可使客户通过移动端实时观测订单的配送轨迹，而不是像传统快递配送过程中，不是实时完成信息的更新，只是最后批量对订单信息进行整体刷新。

（4）“PtoS”模式利好的对象不仅仅是快递用户，它的应用使得更多的空闲资源，如空闲的劳动力、空闲的车辆空间、空闲的交通工具进入了市场，并且拥有灵活的劳动时间。

“PtoS”模式最大的成功是提供了一种弹性的，可选择的工作、生活方式。人们只要有健康的身体，一定的体力，想从事此项活动就可以进入该平台；不想做的时候可以随时选择不做，不会受到出勤制度或者劳动合同的约束。这种轻松简单的状态，可以吸引更多的年轻人、老年人加入到这个平台上来。

5.3.2 关键资源整合

快递企业的关键资源包括营业网点、网络覆盖、网络运输能力以及员工。在互联网发展迅速的当下，企业的创新既可以是由内而外的，也可以是由外而内的。正如亨利·切萨布鲁夫（2003）的开放式创新和开放式商业模式中提到的，既可以将公司内部的研究流程开放给外部伙伴，也可以将企业内部闲置的产品、技术、知识和智力资产等通过授权、合资或拆分的方式向外部伙伴开放，创造价值的同时又可以将组织外部的创意、技术和智力资产引入企业的开发和商业化流程中，进行由外而内的创新。现在互联网可以接入到世界各地的任何地方，使得原本分散在世界各地的知识、资源进行整合，企业可以很好地利用企业内部或者外部的一切知识、智力资产、资源等进行整合并创造价值（陈劲和吴波，2012）。

1. 快递行业内的基础设施

互联网普及度不高时，快递行业对于资本壁垒的要求极高，快递基础设施成为该行业一个很高的进入壁垒。以在国内新办一个快递取派点为例，仅前期投入就需要100万元左右，而且因为中国地域辽阔，如果想要经营国内跨城市的快递业务，保守预算也需要进行30～50个快递网点的铺设。快递服务网点的铺设完善与否将直接影响企业在快递行业中的竞争力，网点铺设问题成为经营快递服务的企业必须首先解决的一道难题。

现有国内外快递企业的营业网点、网络覆盖、网络运输能力以及员工的规模已经非常庞大。电子商务对于快递行业的促进作用，使得现有快递公司为了提高自身的配送能力仍在积极扩大规模，2015 年顺丰、邮政 EMS、圆通纷纷购买飞机以占领快递行业内的高端领域，但他们对于如何优化现有资源以实现快递能力的最大提升方面做得还不够。

2. 国内机动车保有量

2015 年我国小型载客汽车达到 1.36 亿辆，其中私家车总量已经超过 1.24 亿辆，每百户家庭汽车拥有量达到 31 辆，在北京、成都、深圳等大城市每百户家庭的私家车拥有量已经超过 60 辆。如图 5－8 所示，2011—2015 年私家车的保有量由 5814 万激增到 12435 万辆，增长高达 213.9%。与私家车保有量快速增长相适应的机动车驾驶人数量也呈现大幅度上涨趋势，如图 5－8、图 5－9 所示。

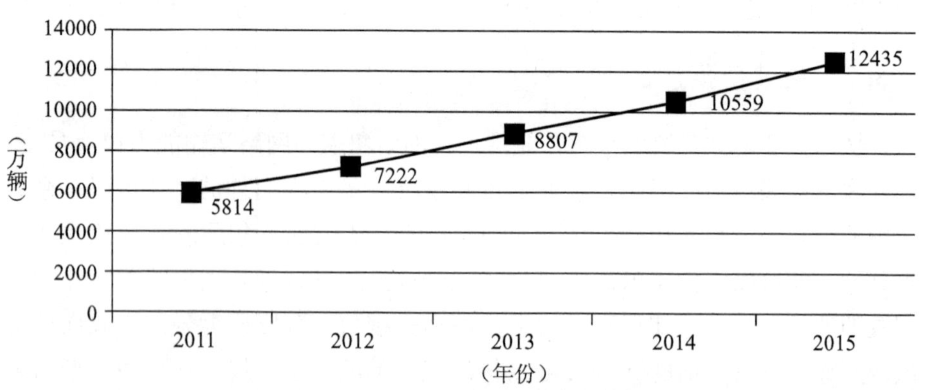

图 5－8　2011—2015 年私家车保有量

资料来源：根据公安部交管局统计数据整理。

逐年增长的驾驶员的数量、私家车的数量可以作为“PtoS”模式的核心资源的后备力量，如何将这些快递服务供给加入到提供快递服务的队伍中来，“互联网＋”的力量是不可忽视的。一个城市、一个区域乃至一个国家时时刻刻都穿梭着来来往往的人、车辆、公共交通等，如果可以将这些资源很好地利用起来，将会使得快递服务供给方数量激增。

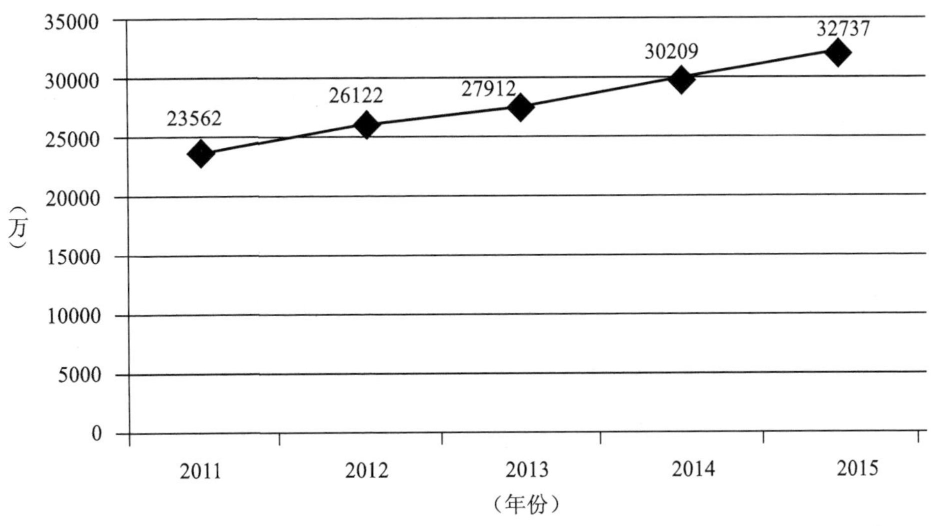

图 5-9 2011—2015 年驾驶人数量

资料来源：根据公安部交管局统计数据整理。

3. 国内铁路现状

2015 年全国铁路完成旅客发送量总计 25 亿人次，已连续三年实现 10% 的增长。2015 年全国铁路完成固定资产投资 8238 亿元，投资新线约 9531 千米，其中高铁 3306 千米。高铁的开通拉近了城市与城市的距离。截至 2015 年年底，全国铁路营业里程达 12.1 万千米，位居世界第二位；高铁营运里程已经超过 1.91 万千米，位居世界第一位。①

铁路定时定点按照列车车次运行，具有可以减轻交通堵塞、避免航空管制、不受天气因素影响等优势，在快递运输方面，它主要以铁路或者高铁快件的形式存在。但实际上，铁路上来往的客流，其实也可以作为快递企业的兼职快递人员进行快递包裹跨城市的运送。

尤其是高铁的开通，更加拉近了城市和城市之间的距离，其具有发车频次高、准点率高的特点，对于重点城市之间的快递包裹可以通过来往于各个城市间的乘坐高铁的旅客进行递送。

4. 国内高速公路

高速公路在我国交通运输体系中占有重要的地位，截至 2014 年年末，我国高速公路总里程数位居世界第二位，达到 11.09 万千米，连续 10 年增长率

①《深入推进铁路创新发展为促进经济社会发展做出新贡献》。

高于10%，绝对增量依然强劲，如图5-10所示。

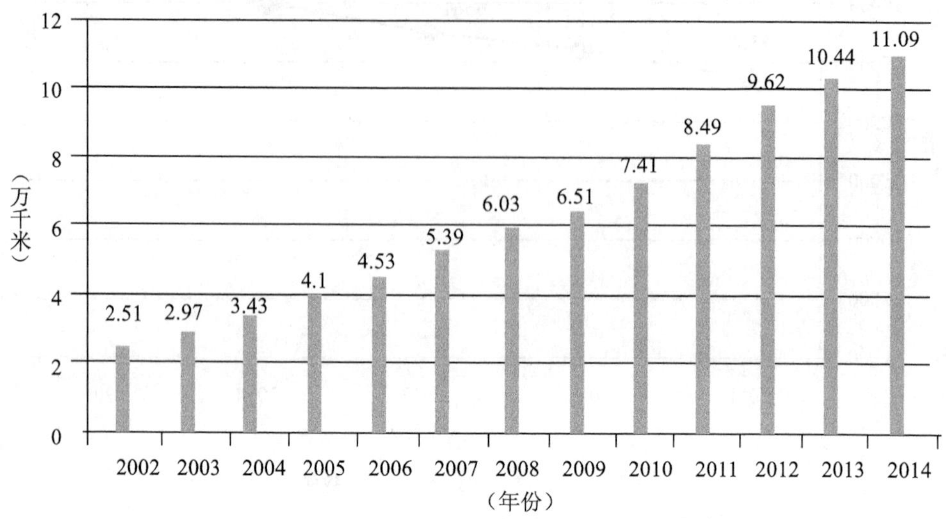

图5-10　中国高速公路通车里程

资料来源：根据中国统计年鉴整理。

5. 国内智能快递箱

智能快递箱是一种用于快递包裹投递和提取的自助服务设备，其服务运营时间为一天24小时。现有智能快递箱的出资方主要包括电商企业、快递企业、第三方运营公司和房地产开发商四类。智能快递箱的企业盈利基本来源于电商企业和快递企业的使用费用，一般不向消费者收取额外费用，但是当客户超过一定期限不取件，会向客户收取快递包裹的“延时费”。

目前，国内智能快递箱生产运营企业主要包括速递易、上海宝盒、收件宝、收货宝、南京云柜、福建友宝等公司。

5.3.3　关键流程构建

智能快递箱使用的操作流程如下。

智能快递箱一般设置在小区、办公楼、学校、地铁中转站等人流量比较密集的场所，选择将快递包裹寄送到快递箱的客户会在快递包裹到货后收到一个验证码，凭借验证码可以打开对应的快递箱柜门进行快递包裹的取件。平台客户选择快递箱服务不需要支付额外的费用，但是如果超过一定取货时间需支付一定的“延迟费用”。

智能快递箱的工作原理：整个操作流程就和在超市寄存包裹一样方便。快递员在进行配送时，首先需要进行身份识别和信息验证，之后需要选择与快递包裹最为适合的柜子进行快递包裹的存入，快递包裹的条码通过扫描，系统自动生成一组验证码并即刻发送到收件人的手机中，提醒包裹已经送到，收件人可以凭借手机验证码在规定时间内随时取件。

1. **消费者**

寄件流程如图 5－11 所示。

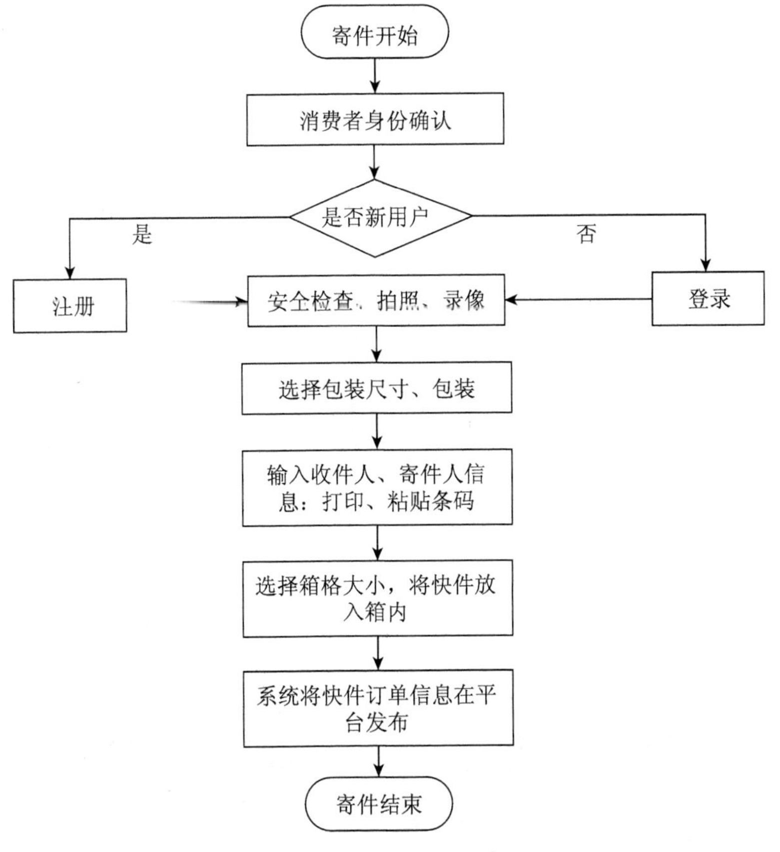

图 5－11　消费者寄件流程

①消费者进行身份确认：如果是新用户，需要完成注册；如果是老用户，需要进行登录；

②需要对所邮寄产品进行安全检查，并进行拍照、录像留档；

③选择合适的包装盒尺寸、材料，并实时 3D 打印出包装物与密封条，包

装并密封，完成包装；

④选择或输入收件人信息、寄件人信息，系统打印条码，将条码粘贴在包装物上；

⑤选择合适的快递箱规格，将快件放入箱格内；

⑥系统自动将该快递订单的配送信息发送到平台上。

取件流程如图 5 - 12 所示。

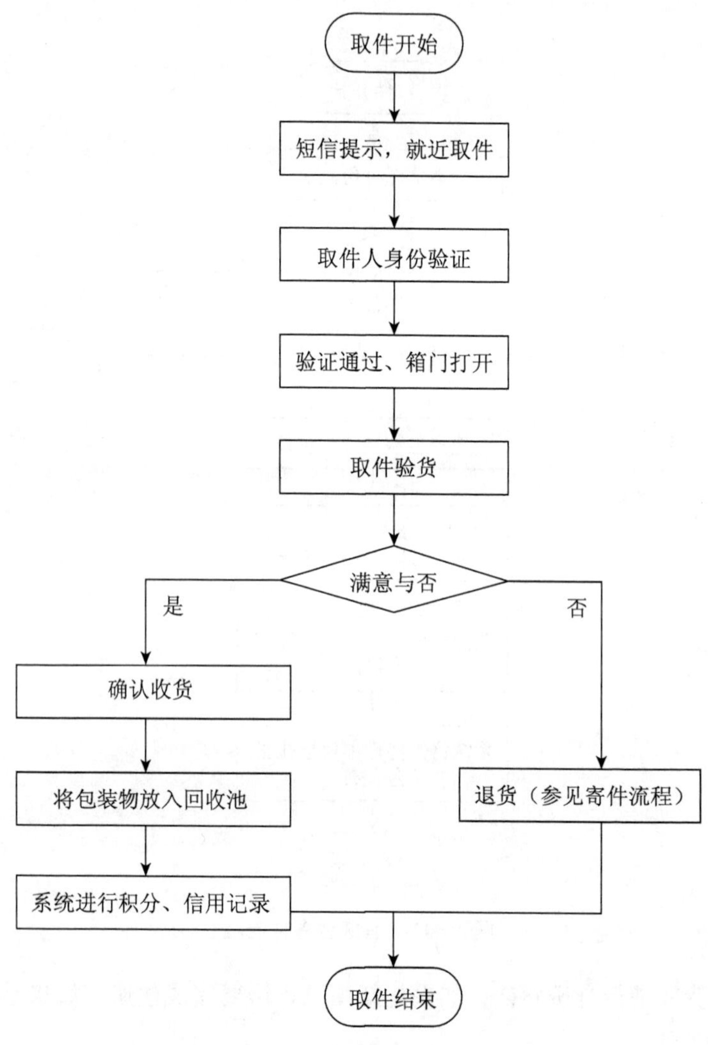

图 5 - 12　消费者取件流程

①收件人收到提示短信之后，可以根据自己的时间安排到智能快递箱网点进行取件；

②到达智能快递箱网点后，收件人可以在液晶触摸屏上输入自己的手机号码和收到的验证码信息（信息过期后系统会重新发回）；或者通过移动端扫码进行身份验证取件；

③系统进行信息验证，验证通过后，即弹开对应的柜格门；

④收件人照相、取件、验货、关门（在摄像头下）；

⑤收件人满意，进行签字确定接收。将包装盒放到回收池中再循环，系统进行积分、信用记录；

⑥收件人不满意，在系统中填写退货单，并将快递包裹按照寄件流程进行寄回。

2. 快递员

取件过程如图 5－13 所示。

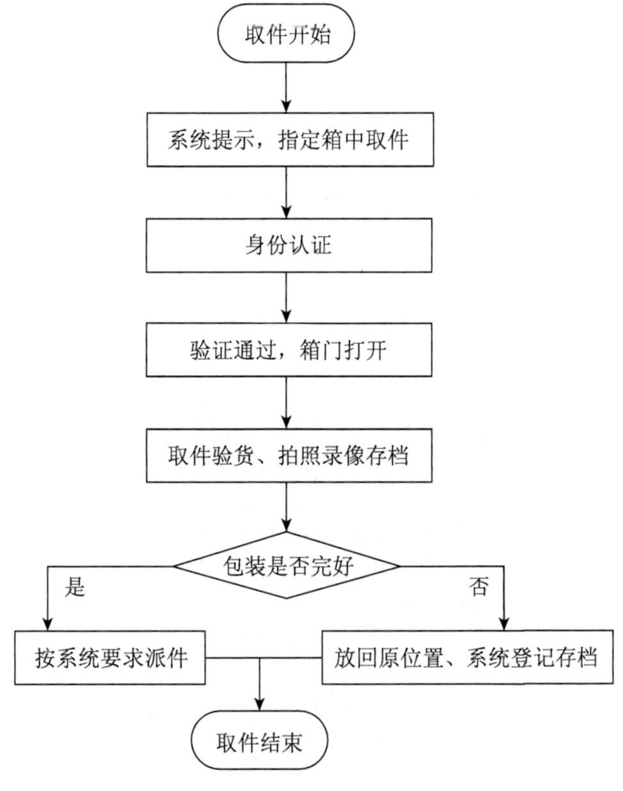

图 5－13　快递员取件流程

①快递员抢单后，根据系统分配信息，到指定快递箱进行快件的取件；

②到达网点需要进行身份认证，根据验证码信息进行系统验证；

③验证通过后，相应箱门打开；

④在摄像头下进行包裹检查，并拍照录像存档；

⑤如果包装无损，则按照系统要求进行派件；

⑥如果包装存在损坏，则将快件放回原位置，进行问题件登记提交系统。

派件过程如图 5-14 所示。

①快递员根据系统派件要求到达指定网点进行派件，首先需要进行身份信息的确认，照相（在摄像头下）；

②身份信息确认完毕后，输入包括快递单号、收件人手机号码等快递包裹信息；

③需要对所派送快件进行拍照、录像以提交给系统，保证所派送快件完好；

④选择合适的快递箱柜子规格，系统会自动弹开对应的空闲的柜门；

⑤快递员将快递包裹存入柜门后关上柜门，系统自动将包含智能快递箱地点、取件验证码的信息发送到收件人手机。

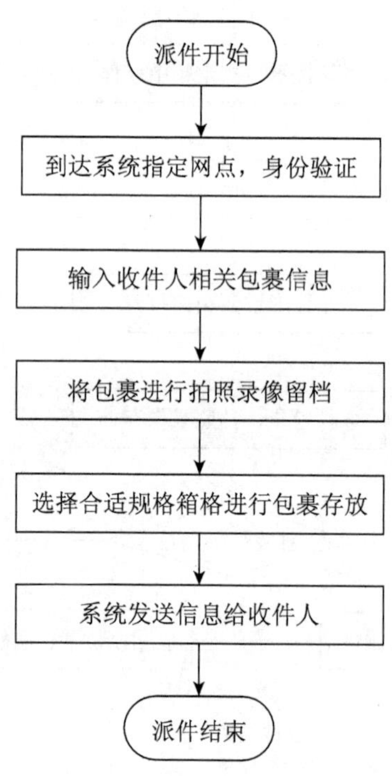

图 5-14　快递员派件流程

通过“PtoS”模式，寄件人可以通过两种方式进行快递订单的下达，一种是通过智能快递箱，将快递包裹放在智能快递箱中，同时系统在该平台上发布该快递信息，让在周围的兼职快递员进行接单。另一种是通过网上平台直接进行快递订单的下单，让在周围的兼职快递员进行抢单，以完成配送任务。

5.3.4 独特的盈利模式

差异化经营是快递平台发展的理智选择，无论是服务品质的差异，还是细分市场的差异，最终都能给企业带来更多盈利机会与生存机会。

1. 对于消费者和兼职快递员采取差异化不对称定价机制

根据双边或多边市场定价理论，即平台对于兼职快递员或消费者的定价与他们各自产生的交叉网络外部效应呈反比，即一方接入平台的用户数量越多，会使得另一方用户所产生的交叉网络外部性越大，因此平台就会对另一方用户收取较低的价格。

根据各个地区兼职快递员与消费者数量的不同，可以采取差异化的非对称定价机制：在兼职快递员数量比较丰富的地区，可以对每单快递业务，采取向兼职快递员端收取一部分的平台使用费用，而对消费者采取免费的策略；而在兼职快递员供给数量相对不足的地区，可以采取向消费者加收一定的平台使用费用，而兼职快递员端免费的策略。

2. 通过差异化服务设定不同价格与平台所得利润

“PtoS”模式是一种提供服务的平台，通过差异化的服务，平台可以向不同的目标客户提供不同的优质服务，以避免同质化的现象产生。通过平台化的方式，可以提升快递服务的定价能力，需要根据不同的快件递送需求，提供差异化的快递服务。

根据消费者的不同需求，包括快递时效、接收方式等的不同进行市场细分，通过市场细分的方式进行差异化经营，通过服务品质提升平台的吸引力，通过动态的定价能力实现盈利水平的提升。

如基于价格杠杆的力量，可以根据兼职快递员的接单量给予可观的固定收入，以激励兼职快递员工作的积极性。根据动态调价机制以调节供需高峰，提高资源利用效率。

3. 通过广告价值盈利

平台后期，巨大的入口价值会获得大量广告商的青睐，进行商品推广与品牌展示，广告收入在后期也会成为快递平台的重要盈利手段之一。

广告价值包括线上的平台推广费用和线下的户外收入。线上的平台推广费用主要是通过自身平台广告位以获得收入。线下户外收入主要是通过智能快递箱的液晶显示屏，以及为兼职快递员提供的流动配送袋进行户外广告展示的方式。

4. **增值服务**

用户数据会随着平台的发展逐年增长，当数据积累到一定量后就会成为平台企业的信息能源，通过流量分析、商务智能等技术推进自身企业与合作企业的产品和服务的创新以及生产服务运作流程的优化。

5.3.5 “PtoS”模式顶层设计

通过对“PtoS”模式构成要素进行分析，并在此基础上整合该商业模式的主体之间的合作关系，构建出“PtoS”模式的顶层架构，如图 5-15 所示。

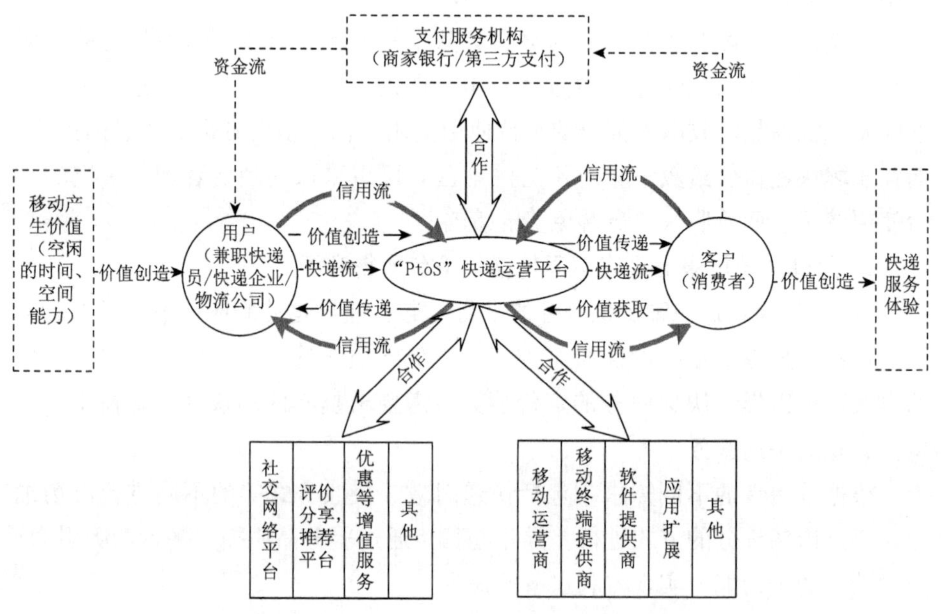

图 5-15 “PtoS”商业模式顶层架构

资料来源：作者编制。

目前，企业正在经历技术快速变迁的动态竞争过程，企业价值的实现不再依赖传统的简单投入转化过程，而是更加取决于一个复杂的联结用户、合作企业及其他参与者的协作过程。企业商业模式创新是一个不断重构原有价值网络以实现各个参与方价值增值的过程，有时甚至是对现有价值网络的颠覆与重组（Holm 等，1999；郑祥龙和梅姝娥，2015）。

移动产生价值，平台快递企业通过借助企业外部的人员、资源（空闲的时间、空间、能力）为企业提供更多的快递服务供给，更多的快递服务供给与平台上的快递服务需求结合就会产生更多的价值增值，而客户可以获得更加个性化、差异化的服务体验。价值增值通过平台在平台企业、用户以及客户之间进行分享。

“PtoS”快递运营平台三类合作运营企业包括支付服务机构、社交网络和移动网络技术支持成员。

支付服务机构是“PtoS”模式运营中的重要合作成员，高效安全的电子支付方式如二维码支付、微信支付等可以完成快递服务线上线下的整个交易闭环。

社会化网络使得信息更加透明、易获得，评价机制实现了双向互动，用户对于服务的亲身体验效果，是最好的口碑营销方式；企业可以根据客户评价对服务品质做进一步提升，对服务产品做进一步改进，通过调查问卷、优惠券、讨论区等多种方式，促进用户进行服务体验分享、获得用户的反馈并加强与客户之间的关系；平台也可将参与者的社会网络关系引入平台的信用评价体系中，以社交网络为基础的社交网络信用评价模式，用于拓展平台的信用评价数据。

移动网络技术支持成员为该运营平台提供设备、网络和应用软件的升级与维护，也是“PtoS”平台快递企业运营不可缺少的重要成员。软硬件技术的不断换代与升级，不断满足日益强大的系统需求。

在整个平台快递运营过程中信用是很重要的一个组成部分，其关系到链接到该平台用户的数量，是快递服务品质的保证，因此在下一个章节主要讨论平台快递模式信用机制的构建。

5.4 时空契合视角下“PtoS”模式深度分析

5.4.1 互联网环境下“PtoS”模式的时空契合

时间和空间是物质运动的基本存在形式，经济时空具体表现为企业进行价值创造与价值实现所规定的时间与空间限制，交通、信息技术的发展或者是政策、制度的进步都可以改变经济时空的有效活动范围、经济效率、行为模式等，但不能改变物理时空，物理时空不以人的意志为转移，而是客观存在于客观世界。时间指的是营业时间，空间指的是营业场所，因而特定时间就只能在特定空间范围内提供产品或者服务给有限对象。例如，消费者只能在商场的营业期间进行商品的购买，而供给者只能在特定的营业场所将产品进行售卖。

而实际上，经济时空与物理时空是需要契合而并非对立的，企业的资源配置过程就是不断调整经济时空使其与物理时空相契合的过程。传统工业经济环境，由于物理时空较大地约束了经济时空的有效活动范围，所以导致企业活动的经济时空与物理时空处于高度契合的状态。互联网环境下则使得严格的物理时空被弱化，经济时空的有效活动范围被扩大，企业价值创造与价值实现的广度得以延伸，经济效率的改进效果明显增强。因此企业资源配置是致力于克服或降低物理时空的约束以在更广的经济时空创造价值。

按照 Harvey 和 Macnab（2000）对人类交流时空特点的论述，将"PtoS"模式可以实现的四种快递交接模式进行划分，具体为同步物理到场、同步虚拟到场、异步物理到场和异步虚拟到场四种快递交接模式。根据快递交接的情形可以划分为：面对面直接交接（A），时间和空间均统一；隔空的面对面交接（B），只要求时间一致；间接交接（C、D），时间不一致而且空间也可能不一致。快递物流活动同样呈现出这样一种时空的特点，由于互联网技术的广泛应用，突破了交易的物理时空约束，经济时空与物理时空的契合从面对面同步物流到场、隔空面对面同步虚拟到场、异步物理到场的企业活动转变为时空异步的虚拟到场。商业活动各个主体之间的交易不仅时间可以不一致，而且空间也可以不一致，直接导致了商业模式的变革，如表 5－9 所示。

表 5－9　"PtoS"模式时空契合分析

项目		快递交接空间的要求与限制	
		同地	异地
快递交接时间的要求与限制	同步	A. 快递员与客户同步物理到场：面对面交接快递包裹	B. 快递员与客户同步虚拟到场：电话、手机、智能快递箱
	异步	C. 快递员与客户异步物理到场：社交网络、私信	D. 快递员与客户异步虚拟到场：系统信息、智能快递箱

5.4.2 “PtoS”模式的时空特征

本书从时间维度、空间维度、综合维度对传统快递方式与“PtoS”模式进行了对比分析。如表 5-10 所示，两种不同商业模式在信息传递时间、信息响应速度、时间行为模式、时序变化、是否要求同步、空间边界、空间载体、是否需要空间到场、企业时空需求弹性、时空异步性、服务差异度、价值创造等多方面存在差异。“PtoS”模式可以在互联网环境下无限延展的经济时空中拓展消费者时间与空间价值的增值，即平台的各个参与主体获得了同时可以完成多件事情的能力，意味着快递活动的时序安排可以变得更加灵活机动，这与电子商务下要求个性化、差异化的快递服务需求是一致的。

表 5-10　传统快递模式与“PtoS”模式的时空特征对比

维度＼类型		传统快递模式	“PtoS”模式
时间	信息传递时间	不确定	趋近于 0
	信息响应速度	慢	快
	时间行为模式	一次完成一件事情	同时可以完成多件事情
	时序变化	遵循严格的快递配送流程	灵活、机动的快递配送流程
	是否要求同步	是	否
空间	空间边界	清晰、确定	模糊、不确定
	空间载体	服务网点	网络平台
	是否需要空间到场	是	否
综合	企业时空需求弹性	弱	强
	时空异步性	必须同步	异步性
	服务差异度	弱	强
	价值创造	单向创造	价值共创

5.4.3 “PtoS”模式的时空契合分析

前文就平台快递商业模式的主要构成要素进行了重点阐述，本部分就其在扩张经济时空与压缩物理时空的过程中的变化进行分析，如图 5-16 所示。

平台快递商业模式将快递企业与消费者的时间维度细化到分钟，当然也可以将之拓展至小时、天的各种情形；空间维度可以细化到原地（消费者快递服务需求产生地）、指定地点（个性化服务需求）、服务网点（智能快递箱服务点，传统快递网点）。商业模式主要构成要素：收入模式、价值创造模式及要素支撑体系。各个细化维度的交集即“PtoS”模式可以提供的个性化服务。

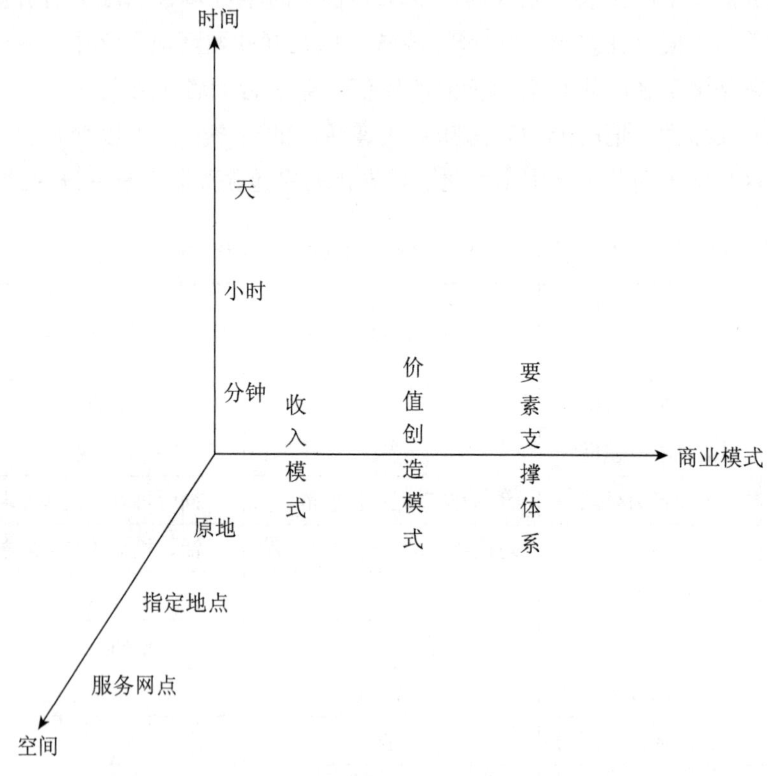

图 5－16　“PtoS”模式时空契合三维视角

1. 收入模式

收入模式是企业如何适应市场竞争环境变化而及时调整成本结构、战略定价、目标利润等以实现盈利的方式，其中包括增值服务、广告收入等。

该平台快递商业模式盈利的利润点定位于用户价值，其与传统快递企业商业模式的不同在于拓展了快递客户的时间价值增值，在此基础上，借助网络时间溢出效应赚取超额利润。这是互联网环境下平台快递企业在无限延伸的经济时空中获取收益的重要收入模式，从单纯提供同质化的标准服务，到满足经济时空消费时间价值增值的用户体验与服务链延伸。实际上，不同消费者对于时间价值的感知和评价的差别很大，即便是同一个人在不同时间不同地点上的消费时间价值也有很大的差别。特别是在时空集约型消费时代，考虑不同时间价值感知的用户价值对收入模式至关重要。

对于高时间价值感知的服务，可以采取付费方式得到增值服务，现有电商提供的3小时极速达（京东商城）、2小时急速达（苏宁易购）等服务均可以在平台上实现，除此之外，还可以根据兼职快递员和客户进行个性化服务的提供，根据不同的服务体验可以设定不同的收入模式。

由于突破物理时空约束，在无限延伸的经济时空配置资源的成本相对较低，使得平台商业模式能够采取对所有用户进行优惠甚至免费、高价补贴用户等策略做大用户基数，培育需求方规模经济优势，带动供给方规模经济与范围经济。在针对不同用户需求特别是不同消费时间价值感知进行市场细分，锁定细分市场，找到高价值用户群，设置利润点。

2. 价值创造模式

价值创造模式是企业通过围绕客户的价值主张考虑如何通过提高自身服务质量与发展外部网络关系所带来的价值增值，如用户价值、关系网络、供应链创新、产品服务改进等。

①物理时空市场上可以提供的快递服务供给以及消费者对于快递服务的需求是不对称的，信息传递存在着时间延迟，这使得用户价值实现不能实时匹配用户需求弹性变化，价值创造过程的延时会大大加剧收入不确定性风险。在互联网环境下，地理位置、交通工具、群体分散对于服务范围的限制减弱，平台型商业模式可以改善信息滞后造成的客户关系网络松散，客户不仅仅是服务的接受者，而且会参与到服务产品的设计中，服务需求者的意志成为价值链的主导力量，价值共创机制基本成熟。

②传统快递模式下的快件包裹只能按照快递企业事先安排好的流程完成整个递送过程，时间上要符合快递企业的营业时间、快递员自我设计好的一系列时间点；空间上需要在快递网点覆盖位置进行快递包裹的投递。而平台快递企业将快递包裹的投递时间、地点的范围都进行了扩展，而扩展的前提是平台的信用机制的完善，平台快递商业模式提供的信用认证与评价功能将有效降低服务双方的违约风险，因此在本书的第6章将对平台的信用评价机理进行研究。

平台快递企业将快递包裹投递在时间、空间上都进行了延伸。时间上，几乎可以和电子商务企业实现实时协同，一天24小时实时进行快递包裹的投递；空间上，将快递包裹的投递位置延伸至客户和兼职快递员可协商的任意位置，平台商业模式本身就是通过不断扩展的经济时空创造价值。

3. **要素支撑体系**

要素支撑体系是企业进行资源优化配置的方案组合，直接影响着价值传递的效果。在经济时空与物理时空高度契合的传统快递模式下，经济时空对于物理时空的依赖度很高，因此快递企业规模的扩张需要大量快递人员、运输车辆、服务网点等要素资源以实现物理时空的扩展。而平台快递商业模式下借助互联网可以轻松实现企业相关资源的优化配置，以确保价值传递的完成。平台商业模式创新最大限度拓展经济时空外延，集中解决快递服务提供中的信用、支付与效率等要素支撑体系关键问题，以确保经济时空的运行效率。

5.4.4 “PtoS”模式带来了快递 2.0 时代

快递 2.0 时代是一种更加智能化的快递服务模式，是从劳动密集型产业转向技术密集型、资本密集型的产业，是在云计算环境下由数据驱动的快递行业，是充分释放社会资源、社会资本、社会能力的集聚、融合、协同的快递模式。

快递 2.0 时代具有以下新特点。

1. **自相似性**

快递网络资源具有自相似性。不论是中国的快递企业，还是国际的快递企业，多采用轴辐式网络作为主干网络，并且直接按照地域远近进行分区管理。各个区域的枢纽节点、中转节点以及末端节点在网络结构、运营管理、价值观念等方面均具有相似特性，整体目标的实现是通过层层分解，由平台进行资源整合，分工协作完成快递任务。

2. **自组织**

由无序向有序转变是自组织的重要特征。自组织现象就是在某一系统或过程中自发形成时空有序结构或状态的现象。各区域的快递网点根据实际环境和既定的目标，自行决定完成该目标所需搭建的网络线路。各区域的快递网络中存在一个或者多个中转站，中转站除了具有网关的功能外，还具有分拣功能，所有货物的配送都必须先运送到中转站，在中转站分拣配载后再向目的地派发。对于快递企业而言，快递量是决定快递网络结构的决定性因素，单位储存成本、单位中转成本以及单位分拣成本等是次要因素，而网络规模与网络结构的选择无直接关系。各层级快递网络实行自规划、自决策和自管理。

3. 自优化

各区域快递网络对其快件流转流程及配送区域具有自我改进的能力，能够自行决定。快递企业可以在综合考虑总配送成本、配送效率和快递业服务特点的情况下进行快递网络的规划和路径的优化。快件的配送方式和配送路径选择，会受到快递企业的组织结构、部门关系、经营模式、各级目标、市场定位、客户需求以及外包服务等诸多因素的影响。快递最好的策略就是满载运输。

4. 扁平化

通过云计算、网络平台等计算机技术帮助整个快递网络的管理实现扁平化。电子商务的发展，使得快递加速紧跟网购速度。

快递 1.0 与快递 2.0 的具体区别如表 5－11 所示。

表 5－11　　快递 1.0 与快递 2.0 的区别

比较	快递 1.0	快递 2.0
是否建立互联网平台	没有；或者一般性借助，应用于互联网环境	对用户而言，移动互联网成为趋势
是否实现实时信息发布、实时接单	没有	实现
大数据分析	无	数据驱动：实现时间、空间、位置的智能匹配
智能化程度	主要靠人工进行数据的收集、匹配供给与需求	更高的智能化：可应用云调度引擎
社交网络的应用程度	无	对社交网络充分的运用，可根据社交网络上的信息对平台用户进行初步信用估计
效率	一般	高效
边界	边界清晰，快递员与快递车辆有限	边界无，具有明显的外部网络效应、协同效应
生态型	要素有限、行业局限	要素集聚，跨界生态性强

5.5 本章小结

"PtoS"模式释放出拓展经济时空所带来的巨大经济价值，从时间维度来看，平台快递模式使得参与主体不再受时间、地点、场所的限制，并可以充分利用碎片化的时间，这样相当于交易活动双方的时间都被压缩了，而压缩后节约出的时间可以被利用安排用于提高收入或用于闲暇，而这些被重新分配的时间即是通过平台方式产生的增值；从空间维度来看，平台快递方式拓展了信息流、物流、资金流、信用流的协调空间，连接到平台实际上就是连接到各种无限的可能。

本章对"PtoS"模式进行进一步理论分析，应用商业模式相关理论对"PtoS"模式的构成要素进行阐述，并基于时空契合视角对该商业模式进行深度分析，为下一章的信用搭建进行铺垫。

6 “PtoS”模式的网络信用机理研究

6.1 网络信用理论框架

上一章中提到了“PtoS”模式的构建，而这一模式能够安全有效运营的基础就是网络信用，包括兼职快递员、消费者等各个平台参与方的信用。信用问题产生于信息不对称，而基于互联网，有许多低成本的方式可以建立信任环境，如依据社交网络信息、供需双方互评、个人展示、推荐、举报等。人们将快递包裹交予其他人进行递送，信任与信用更显重要，因此在虚拟网络中与其他人进行交易时，需要一种衡量方式，信用评价则可作为解决方案。

本章研究“PtoS”模式的网络信用理论框架，其来自对网络零售业在实际运行过程中网络信用遇到的问题和经验的总结，将网络信用理论在服务领域的应用做进一步的完善与延伸，以期对“互联网+”服务业的发展和转型过程中的实践有参考借鉴价值。主要包括以下内容。

（1）搭建闭环信用体系。

（2）建立完善的可信闭环信用机制。

（3）可信闭环信用评价模型。

（4）兼职快递员推荐算法。

6.2 我国网络信用的现状分析

6.2.1 我国网络发展中出现的问题：信用危机

1. 隐私权的侵犯

隐私是指公民在个人生活中不愿向他人公开或被知悉的秘密，其内容包括个人的健康状况、生活经历、婚恋经历、财产状况、私人日记等方面。隐私权指公民享有的不愿公开个人生活秘密和个人生活自由的人格权利。

在网络社会里，个人隐私不再简单的只是一种对他人无害的信息，而已成为各种媒体、企业等经济实体可利用的资源，具有了“价值”。当你在网上“冲浪”时，你会发现几乎所有的网站都有这样的提示“绝对为网民保密，并不将个人信息提供给任何‘第三者’”。尽管如此，网民因此而遭受侵害的事件仍时有发生。一些经济实体利用别人的隐私牟取利益，使得网络上个人隐私权常常受到破坏。例如在网上，我们经常遇到这样的情况：在申请邮箱、个人主页或进行网上购物等之前，网站往往会要求网民们提供自己的个人资料，如姓名、性别、年龄、电话、信用卡号码、家庭住址，甚至是在金融、医疗、税收等完全属于个人隐私方面的资料。由于网站可以在网民的电脑里设置一种叫作小甜饼（Cookies）的记号，它可以帮用户记住经常使用的一些密码，使用户不必每次重新输入。因此，如果用户常在网上购物，它就记住用户每次购物栏里的内容，一旦这些信息被传播于网络中，用户也就失去了对自己隐私的控制权。

泄露网民个人资料，并将之用于商业用途的做法，毫无疑问已成为信息时代的一种新公害。面对隐私被曝光，网民们感到窘迫与焦虑，滋生了对网络不信任的情怀。

2. 知识产权危机

知识产权是智力创造成果的拥有者，依法享有对其成果的专用权利。网络在发展之初，对社会的影响并不太大，纵然牵涉知识产权问题也并不明显。但随着网络技术日新月异的飞跃，互联网对信息几乎是无限制地免费使用，相应地，涉及知识产权的问题也越来越多。在网络社会里，一个网站要想脱颖而出，拥有更多的客户，就必须提高点击率，吸引更多的眼球，归根结底，就是提供大量的有用的信息。因此，传统报刊的文章、公开出版的作品、最新的新闻、电子软件、影视作品等就成为商家关注的目标。可是这些信息怎么获取呢？当然是“拿来主义”，不经过原作者同意，由某些公司或网民用扫描仪扫描下来，再用文字识别软件自动转换为文字，然后上传到网络上，继而各个网站间互相复制。这种现象不但深深打击了知识生产者生产知识的积极性，也引发了他们的疑虑。网络的一个基本原则就是知识的共享性，即打破传统知识流动的界限，但是知识的共享就要求网络建设一个高度信任的氛围，使知识的付出与回报趋于一致。

3. 网络诈骗

网络商务的内容包括网上购物及相关在线服务、网络拍卖、为用户提供有价值的信息资讯、为客户提供完整的网络商务解决方案、为购买商和供应商提供安全、公平的网络交易中介市场等。然而，网络具有的虚拟性特征使基于网络而不是实际面对面开展的网络商务增添了更多的不确定性，网络诈骗事件时有发生。

6.2.2 我国网络信用缺失的危害和原因

1998年诺贝尔经济学奖得主阿马蒂亚·森说过：“一个基于个人利益增长而缺乏合作价值观、不惜牺牲经济信用为代价的社会，在文化意义上是没有吸引力的，这样的社会在经济上也是缺乏效率的，以各种形式出现的狭隘的个人利益的增进和道德的牺牲，不会对我们的福利产生任何好处。”

1. 我国网络信用缺失的危害

网络信用的缺失是网络经济发展最大的绊脚石，它不仅侵害网络主体的利益，而且危害整个国家经济的正常运行和现实社会的安定。

(1) 对市场经济的健康发展埋下了严重的隐患

一个缺乏信用体系的市场不能形成一个有效的信用约束机制，无信用者得不到惩罚，守信用者得不到激励，这就使“格雷欣法则”发生作用，导致信用优良的经济主体退出市场或者放弃追求信用记录优良的目标。最终，不但假冒伪劣产品充斥市场，而且各种债务关系将会因信用的缺失而形成债务链，影响正常的经营活动。

(2) 限制了网络经济发展的规模

信用缺失已成为抑制网络经济发展的重要原因之一：网上交易的特征是买卖双方互不见面，为了防范风险，网站和顾客间有时就频繁地通过电话、传真或电子邮件形式进行事宜确认，这样一来网络的优势不但没有显示出来，而且增加了交易成本，交易环节也显得烦琐不堪，这极大地限制了市场主体交易的效率和经济发展的规模。

(3) 增大市场交易风险

在网络经济中，如果网络经济主体的行为举止没有得到有效信用机制约束时，按照市场经济最大利润化，市场失信行为、网络诈骗等现象必然存在，且会不断蔓延，从而增加市场交易风险。

(4) 交易成本增加

信用的缺失必然增加交易成本，造成社会资源的极大浪费。我国市场交易中由于缺乏信用体系，使得无效成本占国内生产总值的比重较高。

（5）城门失火，殃及池鱼

信用缺失不仅给受害公司造成巨大损失，而且也必然使公司长期积累的信誉受到伤害。对今天竞争如此激烈的社会来说，信誉是现代企业赖以生存的基础，没有了信誉，就没有了顾客，也就没有了企业。对于个人来讲也是如此，网络信用的缺失会使今后的网络生活寸步难行。

（6）网络信用缺失影响网络社会正向变迁

网络信用缺失所引起的网络社会问题及其造成的后果，不仅妨碍了网络社会中一部分或大部分乃至全体网络行动者正常的社会生活轨道和秩序，而且也影响到网络社会正向变迁的过程，并在一定程度上使互相怀疑的心态充斥在现实社会的行为与活动中，使正常的信用观念遭到破坏，甚至迫使市场、商家、个人不得不排斥信用，拒绝信用。

2. 我国网络信用缺失的原因

“网络信用危机”的出现不是偶然的。对网络社会认识中存在着的偏差在没有较好外在约束条件的监督和规范下，人们做出种种不合乎行为规范和道德标准的事情是很容易的。网络社会是现实社会在网络中的延伸，也就是说对网络信用的认识是在现实社会信用认识和运用的基础上进行的。所以说，网络信用缺失的因素是多方面的，既有网络自身的原因，又有网络运行和存在的外部环境——现实社会因素，主要体现在以下几点：

（1）信用缺失的实质是制度缺陷

我国的市场经济是由计划经济脱胎而来的，信用基础十分薄弱。在计划经济条件下，整个社会被组织成为一个国家范围的单一企业，经济资源一般由政府直接通过行政命令在所属各单位之间进行配置，信用只是资源配置的一种辅助性手段，其作用微不足道。实行市场经济以后，我国虽然进行了一系列信用制度的建设，但是在短短的几十年里，建立一个完善的信用体系是不可能的。欧、美国家大约经过了一百多年的时间，付出了巨大的代价，市场经济才逐步趋于完善，社会信用体系才真正建立和完善起来。而这种体系的不完善，制度的缺陷所带来的社会信用缺失很容易反映到网络活动中。

（2）信息不对称导致失信

在网络经济条件下，经济活动出现多重不确定性，包括信息质量不确定性、交易对象不确定性、交易手段不确定性、商业信用不确定性等，这一系列的不确定性使网络主体好像进入了一个虚无世界，脱离了现实世界的约束，从而加大了信用缺失的可能性。

(3) 网络主体的匿名性

匿名登录性为网络用户的自主性创造了广阔的自由空间。在网络兴起之前，人类社会的规则是相对比较容易管理与维护的，因为现实社会具有确定的时空特征，特别是市场主体具有丰富的特征标记。网络深入我们生活的初期，复杂的市场主体被ID所替代，而这个ID不具有一对一的对象性，网络主体可以随时更换自己的ID，也可以同时数字化为几个ID，也可以几个人共用一个ID。ID的多样性和复杂性使投机成为一些人的发财之路，自然也就会引起网络信用问题的发生。随着网络经济的完善，现在的实名认证进一步规范了网络空间。

(4) 网络社会问题控制的困难性

一方面，由于对网络社会问题的控制还远远没有一套完善而系统的控制手段和运行机制。比如，以网络犯罪问题的控制为例，从控制主体即警方和法院方面来看，一个最大的问题就在于犯罪证据收集上的困难性，而且随着计算标准和数据格式的成倍增加，获取并处理这样的电子数据证据变得非常困难，更不用说把它作为确凿证据的手段了。另一方面，不同国家和地区在对网络社会问题认定上的文化差异以及相应法律差异等方面因素的存在，也是导致网络社会问题控制困难性存在的一个重要原因。网络社会问题在某种程度上正是来源于网络空间的全球性或世界性，并因全世界范围内不同国家和地区对其认识上的不一致而得以扩展甚至泛滥。

(5) 法律法规不健全

由于网络是一个新生事物，相应的法律法规建设要滞后得多，尤其是网络交易方面，缺乏明确的法律法规对网络交易进行规范，加大了网络经济活动的风险。而且受传统贸易制度的影响，人们的网络交易防范意识还比较淡薄，导致网上失信事件频频爆出。另外，由于有关信用的法规不健全，政府主管部门对经济主体失信行为只能依照《合同法》《反不正当竞争法》等相关法规来处罚，力度不够，也不能很好地使受损失的经济主体得到相应赔偿和保护。

(6) 信用缺失的根源在于缺乏信用文化

从社会角度出发，信用是一种文化，一种社会现象，是角色间的良性互动，也是群体内的协调沟通，它源于历史的积淀，更是变迁的产物。这种文化体现人们的信用价值观，它把信用作为人们交往或交易的行为准则。我国信用状况偏差，主要就是因为我们缺乏一个普遍的信用环境。由于我国的信用管理制度和信用监督机制不健全，使得许多不讲信用的人得不到应有的处罚，这种示范效应就会不断放大，助长歪风邪气的扩散。反过来说，人们一旦置身于社会信用环境好的地方，那么他们就会自觉地讲信用了。

6.2.3 建立我国网络信用体系的必要性和紧迫性

健全的网络经济必须是用严密的法律、制度来规范各种信用关系的经济，必须是从政府、企业到个人在一切管理、经营、交易活动中都讲信用的经济。目前，网络信用缺失不仅严重制约着我国网络社会和网络经济的健康发展，而且影响到国家的经济安全及社会稳定。因此，加速我国网络信用体系建设有很强的必要性。

1. 信用是市场经济向成熟阶段发展的自身要求

市场经济愈发达，就愈发普遍地要求人们诚实守信。如果人们不守信用，也就毁坏了市场经济的道义和法律基础，从而葬送了市场本身。正常的市场经济秩序恰恰就是在恪守信用与破坏信用的斗争中逐步建立和完善起来的。在市场经济逐步发育成熟的历史进程中，诚实守信行为必然逐步遏制、削弱各种违反信用行为，不断开辟市场经济正常发展的道路，最终确立信用规则在市场经济中的主导地位。这就是说，信用已成为现代市场经济的基本规则，是现代文明的重要基础和标志。

2. 讲信用是现代经济伦理的要求

从现代经济伦理的意义上看，信用作为人们的一种精神品质，体现为经济实体在经济交往中的道德伦理准则。它包括三个层次：一是信任他人，这是经济交往的前提。人们若在经济交往中彼此不信任，失去心理上的安全感，就会导致经济交往行为要么不会发生，要么为证实对方是可信任的而付出巨大代价，从而使社会交易成本增加。二是出言必真，这是经济交往行为的条件。这是要求人们在经济交往活动中做到不说假话，做到童叟无欺，公正对待他人。三是履行诺言，公平互惠，这是经济交往行为的结果。人们在经济交往行为中，都应该以对现实或未来收益的同等索取权为原则，无论是书面还是口头承诺都应认真履行，按约行事，只有这样，才能保证交易各方在经济活动中得到应有的权利。

3. 规范网络经济市场秩序的客观要求

一方面，网络快捷、方便和无时空限制的特点吸引着越来越多的经济实体；另一方面，网络的匿名登录功能、松散的管理机制、薄弱的网络立法使得网络主体之间处于“不信任状态”。因此，在这种无序的网络经济中网络经济主体无法确认相互间所传递信息的真实性，网络经济秩序处于“混沌状态”，从而阻碍了网络经济的发展。

4. 用户行为需要网络信用制度来引导和规范

从经济制度的角度来看，制度是引导和规范人们行动的尺度，是行为规则，它为社会交往提供一种确定的结构和模式，以防止秩序混乱和任意行为的发生。经济制度的最大功能在于使人们在经济活动中相信，他们与别人的经济交往按一定的制度进行，从而使他人的行为变得具有可预见性。在这种意义上，网络信用制度作为一种经济制度，就是网络用户为获取利益而必然采取的网络行为规则。

5. 信息安全令人担忧

为了保证交易的合法性与真实性，商家往往要求消费者提供准确的详尽的个人资料。但是，由于技术的缺陷或某些人为原因，网络消费者的信息有被非法使用或者丢失的危险，从而使消费者的个人隐私权受到侵犯。

6. 强烈的市场需求

网络商务具有传统贸易不可比拟的低成本、高效率、超越时空限制等优势，提升了企业在市场上的竞争力，因此，网络商务在新经济条件下成为企业之间开展竞争与合作的重要手段。然而鉴于网上交易的虚拟性和网上众多不安全因素的存在，尤其对交易双方的信用记录一无所知，使众多企业的心里蒙上了一层阴影。面对强烈的市场需求和信用危机的矛盾，我们有必要着手对网络经济进行信用管理。

6.3 可信闭环信用体系

现有的基于商品的信用评价体系主要是基于对卖家、商品、商品相关服务的评价。而基于服务的信用评价体系主要针对服务参与方以及服务过程的评价。而对于“互联网+快递”服务参与方包括寄件人、快递员以及收件人。服务过程包括快件从寄件人寄出到收件人收货的整个过程。快递整个过程的安全可靠取决于在整个过程中参与人员的信用度。

快递本身的安全取决于寄件人的信用程度，快递递送过程的安全取决于快递员的信用程度，快递能否顺利交付取决于收件人的信用程度，而整个过程的无缝衔接取决于快递企业提供的平台的可用性。信用流贯穿于整个快递物流活动，用以保证快递递送过程的安全性。如图 6 - 1 所示。通过闭环信用体系的搭建，使得一些有不法企图的人远离这个平台。

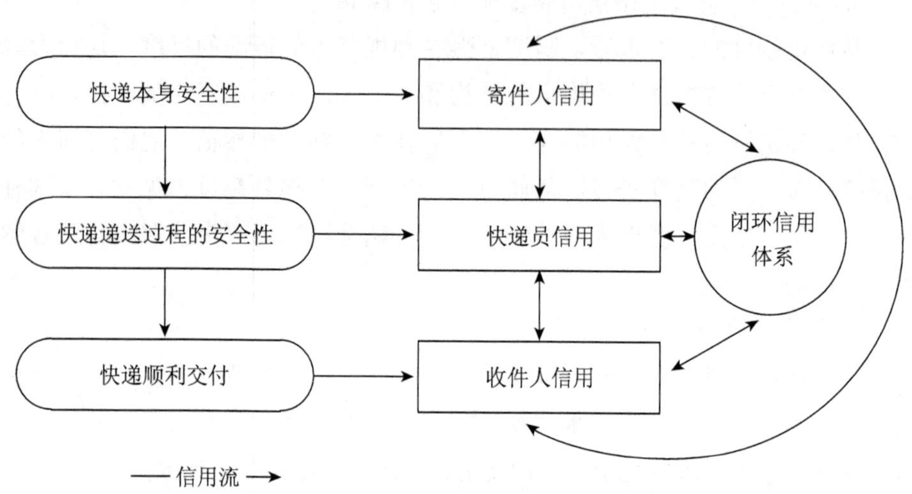

图 6 - 1　闭环信用体系的构建

6.4　可信闭环信用机制

在快递整个递送过程中存在很多安全隐患，如何通过健全规则的设计提升参与者的信任度，将快递服务供需集中到平台上是一个需要着重解决的问题。

1. 风险准备金制度

风险准备金制度在这里可以分为两个方面：一是快递服务平台从每一次快递费用中提取一定比例的资金，用以确保快递安全送达的备付金的制度。二是对于保价的快递，需要提供快递送达服务的快递员信用卡冻结相等数量的资金进行预付，在快递服务结束后进行解冻的保障服务。

阿里巴巴旗下的天猫、淘宝的消费者保障服务，Airbnb 的房东保障计划和房东保障险，以及目前政府要求优步为乘客提供的保障都属于这一类的保障服务。

2. **身份证实名认证＋信用卡**

身份证实名认证＋信用卡可以确认快递寄件人以及快递员的身份，用以进行责任划分。如果出现投递违规快递而发生的相关问题，都可以追溯到相关责任人。由于快递的寄送涉及快递费的支付以及快递员快递服务劳动报酬的支付，因此身份证实名认证＋信用卡的认证机制实施不是问题。

现阶段一些网络零售市场和社交网站已经需要进行实名认证，如果期间有资金的支付也需要进行信用卡的绑定。如实名认证的支付宝才可以在淘宝开店。

3. **提供多种认证服务**

兼职快递员进行注册时需要提供的信息包括以下两个方面。

①必要条件：主要是身份证、学历证明、职业证明、关联信用卡（用以支付工资以及当有保价快递进行递送时进行抵押）。针对可以进行批量快递的递送资格，则需要提供行驶证、驾驶证、相关保险、信用报告认证等。

②可选认证指标：用户资质以及资金实力相关判定。主要包括收入证明、房产认证、婚姻认证、居住地认证、视频认证、手机认证等。

4. **开放的社会关系链**

使用合作账号登录的方式开放社会关系链。韩国 Fintech 公司创造了“以社交数据为基础的社交网络信用评价模式”，用于拓展原有的金融圈信用评价数据。在贷款申请的过程中，有这样一个过程是分析 SNS 帖子，通过从 SNS 上传的文字中，进行关键字抽取用以评价顾客的习性。Airbnb 网站创办人兼执行官 Brian Chesky 曾表示：“无论网络或实体世界，信用可以反映个人部分历史。不过随着市场的成熟，对信用的需求反而下滑。”因此，通过平台用户有选择性地开放社会关系链，可以确保完成大额业务的交易。

5. **成立 7×24 小时全天候客户服务热线**

7×24 小时服务呼叫中心为平台上所有的参与方提供了一个可以顺利与平台企业进行沟通的方式，当有特殊情况发生的时候，让参与方相信有最终的快递平台为其解决任何与递送相关的事情。

6. **黑名单全行业透明机制**

对于客户信息的共享有可能会涉及快递企业间的竞争，但是对于有不法记录或者违规的人员信息的共享可以起到避免类似事件再次发生的作用。而且对于任何人来讲，其违规成本的增大也会降低信用透支行为。

6.5 “PtoS”模式的可信闭环信用评价模型

6.5.1 可信闭环信用评价体系的构建

网络零售信用的评价主要是针对商品的，而“PtoS”模式的网络信用评价主要是针对服务的，因此它们评价的主体有所不同。在该平台上可以完成小件快递包裹的递送，也可以完成成批快递包裹的递送。而这些服务效果如何，与完成递送服务的快递员有着直接的关系。因此对于兼职快递员信用的有效评价直接决定了平台的可信性。以下以兼职快递员信用计算模型为例。

根据信任的可度量性、主观性、历史性以及动态性，本书将信用评价指标分为兼职快递员的基本情况、动态服务执行情况两大类，用以全面反映兼职快递员的信用状态。兼职快递员的综合信用评价指标体系如图 6-2 所示。

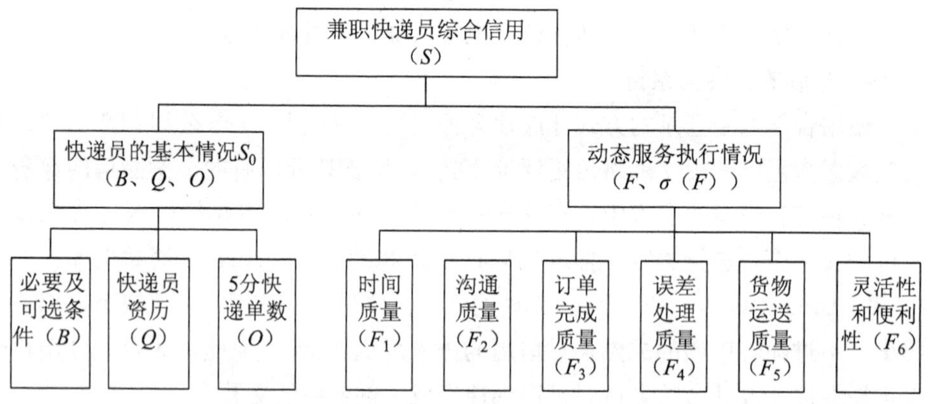

图 6-2 兼职快递员的信用评价体系

兼职快递员信用评价指标的具体说明如下。

（1）兼职快递员的综合信用评分

兼职快递员的综合信用值，用 S 表示。

（2）兼职快递员的基本情况

兼职快递员基本情况的总分值为 S_0，用从快递员提供的必要及可选条件 B、快递员的资历 Q、完成 5 分订单数量 O 三个方面描述。快递员的必要及可选条件为 B，在 6.4 小节的第 3 点提供的多种认证服务中，必要条件已经提供的基础上，可选条件提供得越多，可信度越高，即 B 值越高；快递员资历为

Q，快递员从事时间越长，越可靠，即 Q 分值越高；快递员完成的5分的快递单数为 O，其完成的快递单数越多，越可靠，O 分值也越高。

（3）动态服务执行情况

动态服务执行情况的信用评分用 F 表示，包括时间质量 F_1、沟通质量 F_2、订单完成质量 F_3、误差处理质量 F_4、货物运送质量 F_5、灵活性和便利性 F_6。

模型规则的建立：

规则1：信用值 S 与信用等级 H 对应。信用值是兼职快递员初始分值加上所有动态交易反馈的累加值，并根据划定的区间 $\{H_1, H_2, \cdots, H_n\}$ 设定不同的信用等级。

规则2：每完成一次快递服务，服务交易双方只能进行一次评价。

规则3：服务交易双方信用的评价可分为系统可见、快递员可见、收件人可见、寄件人可见、均可见等方式，使得评价更具有可信性。

规则4：服务交易双方信用随着动态服务执行反馈情况进行更新。

规则5：当发生恶性事件（如投寄有毒、违法快递、偷盗快递包裹等）时，参与者的信用分值降为0分，并进入黑名单，公布到整个行业网站。该成员不可继续在该网站进行各种活动。

6.5.2 可信闭环信用评价计算模型

（1）初始信用分值的设计

对于新进入的兼职快递员，根据其提供的信用认证内容的多少给予相应的初始信用值。其所提供的认证信息越完整，其信用初始值 B 越高。对于新进入系统的兼职快递员以初始信用值 B 进行评价。

（2）对于资历以及5分订单完成的份数均按一定的规则转化为信用值累计到评价者的信用总得分 S 中

对于长时间提供快递服务的兼职人员满足一定时间奖励相应的信用分值。

对于完成5分快递服务的快递员，每完成一定的单数也奖励相应的信用分值。

在该平台资历越久的兼职快递员以及完成5分快递单数越多的兼职快递员对于该平台的黏性越大。平台为其提供了更长久稳定的收入来源，而这些兼职快递员也是平台快递企业的持久运营的动力来源。

$$S_0 = B + Q + O \tag{6-1}$$

（3）动态服务执行情况的信用评分设计

在计算模型中，为了更加准确地反映参与方的真实评价，将信用评价分为五个等级（好评、较好、中评、较差、差评），每种评价对应一个得分，具体为：“好评”＋2分，“较好”＋1分，“中评”＋0分，“较差”－1分，“差评”－2分。

动态服务的执行情况为各项指标的和求平均，F_x 是本次交易的信用值。

$$F_x=\frac{\sum_{i=1}^{6}F_i}{6} \tag{6-2}$$

（4）综合信用值的计算

将每一次的信用值累加得到总的信用评分 S。

$$S=S_0+\sum F_x \tag{6-3}$$

6.5.3 基于情景的信用评分的修正

“PtoS”模式参与主体兼职快递人员，其和平台快递企业存在一种新型劳动关系，以一种经济合作的方式参与到快递包裹递送的过程中，适应分享经济下就业形态多样化和弹性化的趋势。在实际运营过程中，兼职快递员所面临的情景多样化，因此对于兼职快递员的信用评分也要根据不同的情景做相应的修正。

1. 对于当前信用值基于历史信息的修正

当兼职快递员一贯信用评分均很优秀，由于信用评价具有主观的特性，而且服务评价也具有主观的特质，当某次信用得分明显低于历史平均值时，根据信用源于历史的原则，可根据历史信用值对该次信用得分进行修正，这也避免了兼职快递员由于一次失误，或者由于某次评价受到过大影响。

当前信用值的计算，根据信任是源于历史的原则，当前信用值的计算公式可表示为：

$$F=\alpha\cdot F_0+\beta\cdot \varnothing\cdot F_x \tag{6-4}$$

其中 F 是兼职快递员当前的信用度值，F_0 是历史交易的信用值，F_x 是本次交易信用值，α、β 为其权重，$\alpha+\beta=1$。一般认为当前服务表现情况比历史服务表现更加重要，因此，在计算中设定 $\alpha\leqslant\beta$。

2. 对于当前信用值基于评价者可信度的修正

当评价者的信用等级越高时，其所做出的评价的可信度越高。服务具有无形性的特征，同样的服务提供给不同的人，在不同的情景下，其所获得的服务评价也是不相同的。对于同样的服务，不同评价者对于服务的满意度的感知也是不一样的。因此，当某个评价者基于自身的性格，或者对于服务的要求标准过高，对多人的多次服务满意度均不高时，系统可对该评价者的信用评分进行修正，以给兼职快递员一个公正的评价。

$$\varnothing = C_i \cdot T_{ij} \tag{6-5}$$

C_i 是评价者 i 的信用度，其信用等级越高，做出的各种评价采信度越高，按下式计算：

$$C_i = \frac{H_i}{H_M} \cdot \frac{n_1}{n} \tag{6-6}$$

式（6－6）中，H_i 为评价者 i 的信用等级；H_M 为平台上最高信用等级；n_1 表示往期给出的非负评价数，$\frac{n_1}{n}$表示非负评价所占比例。

3. 基于兼职快递员与寄件人信用共谋程度的修正

当评价者多次对某一兼职快递员进行服务的评价，为了避免双方进行信用共谋的刷单操作，因此根据其反馈评价的次数对于兼职快递员的信用值进行修正。

式（6－5）中的 T_{ij} 表示 i，j 交易者之间的信用共谋程度：

$$T_{ij} = \left(\frac{1}{n\ (f_{ij} = F)} \right)^{a} \tag{6-7}$$

式（6－7）中 $n\ (f_{ij}=F)$ 表示接受服务人员 i 对 j 做出反馈评价为 F 的数量，$a \in (0,\ 1]$ 的一个调节系数。同一交易者评价次数越多，对提供服务方信用提升的影响力越小。

4. 引入惩罚/补偿函数激励快递员提供服务的频次

基于信任的动态变化原则，为了鼓励兼职快递员持续长久提供服务，引入惩罚/补偿函数用以计算一段时间没有提供任何快递服务的兼职快递人员的信用值（杨韵，2010），如式（6－8）所示。

$$F = \theta + (F_0 - \theta)\ e^{-(t-t_0)} \tag{6-8}$$

式中，F 是兼职快递员当前的信用值，θ 是信用中间值，F_0 是上次提供服务后的信用值，t 是本次交易的时间，t_0 是上次交易的时间。如果一定时间没有提供快递服务，之前兼职快递员的信用值在 θ 之上，则随着时间推移，信用度会降低接近至 θ，称为惩罚函数；如果之前的信用值在 θ 以下，则随着时间的推移，信用度会增高接近至 θ，称为补偿函数。

5. 引入信用风险指标（信用的标准差）用以评估每次提供服务质量的波动程度

通过每次的信用得分可以看出被评价者的总体服务效果，但是不能够得出其提供服务质量的恒定性，通过服务信用标准差用以评价其提供服务质量的波动程度。

$$\sigma(F)=\sqrt{\frac{1}{k}\sum_{i=1}^{k}(F_i-\overline{F})^2} \tag{6-9}$$

6.6 兼职快递员推荐算法

在“PtoS”模式的平台上，系统可按照一定规则由兼职快递员抢单或系统分配的原则进行任务下达。“PtoS”模式是一个提供个性化、差异化快递服务的平台，因此当某项快递任务有多个兼职快递员抢单的情况下，在默认的情况下可由平台按照一定的方式进行配单。但在寄件人有需要时也可以将抢单的兼职快递人员的信用信息推送给寄件人，由寄件人按照个性化的需要进行选择。因此，本书给出两种兼职快递员的推荐算法。

6.6.1 信用五边形及其应用

1. 信用五边形推荐法

在可以提供服务的兼职快递员出现多人的情况下，不同寄件人个性化选择快递员的标准是不一样的，因此兼职快递员的综合信用值在这时就可以发挥异常重要的评判价值。“必要及可选条件（B）”“资历（Q）”“优秀率（O）”“当前信用值（F）”“信用风险（σYFY）”，此五项指标组成信用五边形。在信用五边形中，每个指标作为五边形的一个顶点，由于各个指标的单位并不一致，需要对其进行标准化处理，处理后的值均处于（0，1）。为了让每个兼职快递员更形象地看到自身在整个平台中的位置，可将每个指标的平均值也在信用五边形中表示出来，作为施与兼职快递员的一种压力、一种动力。对于用户方来说，则可以看到兼职快递员主要指标的数值在团队中的位置，为用户选择提供一种可视化的方法，便于其从自身个性化的需要出发，从可提供服务的兼职快递员中做出自身满意的选择。

2. MATLAB 软件简介

MATLAB 软件是一个用于数据处理和精确计算的可视化交互软件，由

Math Works 公司在 1984 年开发并发行，具有非常强大的科学仿真和计算功能，因此在各种科学和工程计算领域得到了广泛的应用。

MATLAB 的名称起源于矩阵实验室（Matrix Laboratory），它能够在操作方便的独立窗口界面环境中，将不同科学领域的算法功能集成在一起，比如精确计算、建模仿真和图形化显示等，这个显著的特点使得 MATLAB 能够更加全面地覆盖不同的科学研究和工程设计领域。目前，MATLAB 的应用领域涉及了嵌入式和控制系统、图形、图像、视频和数字信号的处理和分析，同时也在通信、电子、测绘、生物、金融、财政等领域有着非常重要的应用价值。MATLAB 的所有主包文件和工具包文件都具有读写功能，用户可以不用编写相关的基础程序，直接调用工具箱里的函数就可以完成回调例程。同时，基于 MATLAB 工具箱的函数源程序具有对外开放性的特点，用户可以根据个人需要对文件进行必要的修改或改进。MATLAB 软件包含了 30 多种应用于不同科学领域的工具箱，用户可以通过编程来构造所需的新的工具箱。

相对于第三代非交互式程序设计语言（如 Fortran 语言和 C 语言）复杂繁冗的程序代码特点，MATLAB 软件的编程语言具有明显的优势和特点，体现了目前世界科学计算机软件的发展前沿水平，MATLAB 语言因此被誉为第四代计算机语言。

MATLAB 软件的构成框架按照功能可以划分为如下几个部分。

①MATLAB 的开发环境。MATLAB 用户界面开发环境包括工作桌面、命令窗口、工作窗口、历史窗口、编译工具和调试工具等，包括了用于各种学科领域的函数和文件。用户可以利用这些工具或函数对工作空间的变量进行查找和修改，在编译时，可以方便地调试 M 文件，进行程序修改。在某种程度上，使得编写程序更加简单、调试程序更加方便、运行程序更加迅速以及结果显示更加直观。

②MATLAB 数学函数库。数学函数库是一组庞大的计算算法的集合，它们是内部函数，包括求和、正弦、余弦的基本函数。同时，也包括其他很多比较复杂的函数，比如矩阵和向量运算（倒置与特征值）以及快速傅里叶变换等。

③编程与数据类型。MATLAB 的编程具有面向对象的特征，它是一种包含了函数、输入/输出、流控制、数据结构的脚本汇编语言，除了具有写代码片段的功能，也可以汇编大规模的可重复使用的应用程序。MATLAB 软件支持的数据类型有整形、字符、双精度、结构型等。

④文件 I/O（输入/输出）。MATLAB 提供了一组读/写文件的命令，通过

编写命令程序可以实现文件的输入与输出，文件类型常用的格式有 .m、.mdl、.mat、.fig、.pdf、.html 等。

⑤图像处理。MATLAB 软件具有庞大的图像处理工具箱，可以实现二维、三维和四维数据可视化或动画显示，可视化、打印和注释工具使 MATLAB 图形模块具有强大的图像处理功能。

⑥外部接口。MATLAB 软件的重要特点之一就是具有兼容性很强的外部编程接口，利用编程接口，用户可以将 MATLAB 编程语言与其他编程语言（如 Fortran、C、C++、Java）的混合编程或将其他编程语言转移到 MATLAB 中，发挥各自优势，提高工作效率。

MATLAB 的主要优点包括以下几个方面。

①语言简单易懂，编程效率高。相对于其他编程语言，MATLAB 软件无须根据一般情况下采用的编辑、编译、链接、执行的次序执行程序。在 MATLAB 里，这几种步骤不具有时序性，可以视为一体，因此编程更方便灵活。同时，MATLAB 软件具有高速的修改和调试程序功能，在用户编写代码时能够及时地对语法或书写错误进行识别和提示，从而能够节省时间、有效操作。MATLAB 能够兼容数字形式的语言编写程序，所以相对于其他汇编语言，MATLAB 程序书写更加简洁和直白，程序设计效率高，易学易懂。

②扩充能力强，内涵丰富。当用户在处理比较复杂的数学运算的时候，可以将外部程序或函数文件添加到 MATLAB 的库函数并进行调用，也可以直接调用 MATLAB 工具箱里自带的各种库函数。所以，用户可以根据实际需求，自主进行库函数的建立和扩充，这就使得 MATLAB 的使用效率和功能扩充得到很大的提高。MATLAB 软件为了能够有效地减少所要占用的计算机磁盘空间，采取了在同一函数名下，如果存在不同名称或数目的输入、输出变量，那么该函数就代表不同的含义，完善了库函数功能，缩减了 M 文件的占用空间。

③功能强大，设计简洁的工具箱。目前，MATLAB 软件包含信号处理、图像处理、控制系统、神经网络、系统识别等涉及众多科学领域的工具箱函数，这些函数便于调用，为不同学科的实际应用问题提供了求解途径，尤其在系统分析和设计方面具有更加简单、快捷的效果。

④移植性好，开放性好。MATLAB 语言的优势之一是具有优良的移植性，因为 MATLAB 软件是用具有移植性的 C 语言编写的，所以基于 MATLAB 汇编语言和 C 语言的操作平台可以互相兼容。此外，MATLAB 的全部核心文件和工具箱具有对外可读写性，通过对这些源文件进行修改，可以生

成符合实际需要的新工具箱。

3. 信用五边形的可视化表示

“必要及可选条件（B）”“资历（Q）”以及“当前信用值（F）”用绝对数值可以很好地描述相关指标，在进行绘图前可以将“资历（Q）”转化成“优秀率（O）”（即 5 分快递单数占总快递单数的比率），用以更好地评价兼职快递员圆满完成快递递送的比率。如表 6－1 所示。

对于“必要及可选条件（B）”“资历（Q）”“优秀率（O）”以及“当前信用值（F）”进行标准化处理，因为其数值均是越大越好，越接近 1 表示其越接近该团队的优秀指标的状态，如 $B' = \frac{B}{\mathrm{Max}(B)}$。而对于“信用风险（$\sigma$（$F$））”，其值越小，表明其提供服务水平越恒定。因此，“信用风险（σ（F））”需要进行标准化处理后求其倒数，如 $(\sigma(F)') = \frac{1}{\left(\frac{\sigma(F)}{\mathrm{Min}(\sigma(F))}\right)}$。如表 6－2 所示。

表 6－1　兼职快递员信用五边形相关指标数据

指标	必要及可选条件（B）	资历（Q）	优秀率（O）	当前信用值（F）	信用风险（σ（F））
快递员 1	80	20	95	5	0.001
快递员 2	100	20	98	4.9	0.05
快递员 3	85	60	98	4.5	0.008
快递员 4	60	60	93	4.8	0.04
快递员 5	60	100	99	5	0.001

表 6－2　标准化后数据

指标	必要及可选条件（B'）	资历（Q'）	优秀率（O'）	当前信用值（F'）	信用风险（σ（F）$'$）
快递员 1	0.8	0.2	0.96	1	1.000
快递员 2	1	0.2	0.99	0.98	0.020
快递员 3	0.85	0.6	0.99	0.9	0.125
快递员 4	0.6	0.6	0.94	0.96	0.025
快递员 5	0.6	1	1.00	1	1.000
平均值	0.77	0.52	0.98	0.968	0.051

通过MATLAB做图绘制兼职快递员1～5号的信用五边形与团队平均水平比较，如图6-3、图6-4、图6-5、图6-6、图6-7所示。图中虚线绘制的是团队信用五边形的平均水平，实线为快递员1～5号的信用五边形。通过可视化的方法，可以直观地观测到每个人的各项指标与平均值的差距，以此作为平台对兼职快递员管理考核的依据，作为兼职快递员提高自身某项服务的参考依据，并作为客户个性化选择兼职快递员的形象方法。

以图6-3为例，快递员1的资历及优秀率低于平均值，资历与平均值的差距较明显。信用风险明显高于平均值，必要及可选条件、当前信用值与平均值差距不明显。通过信用五边形可使兼职快递员了解自己进一步完善的方向，客户也可据此进行兼职快递员的选择。

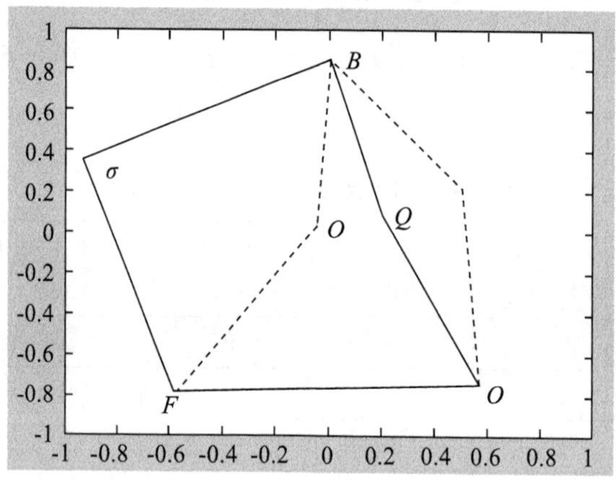

图6-3 快递员1的信用五边形

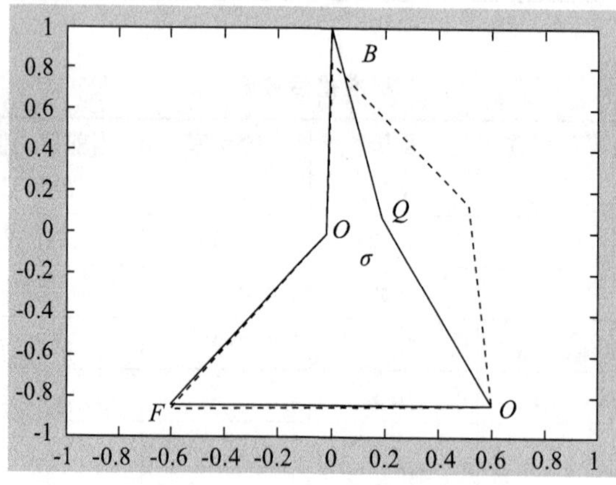

图6-4 快递员2的信用五边形

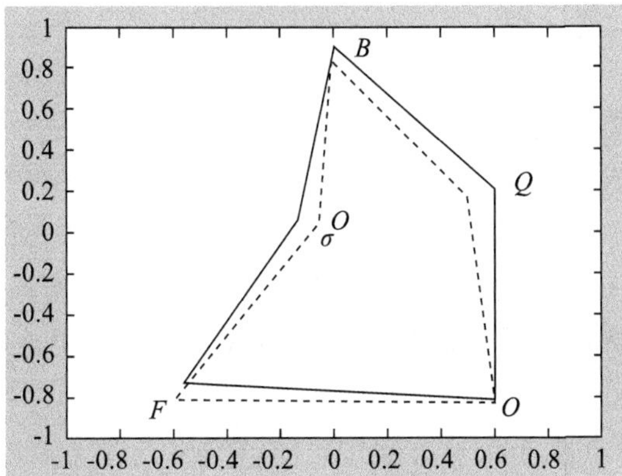

图 6-5 快递员 3 的信用五边形

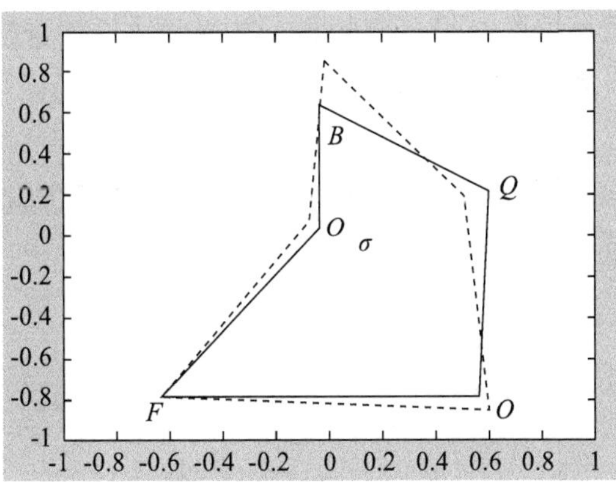

图 6-6 快递员 4 的信用五边形

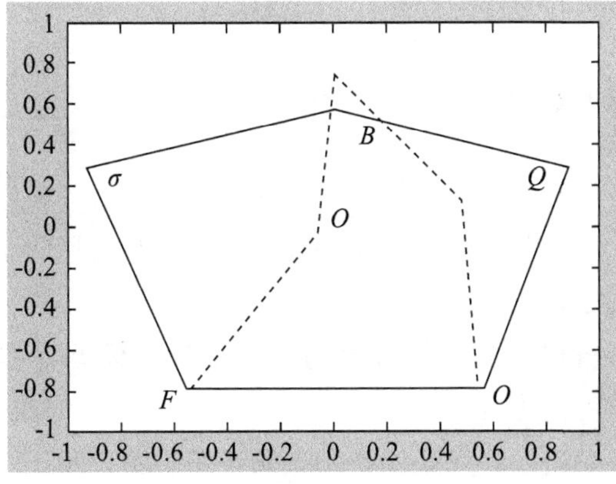

图 6-7 快递员 5 的信用五边形

6.6.2 熵权 TOPSIS 综合评价推荐

1. 评价指标的客观权重确定方法——信息熵

1948 年，香农提出了"信息熵"的概念，其在信息论中解决了对信息的量化度量问题。熵权法是一种客观赋权方法，其取值完全取决于样本数据本身的分布规律与特性。熵权法是根据指标的变异程度对指标的权重进行修正，得出较为客观的指标权重，避免了传统专家打分法得出的权重过于主观的弊端。

基本原理为：在多个评价方案中，能够为决策者决策提供信息量越大的指标贡献越大。指标的信息熵越大，说明指标的变异程度越小，其提供的信息量就越少，在评价过程中的重要程度就越小，赋予的权重就越低；指标的信息熵越小，说明指标的变异程度越大，其提供的信息量就越多，在评价过程中的重要程度就越大，赋予的权重就越高。

各个评价指标的熵和熵权可进行如下定义：

设有 m 个兼职快递员，n 个相应评价指标，其所对应的原始样本数据矩阵为：

$$\mathbf{A}=\begin{pmatrix} x_{11} & x_{12} & \cdots & x_{1n} \\ x_{21} & x_{22} & \cdots & x_{2n} \\ \vdots & \vdots & \cdots & \vdots \\ x_{m1} & x_{m2} & \cdots & x_{mn} \end{pmatrix} \tag{6-10}$$

将原始数据指标矩阵进行归一化处理：

$$\theta_{ij}=\frac{x_{ij}}{\sum_{i=1}^{m} x_{ij}} \qquad j=1,\ 2,\ \cdots,\ n \tag{6-11}$$

计算各个指标的熵权。定义第 j 个指标的熵为：

$$H_j=-k\sum_{i=1}^{m}(\theta_{ij}\times\ln\theta_{ij}),\quad \left(k=\frac{1}{\ln m}\right)\quad j=1,\ 2,\ \cdots,\ n \tag{6-12}$$

其中熵 H_j 的取值为 $[0,\ 1]$，H_j 值越大，说明信息的不确定性越大，即该指标的权重就越小，反之亦然。

之后，将计算所得到的熵值转换为可以反映指标差异程度的权数，则可定义第 j 个指标的熵权为 ω_j：

$$\omega_j=\frac{1-H_j}{n-\sum_{j=1}^{n} H_j} \tag{6-13}$$

2. 熵权 TOPSIS 法

TOPSIS 方法是一种求解多目标决策问题的多元统计方法，广泛应用在各个领域的有关评价、优选等方面。其主要是根据现有评价方案与理想化目标（分为最优理想解和最劣非理想解）的接近程度对有限个方案进行相对优劣的评价。基本原理和计算步骤如下所示。

将归一化后的数据矩阵与应用熵权法确定的权重进行整合即可得到规范化矩阵 $\boldsymbol{Y}$：

$$\boldsymbol{Y}=\begin{pmatrix} \omega_1\theta_{11} & \omega_2\theta_{12} & \cdots & \omega_n\theta_{1n} \\ \omega_1\theta_{21} & \omega_2\theta_{22} & \cdots & \omega_n\theta_{2n} \\ \vdots & \vdots & \cdots & \vdots \\ \omega_n\theta_{m1} & \omega_2\theta_{m2} & \cdots & \omega_n\theta_{mn} \end{pmatrix}=\begin{pmatrix} y_{11} & y_{12} & \cdots & y_{1n} \\ y_{21} & y_{22} & \cdots & y_{2n} \\ \vdots & \vdots & \cdots & \vdots \\ y_{m1} & y_{m2} & \cdots & y_{mn} \end{pmatrix} \tag{6-14}$$

理想化目标的确定：最优方案为 y^+，最劣方案为 y^-。对于各个指标而言，分为正向型指标和负向型指标。正向型指标取值越大，对于评价结果越有利，如收益性指标；而对于负向型指标，取值越小，对于评价结果越有利，如损耗性指标。因此对于正向型指标，其最优方案与最劣方案分别为：

$$\begin{cases} y_j^+=(\max y_1, \quad \max y_2, \quad \cdots, \quad \max y_n) \\ y_j^-=(\min y_1, \quad \min y_2, \quad \cdots, \quad \min y_n) \end{cases} \tag{6-15}$$

对于负向型指标，其最优方案与最劣方案分别为：

$$\begin{cases} y_j^+=(\min y_1, \quad \min y_2, \quad \cdots, \quad \min y_n) \\ y_j^-=(\max y_1, \quad \max y_2, \quad \cdots, \quad \max y_n) \end{cases} \tag{6-16}$$

其中，$\max y_j$ 和 $\min y_j$ 分别对应各个被评价者的第 j 个指标的最大值和最小值。

计算各个被评价者分别到最优目标和最劣目标的距离 d_i^+ 和 d_i^-。一般采用的是欧氏距离，公式为：

$$\begin{cases} d_i^+=\sqrt{\sum\limits_{j=1}^{n}(y_{ij}-\max y_j)^2} \\ d_i^-=\sqrt{\sum\limits_{j=1}^{n}(y_{ij}-\min y_j)^2} \end{cases} \tag{6-17}$$

TOPSIS 方法评价的最优方案要同时满足两个条件：一是距离最优方案最近；二是距离最劣方案最远。但是在实际的评价过程中，同时满足上述两个条件的方案是不存在的，因此常用的做法是用与最优方案相对贴近度 C 来近似表示，其计算公式为：

$$C_i=\frac{d_i^-}{(d_i^-+d_i^+)} \tag{6-18}$$

相对贴近度 C_i 值的结果越大，则说明该被评价者的诚信度越高，反之，该被评价者的诚信度越低。因此，可以根据相对贴近度对各个被评价的兼职快递员进行信用相对优劣的综合评价。

3. 基于熵权 TOPSIS 综合评价推荐

$$\boldsymbol{A}=\begin{pmatrix} 80 & 20 & 0.95 & 5 & 0 \\ 100 & 20 & 0.98 & 4.9 & 0.05 \\ 85 & 60 & 0.98 & 4.5 & 0.008 \\ 60 & 60 & 0.93 & 4.8 & 0.04 \\ 60 & 100 & 0.99 & 4.9 & 0.001 \end{pmatrix}$$

为了帮助客户更加快捷地对兼职快递人员做出选择，平台可以将可提供该快递服务的快递人员按照一定的顺序进行排序。

兼职快递人员的各项指标原始数值如上所示，设为矩阵 $\boldsymbol{A}$：

将原始数据进行标准化处理后所得数据矩阵 $\boldsymbol{\theta}$ 和 $\boldsymbol{Y}$。

$$\boldsymbol{\theta}=\begin{pmatrix} 0.2078 & 0.0769 & 0.2049 & 0.2066 & 0.0100 \\ 0.2597 & 0.0769 & 0.2029 & 0.2025 & 0.5000 \\ 0.2208 & 0.2308 & 0.2029 & 0.1860 & 0.0800 \\ 0.1558 & 0.2308 & 0.1925 & 0.1983 & 0.4000 \\ 0.1558 & 0.3846 & 0.2050 & 0.2066 & 0.0100 \end{pmatrix}$$

$$\boldsymbol{Y}=\begin{pmatrix} 0.0049 & 0.0156 & 0.0001 & 0.0002 & 0.0077 \\ 0.0062 & 0.0156 & 0.0001 & 0.0001 & 0.3860 \\ 0.0052 & 0.0469 & 0.0001 & 0.0001 & 0.0618 \\ 0.0037 & 0.0469 & 0.0001 & 0.0001 & 0.3088 \\ 0.0037 & 0.0781 & 0.0001 & 0.0001 & 0.0077 \end{pmatrix}$$

最优方案与最劣方案分别为：

$$\begin{cases} y_j^+=(0.0062,\ 0.0781,\ 0.0001,\ 0.0002,\ 0.3860) \\ y_j^-=(0.0037,\ 0.0156,\ 0.0001,\ 0.0002,\ 0.0077) \end{cases}$$

最后得出快递员 1～5 号的贴近度依次为 0.0012，0.3783，0.0624，0.3027，0.0625。贴近度越大说明快递员离最优方案越接近，因此对于快递员的推荐顺序为快递员 2、快递员 4、快递员 5、快递员 3、快递员 1。

6.7 本章小结

互联网是分享经济的驱动器，而信用问题决定着分享经济发展的广度和深度。本章以快递企业在融入互联网的进程中遇到的信用问题为例，借鉴C2C网络零售行业信用评价体系在构建过程中的经验，构建平台服务型企业网络信用理论框架：可信闭环信用体系、可信闭环信用机制、可信闭环信用评价模型以及兼职快递员的推荐算法，以期对“互联网+”服务业的发展和转型的实践有参考借鉴的价值。兼职快递员的信用等级越高，其可以承接的快递单数越多，而承接的快递单数越多，获得好评的可能性就越大，同时可进一步累积其信用得分，获得更高的信用等级。而对于寄件人和收件人，兼职快递员也可以对其信用进行评分，其信用等级越高，所做的评价采纳度就越高。作为寄件人和收件人也可以一名兼职快递员的身份存在，其信用等级也会影响其在整个平台的活动。

在互联网时代，每个人都与外界有无数个连接点，依靠这些连接点，每个人的处境都将直接绑定自己的行为，贪婪、懒惰、无知作为人性的负面，都将被自然克制。对于身处大数据时代的每个人来说，有一样东西会变得很重要，那就是信用。每一个人的行为将会被推导出一定的信用值，然后以信用度为支点，能力为杠杆，人格为动力，它们联合撬动的力量范围，就是每一个人所能掌控的世界的大小。

7 “PtoS”模式的运行机理研究

7.1 基于信任的“PtoS”模式的构成要素

基于信任的“PtoS”模式，实质上是提供一种交易空间或者场所，该空间中聚集了大量快递需求和快递供给信息，通过信息的协同引导或者促成双方或者多方客户之间的交易，通过收取适当的费用而努力吸引快递需求方与供给方使用该空间或者场所，最终追求各方利益的最大化。

平台快递模式与传统快递模式最大的不同在于，它塑造了全新的商业模式。传统快递模式中快递基础设施成为该行业一个很高的进入壁垒，而通过平台整合信息资源，可以将现有所有快递基础设施资源供平台使用。然而一个出色的平台企业不仅仅只是提供简单的渠道或者中介服务，其重要的是在于构造一个完善的、有发展潜能的巨大的“生态圈”（程卫超，2015）。它需要制定一套健全的规则和运行机制，明确供应者、消费者和平台企业各自应该承担的责任，通过协议、数据及系统有效的信用认证，在此基础上让参与者感到放心可靠，才能有效地满足各参与群体的需求和利益，从而达到促进平台企业快速成长的目的。

7.1.1 目标要素

基于信任的“PtoS”模式的目的在于打造一个拥有发展潜力和盈利能力强的生态圈。如果想将平台模式的作用充分发挥出来，最重要的是打造一个多方共赢的生态圈，各个参与方要在该平台上协同发展。

快递平台生态系统中各个“物种”成员需要各司其职，通过物质、能量和信息在平台上的流动与循环，形成完整的价值网络，共同组成一个多要素、多方面、多层次的错综复杂的商业生态系统。

快递平台商业模式的核心问题是解决快递供需信息的不对称性。互联网的核心就是解决信息的不对称，如优步解决的是闲置车辆和乘客之间的供需不对称，技能传授平台“在行”解决的是各领域专家与求知者知识供需信息的不对称，而“PtoS”模式解决的是快递包裹流向与现有人员、车辆运行信息的不对称。

重建效率，还是重建供需，所带来的经济价值是不一样的。基于信任的“PtoS”模式改变了快递市场的供需，将在生活与工作中空闲的人员、闲置的交通工具甚至交通工具富余的空间等可以创造价值的生产力进行释放，与快递需求进行匹配，其所带来的价值增值潜力巨大。

基于该平台的商业模式可以实现企业价值和社会价值。

1. 企业价值

①带来极具个性化的快递服务体验，丰富现有快递行业有限的快递服务种类，将服务需求精确到小时，而不是现有的天。

②根据经济学中的供给和需求的平衡价格，划分快递行业的高峰与空闲。从经济学角度来看，价格在高峰和闲时是不同的，而现有快递行业无法清楚地对其闲时与高峰期间做出划分。

③规范化后可以进入很多及时送领域，如现有送餐、送报、送奶等领域的管理非常不规范。

2. 社会价值

（1）可以缓解城市交通的拥堵压力

2015 年我国私家车总量已经超过 1.24 亿辆。工作日上班驾车出行，双休日外出驾车旅行的频率逐年增多。而互联网环境的日趋完善，使得网上购物需求也日益增多。将快递需求分摊在每个人的出行过程中，或者归并在其他快递企业工作途中的车辆中，无疑可以减少快递行业所用总车辆数量，这可以有效缓解城市交通的压力。

（2）为快递行业提供一种新的解决方案

新的快递商业模式无疑为快递行业提供了一种新的解决方案。这种模式可以有效地整合现有快递行业资源以及一切闲置的人、车为快递市场提供新的供给，实时完成平台上的快递需求，作为现有快递行业模式的有效补充。

（3）促进分享经济的发展

高效对接快递的供需资源，提升闲置人员与资源的利用率，为社会提供一种节能环保与资源再利用的创新模式。本书第 8 章则以低碳视角，通过系统动力学的方式对“PtoS”模式进行模拟仿真，以兼职快递员为主要变量进行实证分析。

(4) 创造新颖的移动互联网商业模式

利用移动互联网的平台商业模式对传统快递行业进行了颠覆，尽管在应用初期可能会存在与现有快递行业资源的争夺，但是不可否认，更加高效的移动互联模式会让快递服务质量和效率均得到更大的提升。

(5) 提升中国公民的文明程度

互联网背景下，对公民基本的道德素质有了更高的要求，信用评价体系无形中对公民的语言、行为有了更高的要求。滴滴、优步的使用很好地规范了用车双方的行为举止，使得传统出租车行业之前存在的挑客、绕路、抬高价格等现象减少。“PtoS”模式对于兼职快递员以及寄件人也有了更高的要求，其会对文明社会的构建起到很好的推动作用。

7.1.2 参与主体要素

“PtoS”模式的快递生态平台的主要参与主体包括快递企业、兼职快递员、客户、第三方支付平台以及其他可以在该生态平台上生存的企业和个体。

1. 快递企业

对于平台企业应该取得快递经营许可证，遵守《邮政法》规定：从事快递业务必须取得经营许可证。平台企业是平台规则的制定者，通过平台规则的制定，规范快件寄件人与兼职快递人的行为。快递平台致力于提供成本更低，反应更快，更有效率的个性化快递服务。平台快递服务模式给消费群体带来更大的便利，更加个性化的体验，也将在潜移默化中改变人们的生活方式。

2015 年 10 月后，快递职业资格证不再接受行政审批。① 政府相关部门通过加强消费者投诉的监管倒逼快递企业对于兼职快递员的职业技能培训。快递企业可以通过这种“兼职”的方式降低人工成本，降低快递服务提供过程中的房屋租赁、运输工具购买等各项成本。快递众包的平台必然会将全民兼职这种形态变成快递行业中的一种全新形态。平台快递模式倡导众包服务的理念，分享经济正是大势所趋，人人皆可参与，人人皆可受益，有利于促进社会公平正义。

2. 兼职快递员

该快递平台倡导“人人参与”，通过顺路捎带的众包行为，整合社会上有充足空闲时间的优质人力资源和与其相关的运输工具，数字化对接用户快递

①《关于第一批清理规范 89 项国务院部门行政审批中介服务事项的决定》。

需求。运用移动互联网的优势，将用户快递需求快速精准地推送给兼职快递人。兼职快递人可以根据自己的时间以及路线安排，选择就近领单，及时、准确地为快递用户提供服务，从而优化整合社会资源，并达到环保、低碳、绿色的目的。

兼职快递员首先需要应用手机号进行注册，注册成功后填写资料，并上传相关证件，包括身份证、信用卡、车辆行驶证、房产证等。根据其所提供的证件给其分配不同的任务等级。兼职快递员在进行接单前需要进行线上培训，培训通过后才可进行接单。

兼职快递员为客户带来的不仅仅是快速的优质配送体验，更宣扬倡导人人参与、互帮互助、享受公益的生活理念。这样的理念会受到城市白领、自由职业者、大学生等人群的青睐。

3. 客户

该平台的客户既可以是个人，也可以是企业。通过该平台在线提交快递需求，实时快速地接受优质快递服务。客户通过该快递平台发布的快递需求不得包含快递相关法规中的各种违禁品。

客户是基于快递平台发布快递需求的人，是快递平台赢利点关注的重点之一。在快递平台上兼职快递员与客户的身份都是双重的，既可以在一定时间段是快递需求的需求方，也可以在另一时间段是快递需求的供给方。

通过该平台客户可实现如下功能：①客户可通过该平台界面获得该配送订单的实时状态；②客户可以通过该平台界面实时与兼职快递员取得联系，并可以实时获得该快递订单的位置；③客户可以通过该平台实时获得快递包裹的照片；④该快递平台构建的是社会化的诚信体系，让人与人之间不再陌生，相互之间变得更加信任。

4. 第三方支付平台

第三方支付是指具备实力和信誉保障的独立机构，采用第三方企业和国内外的各大银行签约的方式，可以为买卖双方提供与银行支付结算系统接口的交易支持平台。目前中国存在的第三方支付产品主要包括支付宝、微信支付、百度钱包、PayPal（贝宝，美国的一家支付平台）等。

5. 其他

其他可以在平台上生存的企业和个体有政府、其他快递企业、包装企业等。

可以将上述参与主体按其定位划分到快递平台生态系统中的各个“物种”成员分类中（王千，2014；胡岚岚等，2009），如图 7-1 所示。

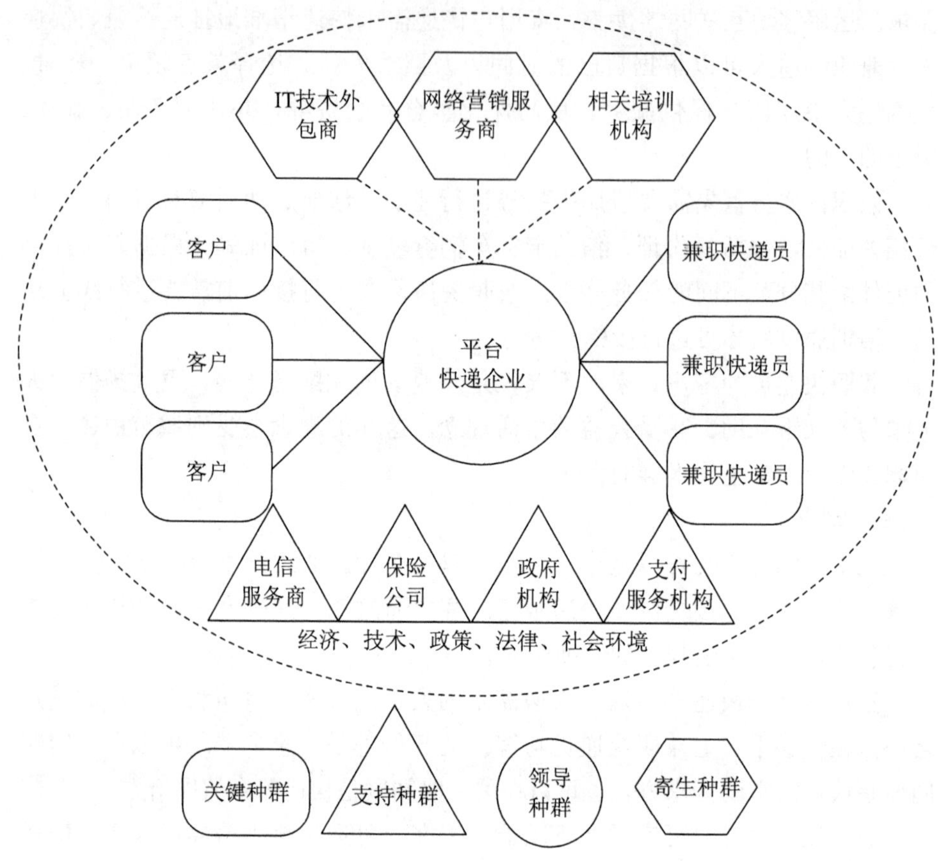

图 7-1　平台快递生态系统概念模型

资料来源：作者编制。

（1）领导种群。

领导种群指的是核心的快递企业，是平台各项制度与规范的制定者，其主要负责快递生态系统中资源的整合和协调监督，是整个生态系统中资源的领导者。完善的平台功能以及严格有效的监管服务直接决定着该生态系统环境的优劣，直接决定着该生态系统的发展与壮大。

（2）关键种群。

关键种群指的是提供快递服务的交易主体，包括客户、兼职快递员、其他快递企业等，是整个快递物流生态中服务的主要供给者和需求者。

（3）支持种群。

支持种群是指快递平台正常运营所可能依附的组织，包括电信服务商、保险公司以及相关政府机构等，这些种群的加入可以为生态系统中的各个种群提供个性化的服务，可以从优化的生态平台中获得远超过它们自身的竞争力可获得的利益，但是它们并不依赖该平台生态系统而生存。

（4）寄生种群。

寄生种群是指为快递平台运营提供增值服务的企业，包括IT技术外包企业、网络营销服务企业等。这些物种寄生在该生态平台上，并与该生态平台共存亡。

7.1.3 相关影响因素

平台快递生态企业的相关影响因素主要包括：

（1）缺少相关法律制度约束和监管制度。需要相关监管机构出台相应的监管措施，重视快递安全问题，避免违禁品、毒品等违禁品在该类新型平台上递送。

（2）关注兼职快递员的权益保护。通过保险措施解决兼职快递人员在快递包裹运送过程中的权益保护问题。

（3）只有那些注重规则制订和安全的平台才能在大浪淘沙的过程中生存下来。

7.2 基于信任的“PtoS”模式的运行机理

“机理”是指复杂系统中为实现某一特定功能，系统内的各组成要素以及要素之间的内在工作方式，以及在系统外环境作用下，使系统整体可持续性发展的运行规则和原理的总和。

“PtoS”模式需要顺应我国当前发展的大环境，根据社会环境做出相应的调整与完善。国家“十三五”规划建议中明确指出我国未来5年的发展蓝图，其中进一步提到了贯彻落实创新、协调、开放、发展、共享的发展理念。2015年年底的中央经济工作会议中进一步强调了“要更加注重促进形成绿色生产方式和消费方式”。

低碳快递发展模式是在可持续发展背景下，基于“低能耗、低排放、低污染”理念指导下的一种快递发展模式。“PtoS”模式为快递行业提供了一种低碳发展方式，该模式能够真正实现快递产业发展与环境生态保护的共赢局面，是一种实现低碳增长的快递发展新模式，快递企业低碳发展是实现做大做强目标的必然选择，需要形成一个与环境共生型的快递发展模式。

“PtoS”模式的平台聚集了与快递服务相关的各参与种群，种群之间通过相互影响、相互作用建立快递生态系统，通过生态系统间的内部互动协同以及与外界“低碳、节约、生态、可持续”的社会环境的耦合，促使加入到平台的群体都要遵循协同共生发展的内在机理和控制机制，即“PtoS”模式的运行机理主要包括开放、闭环、自我控制的自组织机制；主体、资源耦合、动态调整的耦合机制；协同、合作的网络驱动机制；政策、市场、利益三维协调机制，如图 7-2 所示。本书将在第 8 章以低碳的视角对“PtoS”模式进行仿真分析。

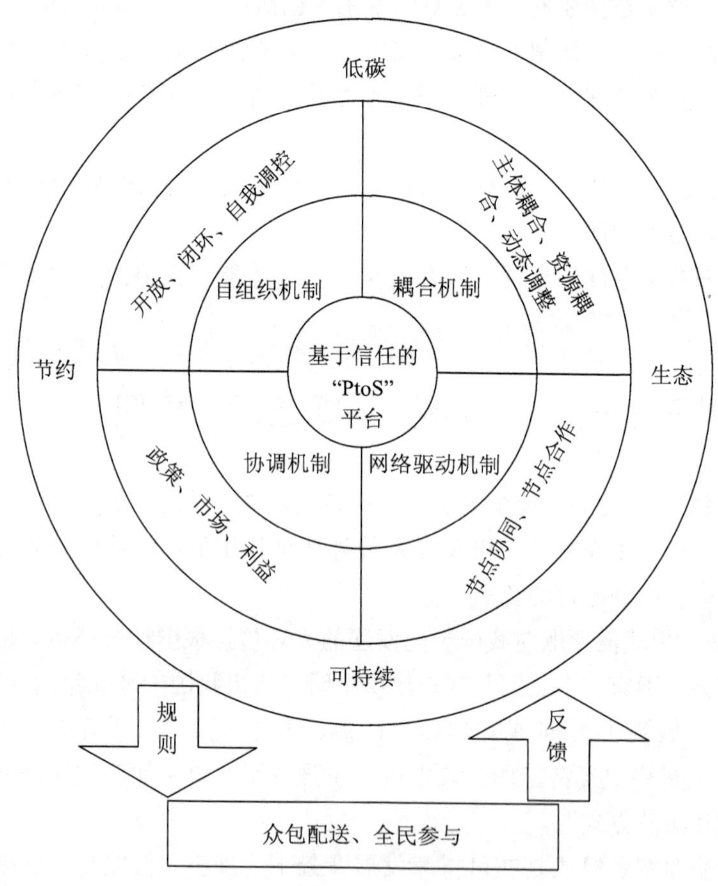

图 7-2　“PtoS”模式的运行机理

资料来源：作者编制。

7.2.1 自组织机制

“PtoS”模式可以看作一种自组织系统，“PtoS”模式中平台快递企业在政策、市场、制度等大的社会环境的刺激和约束下，通过与外界进行资源协同、信息协同、人员协同以及信用协同，不断完善“PtoS”平台企业的组织结构和运营方式，形成反馈响应机制。

互联网基础设施的升级，大数据、云计算等先进技术的产生、传播和应用是促进“PtoS”模式自组织的外部动力，该平台模式需要根据外界技术的变化对自身进行不断的完善与升级，以提供与时俱进的功能；“PtoS”模式内各种群之间以及种群内部的对立与统一是促使其自组织的内部动力，其在不断发现问题、解决问题中进行螺旋上升的运作。“PtoS”模式最本质的表现就是自组织运行机制，该运行机制要求平台上各参与群体之间与群体内部根据外部环境进行活动协同与资源要素的互动耦合，自组织形成有利于协同效应产生的有序结构。

自组织机制要求闭环系统中兼具开放性和自我调控的能力：闭环使得“PtoS”模式具有反馈环节，可以在反馈过程中进行不断修正以达到自我稳定的状态。开放性使得“PtoS”模式更加有序运行，促进创新“负熵”的流入。自我调控能力是各个参与群体所具备的基本能力，也是自组织机制的关键。“PtoS”模式的自我调控能力涉及各个参与主体：快递企业需要根据市场规律调配资源，努力和不同的企业、个人产生合作与竞争，推进各资源要素的优化配置与整合，并充分调动沉睡中的社会资源；兼职快递员需要根据平台上快递业务的多少安排好自己的休闲与工作时间，在动态价格调整下做出决策，并使得自己收益最大化；客户需要在快递寄递时间、寄递形式、寄递价格等多维角度之上进行选择；现有的第三方支付产品包括支付宝、PayPal、财付通等多种，其可以在平台运营的过程中进行动态调整。在整个社会大环境中，政府的自我调控能力也是非常重要的，堵不如疏，其需要不断转变职能，构建有效的政策制度对“互联网+”企业进行战略引导和激励。

7.2.2 耦合机制

耦合机制是指“PtoS”模式的平台各参与群体间的相互影响、相互促进的动态联系。其中主要包括“PtoS”模式的平台不同参与群体间的耦合互动，称为主体耦合，主要包括快递企业、兼职快递员、客户等；“PtoS”平台集聚的资源的互动耦合，称为资源耦合，主要包括车辆、人员、信息等。“PtoS”平台的耦合机制是动态调整的，其运行过程是通过主体与资源的耦合功能，加速快递送达时效，产生时间价值或空间价值增值的效应。需要指出的是，耦合机制构建需要具备以下条件：一是资源耦合性，即参与主体必须具备一方提供的资源是另一方所急需的，且在时间、地点等各方面协同。即快递需求方需要将快递包裹从天津河西区某地送到宝坻某地，而快递的供给方恰恰可以提供相应的包裹递送服务，且在时间、空间等各个方面匹配；二是理念耦合性，即参与主体必须都同时愿意接受新鲜事物，愿意尝试新鲜模式，愿意接受平台递送方式的理念，勇于接受一种既时髦又环保的新的生活方式；三是环境耦合性，“十三五”时期主要目标中的强化创新引领作用，促进大数据、云计算、物联网的广泛应用，推动形成绿色生产方式，加快改善生态环境等诸多内容对于该模式的使用都起到了推动作用；四是效应耦合性，即参与各方要具备共同一致性目标，可在该平台上获得各自的需求。

7.2.3 网络驱动机制

网络驱动机制是“PtoS”模式的动力之源，通过网络动态性、合作性和共享性的特点使得快递生态系统的协同效应达到最优。节点是网络组织的基本构成要素，“PtoS”模式的节点主要是各参与种群以及种群内各个竞争兼合作的个体。“PtoS”平台快递生态系统是一个动态演化的复杂系统，其需要节点与节点之间通过信息沟通、资源共享不断进行持续学习与创新以适应外部环境的复杂性和不确定性。参与节点的互动耦合以及资源、技术刚性促使平台内不同参与主体之间产生复杂的服务关联、资源整合、协同合作的非线性关系，并且使得平台网络协同的稳定性随着快递企业与其他参与主体的协同程度的提升而增强。

7.2.4 协调机制

“PtoS”模式的发展需要政策、市场以及利益的三维协调机制。政策协调是指政府根据“互联网+”战略方向选择平台企业，推行产业政策，制订相关准入标准与监管法规，为行业健康发展、快速发展提供制度保障。市场协调是指“PtoS”模式实际运营过程中非均衡状态的自我调节，将最终选择的权利交给市场和消费者。在市场经济条件下，“PtoS”模式在分享理念下引入市场竞争配置快递资源。利益协调包括时间利益的协调、空间利益的协调以及资源利益的协调。

7.3 “PtoS”模式资源耦合机制——快递服务网点布局

“PtoS”模式运行机理中提到的耦合机制主要包括主体的耦合和资源的耦合，而在“PtoS”模式中最重要的资源之一即是智能快递箱。快递服务网点是指组成快递服务网络的快递取送中心和各级中转站，其涉及快递企业可以提供服务的整个网络。由于快递服务网点的布局已研究的相对成熟，因此本书中所涉及的快递服务网点将研究重点放在特指接入到快递企业平台的智能快递箱。“PtoS”模式中涉及的快件直接在智能快递箱中进行中转，快递服务网点的布局特指智能快递箱网络的研究与设计。

“PtoS”模式的智能快递箱网点的构建是以“PtoS”模式的运转和社会整体的经济效益为目标，应用系统工程的理论与方法，综合考虑快递包裹的供需状况、周转速度以及社会环境等因素，对服务网点的位置、数量、规模等进行设计，建立一个高效率的快递周转系统，以达到服务好、效率高的目的（倪玲霖，2012）。

“PtoS”模式智能快递箱网点的构建相比于以往的快递服务网点布局有其特殊性。“PtoS”模式的初衷即是闲置资源利用率的最大化，智能快递箱网点的铺设应基于现有快递企业网点，尽可能应用已有的快递人员以及快递基础设施，使现有资源、能力的利用率达到最优。而现有快递企业服务网点的铺设已在位置、数量、层级设置、空间分布上达到一个最优或者较优的状态，其地理位置本身就具有周边的综合经济水平、商业经济状况、人口状况以及快递市场需求量等关键信息。在此基础上，“PtoS”模式智能快递箱网点的布局就是给出合理化配置已有资源实现可持续发展的解决方案。

7.3.1 快递服务网点布局及相关理论

1. 快递网点布局的概念及特点

网点布局是以物流系统和社会的经济效益为目标，用系统的理论和系统工程方法，综合考虑物资的供需状况、运输条件以及自然环境等因素，对网点的位置、数量、规模、供货范围、直达供货和中转供货的比例等进行研究和设计，建立一个有效率的网络系统，以达到费用低、服务好、效益高的目的。

快递不同于一般物流产业，在网点布局、网点规模及经济发展的同步程度等方面都有其自身的特点和规律。在实际决策中，快递企业的网点布局优化也有自己的特点，主要表现在以下方面。

（1）网点布局密度由城市中心向边缘地区逐渐减少

快递企业网点布局中最明显的特点便是其密度分布特征，随着由城市中心向边缘地区经济发展水平的逐渐减弱，快递业务量也由多至少，这也就间接决定了快递网点的个数及其作业量。因此，快递网点的布局密度在城市区位分布影响下有着由中心地区向边缘地区逐渐减少的特点。

（2）网点规模较小，功能较简单

快递企业服务网点布局设置的最终目的是在达到效益最优的前提下尽量提高其区域覆盖面积，随着近些年来电商经济的蓬勃发展及网购数量的日益增长，网点的数量规模将会有更进一步的提升，数量众多的快递网点决定着每个网点的运营规模将不会很大，而且每个快递服务网点的运营是具体化并专业化的，这样在日常业务处理中将针对其特定区域有着其专有的经营特点。所以说，在快递企业的网点布局中每个网点的运营规模较小、功能较单一。

（3）网点建设与经济发展紧密相连

经济发展水平间接地决定着其网购的普及程度，而网购又进一步影响着快递业务量，所以说快递企业服务网点的建设与当地的经济发展水平有着密不可分的关系，网点的建设在拉动企业效益的同时也促进了经济的发展，而经济发展又反过来促进网点布局的不断优化和完善，二者相互促进、相辅相成。

2. 快递网点布局的相关理论

快递服务网点布局的研究是一个动态的优化过程，目的是提高快递网点的服务效率与运营质量。快递服务网点布局的相关理论主要包括城市空间结构模式理论、聚集理论、中心地理论、城市地租理论和区位理论（刘海涛，2007）等，如表 7-1 所示。

表 7-1　　快递服务网点布局相关理论

相关理论	概念	对快递服务网点布局的借鉴作用
城市空间结构模式理论	该理论将城市划分为中央商务区、中心城区、中心城区外围、近郊区及远郊区五个部分	快递服务网点的分配规律可依据：距离中央商务区越近、快递业务量越密集，所需设置的服务网点的服务半径越短，所需的服务网点的数量相对越多 反之，离中央商务区越远，快递业务量越稀疏，快递服务网点的服务半径越长，所需服务网点的数量相对越少
聚集理论	聚集理论指的是由于社会经济活动的空间集中所形成的外部效果和规模效应	在城市相应空间聚集区布局快递服务网点，一是可以保证大量而稳定的需求，产生规模效应；二是可以使相关行业如商业企业、学校等获得高效率、高质量的服务
中心地理论	论述一定区域内城镇规模、等级、空间结构以及职能关系的规律性	地理位置直接影响着快递服务网点布局的疏密程度和服务半径
城市地租理论	区域条件佳、配套设施完备的城市中央商务区的地价最高，其他区域的地价随着距离中心区的距离由近到远依次降低	等级越高的服务网点功能越复杂，占地面积越大，城市地租的压力越大；等级越低的网点功能越简单，占地面积越小，要求客户群体密度越大，服务半径相对较小
区位理论	空间区位的选择与经济活动优化组合	投资者选择总成本最小的区位

（1）城市空间结构模式理论

快递网点设施是城市地域结构的组成部分，城市地域结构的变化在很大程度上影响着快递企业城市网点的布局。对于现代化城市地域结构模式的研究，早期曾有美国学者所提出的同心圆模式、扇形模式、功能区模式和多核心模式；中期曾有日本学者提出的多中心模式，以及中国和苏联所提出的分散集团模式；近期则普遍提倡一种多层向心环带模式。

一些大城市由于受到距离衰减规律的影响，会呈现出经济和人口的密度由城市中心向四周逐渐降低的趋势。因此，现代大城市的地域结构一般都呈现出明显的圈层结构，由城市中心向外依次是：①中央商务区；②中心城市；③中心城区外围；④近郊区；⑤远郊区。

不同产业与城市不同的圈层相对应。中央商务区是城市的商业、服务业和金融中心，这里银行、大型商场、专业商店、高级宾馆、风味餐厅及各类文化娱乐场所高度集中，呈凝聚型分布态势。中心城区是中央商业区的支配、供应区，分布有较多的对外交通场站、批发业货栈和食品、服装厂等单位，由于这里原是居民聚居地区，故而仍广泛分布着一般商店和服务行业机构，但其分布大体均匀。中心城区外围是主要的居民区，有众多居住小区和居住街，商业、服务网点均匀分布，以就近满足居民需要。城市近郊区是城市与郊区的结合部，交通比较便利，同卫星城镇和外地联系方便，停车旅馆、贸易货栈、大型超级市场也在此带应运而生，有些条件适宜地段则有可能发展成为城市的次中心。城市远郊区地域最为开阔，有大量工业、制造业等集中于城市卫星城，也呈现局部凝聚型分布格局。

快递企业是以追求经济利益最大化为目的的，因此其城市网点布局首先要考虑的是市场与效益问题。因为快递企业的主要市场或客户群体是商业区内的企业或居住区的居民，因此，快递企业城市网点空间选址应该以经济基础发达、商业活动聚集的商业区及其附近区域，或是城市环境好、适合居民生活居住的宜居区为首选，从里向外逐渐减少。具体网点分布密度根据区域经济实力、市场容量和人口密度相应调整，市场容量大则多布点，缩小每个网点的覆盖范围，容量小则少布点或扩大网点的覆盖范围，切忌平均布点，保证网点的稳定收益，充分体现其效益性。同时，由于快递企业城市网点是为企业运营和客户服务的，因此还要考虑到与客户距离、交通状况、交通管制、租金成本、空间大小等因素，既要控制运营成本，又要保证服务的便利性。

（2）聚集理论

聚集效应是空间经济学的普遍认识。城市经济的本质特征之一就在于其聚集性，聚集效应是由社会经济活动空间集中所形成的外部效应和规模效应综合而成的。社会经济活动及相关要素空间集中，产生规模经济，带来资源利用效率的提高，由此产生成本节约、收入增加，这就是聚集经济。

而且，随着社会分工的细化以及市场的不断扩大，不同行业之间的联系加强，快递企业作为第三方物流活动的主要承担者，与各种企事业单位、学校、家庭等有着密切的联系。不同的行业类别形成了不同区位的空间聚集，一方面快递企业网点在城市相应的空间聚集区进行网点布局，可以使快递企业保证大量而稳定的市场，产生规模经济，保证企业的稳定收益；另一方面快递企业在相关空间聚集区进行密集布局，可使得商业企业、银行机构、学校等第三方物流的主体获得优质、快速的快递服务，节省客户等待时间，大大节约交易成本，同时还可以提高区域内的知名度和影响力，更好地防止竞争对手的竞争。

(3) 中心地理论

中心地理论是20世纪30年代德国地理学家克里斯泰勒创立的。他认为，中心地是一个地区商品和服务交换的中心市场，受到“人口门槛”和“服务半径”的制约。中心地规模越小，服务半径越小，数目就越多，只能提供较低档次的商品和服务，反之，中心地规模越大，服务半径越大，数目也越少，越有能力提供较高档次的商品和服务，并包含有多个较低级别的中心地。各中心地相互竞争，形成等级不同的六边形网络体系。受市场、交通等不同主导因素影响，网络的等级数量关系也不同。

快递企业城市网点为城市提供服务，也符合这一规律，中心地体系决定了快递企业城市网点的等级分化。各不同等级的网点的权限和所管辖的区域范围按等级的高低而递减，这些不同等级的网点必然要在地域上分离，按照各自“服务半径”的大小、职能大小与中心地等级相对应分布。高等级网点提供较全面的服务，其服务半径较大，为城市提供高级和专业性服务；低等级的网点服务半径相对较小，提供少量低层次的服务。

(4) 城市地租理论

对快递企业我们可以根据赫德（Hurd)、黑格（Haig）和李嘉图（Ricardo）等的地租理论对城市网点的空间区位选择加以研究。土地的经济地租是指利用土地所得的报酬减去成本后的剩余。经济地租的度量是指某种土地的生产力与最差土地的生产力之差，最差条件的土地经济地租为零。格蒂斯（Gertis）在1961年首次将土地价值理论思想应用于商业区位格局分析之中，通过揭示总零售量随离开地价最高的中心地带距离的增加而逐渐减小的规律，证实了城市土地地租变动及其与商业经济活动之间关系的规律。到1966年，加纳（B. J. Garner）进一步对商业中心的内部结构进行了研究，他根据一系列的城市土地地租的投标曲线，构造了不同等级商业中心的空间模式，形成了城市地理学中的加纳模式，主要内容包括：

①高门槛的经济活动（如百货、服装、珠宝等），往往靠近地价峰值区，

占据着地租最高的城市土地，在其周围，按门槛递减顺序排列着其他职能活动单位，如银行、餐馆、面包店、家具店、家用电器店等。

②任何商业中心的核心区，总是被那些能显示商业中心最高级别的职能经济单位所占据。

③随着整个商业中心级别的增高，低级别经济职能单位将被排斥到低地价地区，在商业中心的边缘地带布局。

④在任何一级商业中心的典型职能中，每一项职能的次序也是按门槛高低的顺序排出的。

加纳的商业中心模式把高门槛职能与支付租金的能力等同起来，通过区分地区、社区和街区商业类型，建立了不同等级商业中心的空间模型。当然加纳理论也有其不足之处：商店的位置并不总是与距地租峰值区的距离有关，而且商用土地的地租也并不完全是由距中心点的距离来决定的。加纳模式是在土地价值论思想的基础上建立起来的，体现了地价对商店布局的影响，对合理布局商业网点具有一定的指导意义。

许学强等（1997）将加纳模式应用到城市的银行网点区位选择上，区位条件最佳、配套设施完备的城市中央商务区的地价最高，其他区域的地价随着距中央商务区的距离由近至远而依次降低，依次为城市副中心、区域中心和社区中心。从成本角度考虑，在高昂的地价布局的单位必然是付租能力较强的机构。一般来说，高等级网点由于地位重要、产出率高、经济价值大而在中央商务区或地区中心布局，而低等级网点则由于普通性等特点和相对效益不高等原因，而位于周边地区。

快递企业则遵循反城市地租理论，越高等级的网点功能越复杂，要求占地就越大，城市地租的压力越大，因此，快递企业空间布局一般位于城乡结合部或郊区地带，这些区域地租低廉、交通便利，是大型分拨中心、中型中转场地的理想选择，这正好与快递企业城市网点布局的现状相吻合。而等级越低的城市网点，功能越简单，要求占地就越小，同时要求客户群体越密集、与客户的距离越短，大量的工作单收入形成的规模经济的重要性远远大于较高的地租带来的压力，因此快递企业的终端城市网点往往密集分布在商业区而不是偏远的区域。

（5）区位理论

区位是反映事物空间属性的重要方面。区位理论是研究经济行为的空间选择及空间内经济活动的组合理论，主要任务是解释企业在什么区位发生及为何在此发生。区位论有两层含义，一层是经济行为的空间选择；另一层是空间内经济活动的有机组合。前者可称为布局区位论，后者称为经营区位论。布局区位论是区位主体已知，根据区位主体本身固有的特征出发，来分析适合该区位主体的可能空间；经营区位论是大的区位空间已知，依据该空间的地理特性、经济和社会状况等因素，来研究区位主体的最佳组合方式和空间形态。

区位理论是快递企业城市网点布局和优化的理论基础。从微观角度来看，区位理论则是关于具体生产部门或经济设施分布地点的优化选择。区位理论广泛应用于城市土地利用、厂址选择、商业服务网点的选址等方面（张文忠，2000）。

同时，设施区位理论也是快递企业城市网点布局的理论基础。设施是为某种需要而建立的机构、系统、组织或建筑，区位是指被某种事物占据的场所或空间，设施所占据的场所或空间即为设施区位。根据区位类型的划分，可以把设施相应地划分为产业区位、住宅区位和公共服务区位等类型。

7.3.2 快递服务网点布局优化的原则

网点布局主要受到市场、战略、成本和微观区位等因素的影响，因此本书认为快递企业城市网点布局应遵循供需平衡原则、战略统一原则、效益最大化原则和微观区位最优原则。

1. 供需平衡原则

供给和需求是经济学中最基本的经济概念。所谓供给是指生产者愿意并且能够提供出售一定数量的商品，所谓需求是指有支付能力的那部分需求。当供给和需求相等时，市场便达到了平衡，否则就会出现供大于求或供不应求。快递企业城市网点布局也应该遵循这一原则。所谓的“需求”就是某一范围内快递市场的总量，取决于区域内经济发展水平、人口密度、企业数量、交通状况等的总和；“供给”就是快递企业提供给客户的服务能力的总和，主要取决于城市网点的数量、覆盖范围和工作效率。当供大于求时，企业的服务能力大于客户的需求，表现为部分网点业务量不足、人员闲置，网点独立核算时不能保证自收自支，效益低下甚至亏损，相反，当供不应求时，就表现为网点超负荷运营，工作压力大，工作时间长，运营系统失衡，运营指标恶化。

供需平衡是一个理想的状态，也是一个长期的动态目标，取决于市场需求能力与企业供给能力两个方面。但是在一个相对较短的时期内，市场需求能力是相对稳定的，因此快递企业只有通过新增、拆分、合并或撤销等方式，调整网点数量和单个网点的覆盖范围，不断地使供需达到短期平衡。

2. 战略统一原则

企业战略是企业以未来为基点，在分析外部环境和内部条件的现状及其变化趋势的基础上，为寻求和维持持久竞争优势而做出的有关全局的重大筹划和谋略。战略可以分为进攻型战略、防御型战略和紧缩型战略。快递企业为了建立新的或更强的市场地位，创造新的竞争优势，一般采取进攻型战略；而企业为了巩固现有地位、帮助企业保持现有的竞争优势、减缓被攻击的风险，使挑战者转向攻击其他对手，一般采取防御型战略。紧缩型战略一般是在企业即将退出或遇到重大调整时而使用的战略。

城市网点布局很大程度上受快递企业战略的影响。从实际情况来看，不同的战略趋向与选择，在城市网点布局上就会有不同的行动。当企业选择进攻型战略时就会大量扩张网点，以缩短与客户的距离，进而提高运营的速度和质量；当企业选择防御型战略时，一般会保持既有的网点规模；而当企业选择紧缩型战略时，就会有针对性地撤销或合并某些布局不合理、运营效益差、竞争能力低的网点，减少网点数量。总之，网点布局不完全决定于经济角度，它必须首先服务于企业的战略。例如企业选择进攻型战略而大量增设网点时，主要考虑的因素就是市场占有率的提高，而不是短期的成本指标。

3. 效益最大化原则

效益最大化是企业追求的目标。一般来讲，效益受两个因素影响：一是收入；二是成本。因此快递企业网点要实现效益最大化，就必须在保证收入最高的同时成本最低。

收入主要取决于市场容量即需求能力的大小。从空间分布来看，城市的核心区域市场容量最大，企业可能获得的收入也越高，在核心区域内部也会有不同的核心地带。从核心区域沿着半径向外扩散，市场容量呈明显的递减趋势，在同一个圈层内部也呈现出由核心地带向外逐级递减规律。因此，快递企业城市网点布局的基本规律是内部圈层比外部圈层好，核心圈层最好，同一圈层内部核心地带最好，其他地带次之。

从成本角度看，快递企业城市网点的成本主要包括：①固定资产折旧；②网点租金成本；③劳动力成本，即员工工资；④管理成本，如通信费。租金成本构成了成本结构的主要组成部分，这也是快递企业城市网点布局决策中的变动部分，固定资产折旧费用、员工工资和通信费用等差别不大。因此，要实现成本最低，低廉的地租是一个重要的区位选择因素，这也是快递企业城市网点布局考虑的一个最重要因素。

由于收入与地租在不同圈层之间和同一圈层内部之间都遵从由内向外逐级减递的规律，因此，收入最高的区域也是地租最高的区域，也就是说选择收入最高这一因素的同时，也就选择了最高的地租成本的区位，因此这样的区位并不一定带来效益最大。城市网点选择的关键就是在二者之间找到平衡。平衡的最主要的方法就是通过地级差来实现。如果网点所在圈层与服务市场所在圈层不同，则努力使前圈层处于后圈层的外圈或是处于两个圈层的交叉地带；如果二者处于同一圈层内部，则要使网点布局尽量位于服务区域市场的边缘地带或非临街地带。由于快递服务是上门服务，所以对因地租因素产生的服务区域与网点区位之间的空间距离，可以通过人员上门服务来弥补。

4. 微观区位最优原则

企业布局的过程是企业和空间相互作用的过程，微观区位选择总要受地域条件的约束和影响。对于一般的企业布局而言，区位条件主要包括自然条件和社会经济条件，其中自然条件主要包括气候、水文、土壤等，而社会经济条件主要包括交通、市场、劳动力、技术、区域环境、资金等。对于快递企业城市网点布局而言，除了要考虑战略和经济因素外，还要考虑微观区位等因素，具体包括交通便利性，临街宽度和深度，店面设施的贫乏性，临街道路状况，基础设施状况，以及交通线路是否通畅、交通路况是否完好、是否有交通管制、车辆进出是否便利、停车是否方便以及网点与客户的距离等。

7.3.3 “PtoS”模式的服务网点设置机理

快递服务网点的构建与各区域的综合经济水平、商业经济状况、交通运输邮电业的运行情况、人口状况以及城市道路交通条件有着直接或间接的关系。

快递企业服务网点布局优化的衡量标准是可达性。可达性是对通行能力的反映，最初应用于地理交通方面，现主要应用于对信息、货物或者人流动性优劣的衡量指标。快递企业服务网点可达性可用服务半径、网点覆盖率这两个指标进行评价。服务半径，指服务网点覆盖范围内快递需求点到快递供应点的最远距离。网点覆盖率可分为整体覆盖率和有效网点覆盖率（刘海涛，2007）。

1. **服务网点可达性指标**

(1) 服务半径

不同行业对于服务半径评价可达性有不同的标准。目前比较成熟的可借鉴标准是《邮政服务设施规划国家标准》。该标准根据不同的人口密度设定了服务设施的服务半径，如表 7-2 所示（刘海涛，2007）。

表 7-2　服务半径与城市人口密度对照

城市人口密度（人/km^2）	500～1000	1000～5000	5000～10000	10000～15000	15000～20000	20000～25000	25000以上
服务半径（km）	2.01～3.00	1.01～2.00	0.81～1.00	0.71～0.80	0.61～0.70	0.51～0.60	0.50

本书认为该标准同样适用于快递行业。如果网点的服务半径满足该标准，我们称为有效服务网点，否则称为失效服务网点。

(2) 覆盖率

在快递企业发展初期的粗放式扩张阶段常用整体覆盖率（Overall Coverage，OC）衡量网点覆盖水平，计算公式为：

$$OC=\frac{\text{某区域实际网点数量}}{\text{某区域总需求网点数量}} \tag{7-1}$$

在快递企业逐步成熟期的内涵式扩张阶段常用有效覆盖率（Effective Coverage，EC）反映网点覆盖水平，计算公式为：

$$EC=\frac{\text{某区域有效网点数量}}{\text{某区域实际网点数量}} \tag{7-2}$$

通过计算某个区域中网点的个数以及网点覆盖率，与计算符合邮政服务设施规划国家标准的网点数以及网点覆盖率进行比较得出差距。

2. **服务网点布局算法**

Kmeans 算法的原理是，将 n 个数据点划分为 k 个簇，簇内数据点具有较高的相似性，而与其他簇的数据点具有较低的相似性。Kmeans 相似度是计算簇中样本点的平均值（陈红川和刘斌，2011；王骏等，2012）。

将区域中 n 个快递网点划分为 k 个簇，Kmeans 的原则是计算各个数据相似度差异的最小值。

层次聚类方法是将给定的样本点进行层次分解，依据设定的簇与簇之间的距离度量准则，构造出一棵由簇和子簇所形成的聚类树，不断迭代计算满足迭代次数或者某个终结条件为止。层次聚类可以采取自顶向下的原则进行分裂或者是自底向上的原则进行凝聚（陈晓红等，2012）。

分裂的层次聚类：遵循自顶向下的原则，首先将所有对象看作一个簇，之后在迭代的过程中进行分裂，逐渐细化为越来越小的簇，直至将每一个对象分为一个单独的簇或者是满足某个终止条件结束。

凝聚的层次聚类：与分裂的层次聚类所选择的策略相反，凝聚层级聚类遵循的是自底向上的方法，首先将每一个对象都看作一个单独的簇，之后在迭代的过程中进行簇的合并，当全部对象被合并到一个簇中或者满足设定的终止条件即结束。

对于聚类分析，簇之间的划分标准是非常重要的，两个簇之间的相似性或相异性即簇间距离的度量方法是传统层次聚类方法的重要组成部分。常用的衡量簇间距离度量的方法主要包括以下四种：最小距离（单链距离）、最大距离（全链距离）、平均值距离以及平均距离（何晓群，2012）。

服务网点布局选择的算法流程：

①分别计算出该区域已有快递网点的个数以及满足服务半径要求所需网点的个数，根据其差值确定该区域中需要设置智能快递箱的个数。

②当区域内服务网点数目不多且可以很明显划分类别时，可以根据聚类的方法将该区域中的现有快递企业网点进行分类，确定服务网点的大致中心位置。

③当区域内快递服务网点众多，则需要通过层次聚类的方法将区域中的快递服务网点划分成不同的子集，每个子集被定义为一个服务聚集簇。在这个服务聚集簇中，包含在内的服务网点彼此相似，但与其他服务聚集簇中的对象不相似。在此服务聚集簇中，由于各个服务网点的主要服务对象相似，因此在这里主要考虑其地理位置信息，将建设成本问题推移到具体的实施过程中。

7.3.4 同城快递业务——以天津为例

智能快递箱可以完成标准化的寄件、收件流程，剔除了很多人为因素的影响，使得快递的寄送业务更加标准化。现有的智能快递箱多放在各个快递业务配送的终端，而本书中的智能快递箱也可以完成同城之间的中转任务。当快递任务可以直接由兼职快递员进行接单由快递箱 A 送往快递箱 B 时，我们将此类任务命名为直送式服务。当一段时间快递任务直送式无法完成时可以进行中转，我们称之为分送式服务，即有快递箱 A 需要进行中转方可到达快递箱 B 完成配送服务。在实际运营过程中，中转途径可以进行限制，如时间限制、中转次数限制等。

以直送式为例：

直送式是指客户在该快递平台上提交寄件订单，该平台将快递订单信息推送给附近的兼职快递员，兼职快递员可根据自己的行程进行接单，并完成最终的配送。

以天津为例，2015 年天津主城、天津近郊以及天津远郊的 GDP、面积与人口等相关数据，如表 7-3 所示。

表 7-3　　天津市各区域 GDP、常住人口、面积、密度等分布

区域	GDP（亿元）	常住人口（万人）	面积（km^2）	密度（人/km^2）	人均 GDP（元）
和平区	784.93	37.81	10.00	37810.00	207598.52
河西区	780.00	101.52	37.00	27437.84	76832.15
南开区	586.70	116.91	39.00	29976.92	50183.90
河北区	416.00	90.84	27.00	33644.44	45794.80
河东区	310.00	98.85	39.00	25346.15	31360.65
红桥区	196.00	58.76	21.00	27980.95	33356.02
天津主城合计	3073.63	504.69	173.00	29172.83	60901.35
滨海新区	9270.31	297.01	2270.00	1308.41	312121.14
西青区	1010.40	84.24	545.00	1545.69	119943.02
北辰区	960.00	80.85	478.00	1691.42	118738.40
东丽区	905.56	71.70	460.00	1558.70	126298.47
津南区	808.30	70.89	401.00	1767.83	114021.72
天津近郊合计	12954.57	604.69	4154.00	1455.68	214234.90
武清区	1090.00	113.43	1570.00	722.48	96094.51
静海区	650.00	76.67	1476.00	519.44	84778.92
宝坻区	630.00	90.04	1523.00	591.20	69968.90
宁河区	551.17	47.46	1414.00	335.64	116133.59
蓟县	409.00	90.71	1593.00	569.43	45088.74
天津远郊合计	3330.17	418.31	7576.00	552.15	79610.10

数据来源：根据中商情报网统计数据整理。

按照邮政标准测算的天津市各个区域应该具有的网点数，如表 7－4 所示。

表 7－4　　达标的服务网点个数需求

区域	面积（km^2）	密度（人/km^2）	邮政标准 R（km）	服务面积（km^2）	邮政标准（个）
和平区	10	37810	0.5	0.785	13
河西区	37	27438	0.5	0.785	47
南开区	39	29977	0.5	0.785	50
河北区	27	33644	0.5	0.785	34
河东区	39	25346	0.5	0.785	50
红桥区	21	27981	0.5	0.785	27
滨海新区	2270	1308	2	12.56	181
西青区	545	1546	2	12.56	43
北辰区	478	1691	2	12.56	38
东丽区	460	1559	2	12.56	37
津南区	401	1768	2	12.56	32
武清区	1570	722	3	28.26	56
静海区	1476	519	3	28.26	52
宝坻区	1523	591	3	28.26	54
宁河区	1414	336	3	28.26	50
蓟县	1593	569	3	28.26	56

资料来源：中商情报网。

如表 7－5 所示，以 2015 年某一知名快递企业的快递网点在天津各个区的网点数目，与天津所有企业快递网点之和在天津各个区的网点数目进行对比分析得出，仅一家快递企业远远不能满足天津市民对于快递服务的需求，哪怕是现在市场占有率较强的快递企业。综合各家快递企业，能够整体覆盖率达到 80%以上的区域的也仅有 31%。而如果只靠一家快递企业，其在天津各区最高的整体覆盖率也只能达到 21%。进一步证明了快递行业的市场集中度较低，对于快递市场的整合势在必行（其中 SOC 为单一知名快递企业整体覆盖率，OOC 为天津所有快递企业网点整体覆盖率）。

表 7-5 单一知名快递企业整体覆盖率与天津所有快递企业网点整体覆盖率比较

区域	单一企业网点（个）	SOC（%）	所有企业网点（个）	OOC（%）	邮政标准（个）
和平区	2	16	11	86	13
河西区	8	17	28	59	47
南开区	6	12	44	89	50
河北区	3	9	20	58	34
河东区	3	6	42	85	50
红桥区	2	7	21	79	27
滨海新区	11	6	62	34	181
西青区	8	18	32	74	43
北辰区	8	21	30	79	38
东丽区	5	14	44	120	37
津南区	3	9	24	75	32
武清区	7	13	52	94	56
静海区	2	4	28	54	52
宝坻区	3	6	11	20	54
宁河区	1	2	13	26	50
蓟县	2	4	26	46	56

1. 天津快递服务网点布局分析

如表 7-3、表 7-4、表 7-5 所示，天津快递服务网点呈现以下几个特征。

①天津城区服务网点的覆盖率＞天津近郊服务网点的覆盖率＞天津远郊服务网点的覆盖率，符合快递网点布局相关理论。

②天津任何一家知名快递企业均不可能满足所在地区居民的快递服务需求，需要多家快递企业同时为该地区居民服务，才可获得良好的服务需求。这也进一步印证了各个快递企业资源整合的必要性。

③个别区域的网点覆盖率已经达到或者接近该区域的服务标准需求，这与该区域的经济活跃程度是分不开的，进一步印证了经济繁荣会增加对快递

服务的需求。

结合天津快递服务网点布局的特征，可按照以下步骤进行智能快递箱选址：首先，考虑该地区快递服务网点的缺口；其次，将该地区已有快递服务网点按照预设智能快递箱网点数目进行聚类；最后，将智能快递箱的位置设置在每个类的中心位置，这样可以对快递行业中的人员以及资源等进行整合。在进行实际操作时可根据建设成本进行一定程度的位置偏移。

2. 区域内网点数目较少——以和平区为例

如表 7 - 6 所示列出了天津市和平区现有快递网点的位置信息。由于各个快递企业在进行网点的选择时会分别综合考虑居民密度、快件量、交通量等常规信息，因此在进行智能快递箱选址时可以在已有快递网点的基础上进行选择，这样可以大大节省最初筛选的问题。确定具体位置后，再根据各个位置周围的建设成本进行决策。

表 7 - 6　和平区网点位置数据

快递网点	经度	纬度
A	117.197206	39.132413
B	117.218344	39.128348
C	117.192022	39.132322
D	117.197136	39.131241
E	117.204843	39.119562
F	117.192619	39.129413
G	117.198518	39.118852
H	117.190942	39.137729
I	117.188918	39.116798
J	117.1903	39.10814
K	117.191104	39.136301

通过 SPSS 求出各个聚类的中心点，如表 7 - 7 所示。通过百度地图查询可以得出，该聚类中心 1、聚类中心 2、聚类中心 3 分别位于天津市和平区河沿道附近、天津市和平区大沽北路 138 号和天津市和平区清和大街 71 号。

表 7-7 初始聚类中心

聚类中心	1	2	3
经度	117.190300	117.218344	117.190942
纬度	39.108140	39.128348	39.137729

3. 区域内网点数目较多——以南开区为例

如表 7-8 所示，给出了南开区已有网点的具体位置信息，由于网点数目较多，需要分为两步进行定位，首先需要根据层次聚类将众多网点进行归类，其次在归类后进行具体中心点的计算。

表 7-8 南开区快递网点位置信息

快递网点	经度	纬度
1	117.171932	39.085386
2	117.158557	39.116862
3	117.162901	39.127828
4	117.142686	39.105335
5	117.156955	39.103285
6	117.167029	39.078183
7	117.174638	39.126701
8	117.145049	39.125426
9	117.130051	39.145259
10	117.179645	39.146379
11	117.182263	39.134261
12	117.121374	39.139749
13	117.162411	39.119331
14	117.156839	39.1483
15	117.147103	39.11347
16	117.174933	39.117118
17	117.142896	39.12864
18	117.1382	39.145401

续 表

快递网点	经度	纬度
19	117.14325	39.106841
20	117.185614	39.19877
21	117.131223	39.133134
22	117.141533	39.125609
23	117.185223	39.109174
24	117.157479	39.130174
25	117.175505	39.146883
26	117.165771	39.13765
27	117.131406	39.148005
28	117.157183	39.141871
29	117.141779	39.126606
30	117.163123	39.11866
31	117.131223	39.133134
32	117.171404	39.108114
33	117.148226	39.125396
34	117.161866	39.128502
35	117.14325	39.106841
36	117.18222	39.142634
37	117.170184	39.079174
38	117.153952	39.133619
39	117.154065	39.133534
40	117.155561	39.111393
41	117.156088	39.117587
42	117.183201	39.131616
43	117.182414	39.129569
44	117.158558	39.11377

根据南开区数据分布将其快递网点数据进行聚类后得到的结果如表 7－9

所示，南开区快递网点各聚类中心从1～6分别对应：北洋道附近、密云一支路附近、卫津南路附近、天拓北道、西市大街、红旗南路。

表7-9 最终聚类中心

聚类中心	1	2	3	4	5	6
经度	117.177187	117.130580	117.185614	117.152252	117.173968	117.169715
纬度	39.111469	39.140780	39.198770	39.119939	39.138586	39.080914

7.3.5 异地快递业务

异地快递业务在不同城市之间设置周转用的智能快递箱，城市之间的智能快递箱需要设置在城市与城市的交通枢纽中转中心，让快递包裹的流动跟随城市中人群的流动方向实现高效率的运转。当然，"PtoS"模式的最初运用应该从人口密集的、交通便利的一二线城市开始，如北京、天津等。

根据交通部发布的2015年交通运输行业发展统计公报，车流量较大地区如北京、天津等地国道网交通通行机动车年平均日交通量为15424辆，这些车辆部分会成为"PtoS"模式的运输车辆。

2015年全国铁路完成旅客发送量达到25.35亿人，旅客周转量为11960.6亿人千米。

2015年全国完成水路客运量为2.71亿人，旅客周转量为73.08亿人千米。

"PtoS"模式智能快递箱的使用可以灵活运用这些每时每刻都在流动着的人、车等资源。

城市与城市之间可以使用公路运输的方式，将智能快递箱集中安放在高速路口处，长距离的运输可以适当将智能快递箱安放在各个高速服务区处，那里是各种运输车辆聚集的地方。

如果使用轨道运输方式，那么智能快递箱可以安放在火车站附近，这样城市与城市之间的包裹可以通过人群流动的方向进行配送，实际上增加了轨道交通的运输效率。

再如使用长途客车，在快捷的运输方式不存在的时候，可以临时对价值不大、轻便的包裹通过长途客车的方式完成递送。

对于沿海城市，也可以在港口设置智能快递箱作为临海城市的特殊运输方式。

7.4 "PtoS"模式与传统快递模式成本对比分析

7.4.1 布局智能快递箱的建设运营成本分析

智能快递箱的建设运营成本主要包括两大部分：建设成本和运营成本。

1. 建设成本

建设成本主要包括安装场地费和固定设施投入费用。

①安装场地费是指由于智能快递箱的安装占用公共区域而需要给予土地管理部门的费用，其与安装选址的位置密切相关，如表 7-10 所示。

表 7-10　安装位置与相应解决方案

安装位置	解决方案
社区	需取得所有社区业主的同意，对场地费用进行协商解决
学校、写字楼等限入区域	需取得相关主管部门的同意，对场地费用进行协商解决
公交站、地铁口等公共区域	需取得机构主管部门、政府相关部门的同意

$$C=C_{改建}+C_{新建} \tag{7-3}$$

其中 $C_{改建}$ 为改建费用，$C_{新建}$ 为新建费用，C 为建设成本。

②固定设施购买费用是指购买主机、箱格、监控等设施所支出的费用。固定设施的购买数量与所在区域客户规模相关。客户越密集，固定设施投入费用越小，客户越分散，其所需要的固定设施投入费用就越大。一台主机可以操纵多个箱格，主机数量的多少直接关系到高峰时段客户的等待时间，客户的等待时间直接影响着客户的满意度。固定设施费用投入的计算公式为：

$$C_{固定费用}=C_{主机}+C_{箱格}+C_{其他} \tag{7-4}$$

其中，$C_{主机}=p_1 \cdot q_1$，p_1 表示主机的价格，q_1 表示主机的数量；$C_{箱格}=p_2 \cdot q_2\ (1+10\%)\ =1.1p_2 \cdot q_2$，$p_2$ 表示箱格的价格（10%作为预留费用），q_2 表示箱格的数量；$C_{其他}$ 表示监控设备的投入费用等。

2. 运营成本

智能快递箱的运营成本主要包括运作费用和维护费用。

①运作费用包括智能快递箱在运营的过程中花费的相关费用，主要包括上网费用、电费和短信费用。其中所涉及的短信费用、上网费用要根据不同

地区的运营商的价格确定。由于智能快递箱需要24小时不间断提供服务，因此需要根据当地电价进行实际耗费的计算。

$$主机电费总额（每日）=单位电费 \cdot 耗电量/小时 \cdot 24 \tag{7-5}$$

②维护费用是指企业对智能快递箱进行检修和保养所花费的费用。维护费用与智能快递箱的投入规模有关，智能快递箱投入规模大的区域会由于规模效应，使其单位运营成本较低，而规模较小的区域其单位运营成本会较高。

为简化智能快递箱的维护成本计算，可按照主机与箱格固定成本投资的10%进行计算，即 $C_{维护费用}=10\% \cdot C_{固定费用}=0.1 \cdot C_{固定费用}$。

7.4.2 与传统快递模式所耗费的成本对比分析

传统快递企业常常会在客户信息录入、包装加固等环节进行简化、部分企业不为员工缴纳社会保险以降低成本。而实际上，快递行业正常的利润是在减除合理的成本基础上的，在这种所谓低成本运作下服务质量是很难保证的。

智能快递箱的设立，为的是提高快件的配送效率，加快智能快递箱快件的周转率，减少专职配送人员的数量，相应减少人力支出成本。通过智能快递箱的建立，使得客户的寄件和兼职快递员的取件都可以根据自身的时间灵活安排。

传统快递模式网点建设费用包括房租、水电费、通信费用、快递员工资。

传统快递网络是由节点和边构成的，节点包括各级中转中心和末端配送点，边为连接节点的公路、铁路和航空等线路。通常用 G（V，E，W）定义快递网络，其中 $\mathbf{V}=\{v_1, v_2, \cdots, v_n\}$ 为节点集合，$|\mathbf{V}|=n$ 为节点个数；$\mathbf{E}=\{e_1, e_2, \cdots, e_m\}$ 为快递网络邻接边的集合，$|\mathbf{E}|=m$ 为邻接边的个数；$\mathbf{W}$ 为快递网络中边的权数矩阵，$\mathbf{W}$ 中元素 w_{ij} 表示边 $\{v_i, v_j\}$ 的距离，如果 $\{v_i, v_j\} \notin E$，则定义 $w_{ij}=\infty$；如果 $i=j$，则 $w_{ij}=0$。传统快递网络可以分为全连通网络、单枢纽纯轴辐式网络、多枢纽纯轴辐式网络和多枢纽混合轴辐式网络（倪玲霖，2012）。

基于“PtoS”模式的智能快递箱的网络也可定义为网络模式，其节点包括布置在各个地区的智能快递箱区域，边定义为智能快递箱与智能快递箱的连接。

1. **快递配送服务时间分析**

快递配送服务时间是快递服务质量的一个重要指标，快递服务时间是指快递公司从寄件客户手中接收快递的 t_1 时刻开始到快递公司将快递送到收件客户手中并签收的 t_2 时刻为止。快递服务总时间由三个部分构成：一是途中的运输时间；二是中转节点的停留时间；三是源节点与服务终点的处理时间。由于源节点与终点节点处理时间与其快递网络的结构没有直接关系，因此在传统计算快递服务时间的过程中不予考虑。

传统快递配送服务时间包括途中运输时间、中转节点停留时间。

而在“PtoS”模式中从客户提出快递需求开始就已进入到整个快递配送服务过程中，与传统快递行业的快递服务时间 t_1 相比有了较大的提前期，压缩了整个流程的时间，增加了客户的时间价值。在传统快递行业中，从客户通知快递企业有快递需求，到快递企业根据实际营业时间上门取件 t_1 存在较长的时间差。“PtoS”模式激活了这段期间的时间价值，不仅仅为企业，也为客户提供了更多的价值创造空间。为了更准确对比传统快递行业和“PtoS”模式的成本，本书将快递取件提前期也计算到成本对比中。

途中运输时间与运输距离、运输速度有关。运输时间与运输距离呈正比，与运输速度呈反比。运输距离在快递网络不拥堵的情形下，车辆会选择两点间的最短距离作为运输路线，其所耗费的运输成本最低。运输速度是和使用的运输方式密切相关的，公路运输、铁路运输、水路运输与航空运输等不同的运输方式代表着不同的运输速度，当然运输成本也是有差别的。现阶段传统的快递企业长距离会选择航空运输方式，短距离会选择公路运输方式。

$$T_{运输}=\frac{s}{v} \tag{7-6}$$

式中，$T_{运输}$ 代表运输时间，s 代表运输距离，v 代表运输速度。

中转节点停留时间与快件中转停留次数和在单个中转节点的处理时间有关。

快递的单个节点平均处理时间定义为快递从到达该中转节点的时刻至快递离开该中转节点的时刻，用 NPT 代表。中转节点的机械化水平、信息化程度、发车频率、拥塞程度都会影响快递在单个中转节点的处理时间。杨从平等（2015）曾就广西某快递公司做过测算，其单个中转点快递的平均处理时间为 4.8 小时。

快递中转次数是指由于快递网络中不存在直接从 A 城市的快递中转中心可以直接到达 B 城市的快递中转中心，因此需要经过多次中转才可以进行快递的送达，而快递中转次数的增多直接影响快递中转节点停留时间，致使快递配送服务时间的增加。

2. **快递网络成本分析（见表7-11）**

运输成本、快递中转的分拣成本和快递中转的存储成本是传统快递网络成本的主要构成。

运输成本＝单位运输成本×运输量×运输里程　　（7-7）

快递货物流量定义为边介数，指的是快递网络中计算最短路径时通过某一条边的数量。$B(e_i)$ 代表通过边 e_i 的介数。在 T 时间段内，如果通过快递网络任意两个节点间的货物流量不等，需要通过加权的方式计算快递网络任何边的快递货物流量。

快递中转的分拣成本＝单位分拣成本×快递中转分拣量　　（7-8）

式（7-8）中的快递中转分拣量与该节点的边介数相关。

快递中转的存储成本＝单位存储成本×存储时间×中转快递的存储量　　（7-9）

其中，存储时间为快递中转节点的平均处理时间，中转快递的存储量与快递中转的货物分拣量相等。

表7-11　传统快递与"PtoS"模式服务成本对比

费用项目	传统快递	"PtoS"模式	变化
快递取件提前期成本	很长	短	变小
快递配送服务时间成本	途中运输时间	途中运输时间	待定
	中转节点停留时间	中转快递箱停留时间	待定
快递网络成本	运输成本	无	变小
	快递中转分拣成本	无	变小
	快递中转存储成本	占用快递箱的成本	待定
信息成本	信息系统开发成本	信息系统开发成本	待定

7.5　本章小结

本章在基于信任的基础上，给出了生态化"PtoS"模式的架构，从内部动因和外部动因两方面分析了构建生态化"PtoS"模式平台快递企业的运行机理，主要包括自组织机制、网络驱动机制、耦合机制和协调机制。这些运行机制通过共同的作用机理嵌入到快递平台生态体系中，使快递生态系统协同效应达到最优。“PtoS”平台快递企业凭借更多变的员工群体、更强的设施设备负荷能力和网络覆盖水平可以为客户带来不一样的服务体验。

“PtoS”平台快递企业可以为客户提供差异化的快递服务。快递市场可以将服务指向更加细分化的市场，根据收发货物的种类、时限和其他递送需求设置相应的价格区间与计费标准。

“PtoS”平台快递企业可以具有更及时的补救突发事件的能力。快递企业面临的突发事件主要包括：快递包裹损坏、错送误领、丢失等。快递企业应建立有效的补救应急系统，增强企业自身的服务补救能力。对于突发事件补救越及时，耗费时间越短，对于企业造成的损失越小。

“PtoS”平台快递企业需更加注重客户体验，让客户参与到快递业务流程的制订过程中以及平台的完善中。基于客户体验的平台快递模式，客户体验服务水平受到平台的易用性体验、平台功能完善体验、寄件体验、收件体验、员工服务体验和平台业务整合体验的正向影响。客户服务体验的反馈是平台快递企业进行自我完善的主要途径。

8 “PtoS”低碳视角仿真分析——以京津高铁为例

企业可持续发展和企业环境之间存在着双向的、互动的关系，企业可以通过对内外部环境的动态适应以实现可持续发展（马小援，2010）。企业要想长久发展就需要在科学发展观的基础上规范企业行为，全面协调企业承担的社会责任与可持续发展的关系（王建琼和侯婷婷，2009）。平台快递企业提高竞争力、保持可持续发展的关键途径是要加强快递企业之间的战略合作、实施差异化战略抓住细分市场以及加强品牌意识，创建强有力的品牌。

前文提到“PtoS”模式致力于构建快递生态平台，而快递生态平台中需要着力解决的即是交通运输中的碳排放问题。社会经济的发展离不开物流运输体系，而物流运输体系被公认为温室气体排放的主要来源之一。全国运输业能耗量急剧增长，快递业作为运输业的主要组成部分，成为了能源消耗大户，这使得低碳快递模式势在必行。

8.1 低碳趋势与快递行业发展现状矛盾分析

8.1.1 低碳经济的界定

由于温室气体对整个地球气候环境的影响，英国政府在 2003 年发表的题为《我们未来的能源：创建低碳经济》的能源白皮书中，首先出现了“低碳经济”这个词语。从此“低碳”一词风靡全世界。胡锦涛在 2007 年亚太经合组织（APEC）第 15 次领导人会议上，也明确主张“发展低碳经济”。

所谓低碳经济，是指在可持续发展理念指导下，通过技术创新、制度创新、产业转型、新能源开发等多种手段，尽可能地减少煤炭、石油等高碳能源消耗，减少温室气体排放，达到经济社会发展与生态环境保护双赢的一种经济发展形态。

8.1.2 低碳快递

物流是整个社会经济活动中不可缺少的一部分，发展低碳物流，也是发展低碳经济的重要举措。

在我国近几年的物流发展中，快递行业异军突起，借助电商行业蓬勃发展的东风，也在持续高速发展，从而吸引了更多社会资源与资金的注入。因此，发展低碳快递，目前正是时机。但是，要求快递企业实现低碳，有着许多困难。

1. 快递企业配送外部不经济性分析

根据福利经济学，任何的经济活动都可能存在外部不经济性。具体到城市物流配送行业，目前可观测到的外部不经济性主要表现在：对于城市稀缺资源（土地、道路、能源等）的占用、造成的城市交通拥堵、道路车辆空载以及污染物排放和对居民生活质量的不利影响等。

（1）资源消耗

运输和配送本身就是经济系统中的一种服务资源，但二者的实现也伴随着经济系统中其他资源的消耗，这样就形成了一个相互转化的循环过程。然而，经济系统中资源的分配是有限的。一方面，必须要考察配送环节对资源的占有量和消耗量。配送的资源消耗，包括土地占用、原材料消耗以及能源消耗等方面。例如，快递企业为了满足日益提高的客户需求而推出的“次日达”“即日达”业务，势必会增大配送的能源消耗，加剧道路交通拥堵；配送网点的建立需对其一定时期的需求量进行合理的预测，否则就会造成资源空置与浪费。另一方面，还需考察配送系统的外部性，即对配送本身的消耗。例如，迂回运输加大了配送体系的负担，造成配送资源的浪费。

（2）城市交通拥堵

当城市交通基础设施的建设步伐跟不上交通需求的增加速度时，就会导致交通拥堵。另外，人们出行习惯以及驾驶习惯的不合理也会加剧拥堵的发生。近些年，随着经济发展和电子商务的产生，城市物流配送业蓬勃发展，配送车辆和配送网点的年增长量以及配送货物品类的扩充都相当可观。为了最大化地满足客户需求，物流配送企业还在时效性和柔性化方面进行积极的探索，例如应运而生的“配送”“即日达快递”和“次日达快递”等。物流配送企业通过增加运输车辆来实现一天多送，而由于车辆调度的不合理，使得城市交通拥堵愈发严重，反过来影响配送效率。

（3）配送车辆空载

由于我国第三方物流发展滞后，大部分工业企业、商贸企业以及流通企业以自有车辆担负企业内部的物流运输任务。特别是快递企业，其对时效性要求非常高，为了满足日益增长的客户需求和满意度要求，快递企业只好增加对配送车辆的投入。而大多数企业规模小、物流运输业务量波动性较大、车辆运输任务单一，导致空载现象非常严重。中国仓储协会组织的全国物流状况调查表明，我国物流运输车辆空载率达 37%，某些专门运送特种货物的专用车辆，其空载率更高达 39%。汽车的空载完全是消耗性生产过程，车辆的空载率减少，车辆的利用率就越高，运输成本就越低。因此，在运输配送过程中，必须对车辆进行合理的配装，努力减少空载现象，提高车辆利用效率。

（4）污染物排放

城市物流配送行业的污染物排放是城市重要的污染源。2009 年，全国汽车保有量中，载客汽车达到 4840.8 万辆，占 78%。载货汽车达到 1368.6 万辆，占 22%。而查阅全国机动车污染物排放的统计发现，在一氧化碳、碳氧化合物、氮氧化物和颗粒物四种主要污染物中，载客汽车共排放 2343.6 万吨，排放分担率为 57.8%，载货汽车共排放 1711.9 万吨，排放分担率为 42.2%。即载货汽车以其超过约五分之一的数量占比造成了几近一半的主要污染物排放，已严重影响到城市可持续发展的战略实施。因此，通过对城市物流配送体系建设减少载货汽车的数量，将有效降低机动车的污染物排放。

近年来，随着城市规模的扩大，城市内部机动车辆随之增多，大量的城市交通和环境问题涌现，以交通拥堵和环境污染最为严重。城市内部的交通拥堵成为考验快递企业时效性的一大挑战。另外，雾霾等恶劣天气的出现也使政府部门开始逐渐重视降低城市交通碳排放。因此，对快递企业城市内部车辆配送路径选择进行节能减排的优化不仅能为快递企业提高时效性，节省时间成本，提高客户满意度，也将会对抑制温室气体排放带来极大的促进作用。

2. 快递企业的未来发展模式

目前对于低碳经济下符合低碳要求及具备低碳特点的快递，其观念大都是从低碳经济延伸出来，而关于低碳型快递的叙述并没有比较科学的定义。根据低碳经济的发展诉求以及现有实践，快递即将采取的低碳化发展模式应符合在物流过程中始终追求低能耗、低污染、低排放的目的，利用高效科技、再生能源手段和节能减排技术逐步去除物流活动中碳的过量排放，减少对环境的污染和伤害，提高物流资源的利用效率的特点，因此，我们结合上文对于快递企业现状与低碳经济发展要求的矛盾进行分析，本着迎合低碳发展趋势的态度，我们将快递企业未来的发展模式分为以下三种。

（1）生产低碳型

生产低碳型指在快递操作的生产过程中，实现低碳化或无碳化主要体现在物流过程中的低碳性。例如，低碳运输、低碳配送、低碳包装，低碳分拣等。

(2)产出低碳型

产出低碳型指在物流的产出过程中达到低碳化或无碳化，重点强调逐步祛除对人、环境的影响和伤害，进而从整体上降低碳排放量。如通过利用相关的技术手段降低尾气污染、提高废弃物回收率与再利用率等。

(3)辅助低碳型

辅助低碳型指在快递辅助行为当中也要保持低碳化或无碳化，包括人员素质的培训，制度的健全完善，绿色、环保理念的灌输等，尽可能地减少污染或无污染。

8.1.3 低碳经济成为世界各国的发展趋势

根据斯特恩报告，到 2050 年，全球低碳产品的价值每年至少会有 5000 亿美元甚至更多。如表 8-1 所示：从各国为低碳经济采取的战略行动，不难看出，低碳作为全球关注的一个热点，逐渐进入各国发展议程。

表 8-1　各国为低碳经济采取的战略行动

国家	采取的战略行动
澳大利亚	从 2011 年 7 月 1 日起实施名为"减少碳污染计划"的限额与交易机制，承诺到 2020 年在 2000 年的基础上实现 25%的减排（等待 UNFCCC 的后京都协议）
巴西	执行一项"国家能效政策"，到 2030 年实现 1060 亿度/年的节能目标，相当于当年减少碳排放 3000 万吨
哥斯达黎加	宣称到 2021 年实现碳中和
法国	如果其他国家采取相同的措施，到 2050 年将减排 75%～80%（带有附加条件的目标）
英国	2008 年的气候变化法案要求有一个独立的专家委员会制定具有法律约束力的五年碳预算。该法案要求通过英国和其他国家的行动到 2050 年实现至少 80%的减排。2020 年在 1990 年的基础上减排 34%，如果能够达成全球气候变化协议的话，这一目标将上调到 42%。英国还承诺不新建没有碳捕获和存储技术的燃煤电厂，以实现 25%碳捕获的目标，到 2025 年实现 100%的捕获
墨西哥	计划到 2012 年建立一个限额与交易的国内机制，减少特定产业部门（水泥和炼油等）的排放。政府还承诺到 2050 年在 2002 年的基础上减排 50%

续　表

国家	采取的战略行动
挪威	目标是到 2030 年实现碳中和。已经投入 1.4 亿欧元在选定的欧盟成员国实施为期五年的碳捕获和存储项目
南非	制定了最迟在 2020—2025 年把温室气体增速降低一半的计划。采取各种经济和政策措施，逐步使排放趋于稳定乃至减少

资料来源：低碳经济与中国发展研究报告。

8.1.4　低碳趋势与快递行业发展现状矛盾分析

在全球气候变暖的背景下，国家之间围绕承担温室气体减排责任的博弈和斗争日趋激烈。我国推进资源节约型、环境友好型社会建设，明确生态环境目标，对提高生态文明水平提出新要求。发展以低能耗、低污染为基础的“绿色快递”，共享生态文明，是我国快递行业面临的重大挑战，快递行业在发展中面临的节能减排、低碳环保任务十分艰巨。

快递行业现状的业务流程可以概括为：客户（企业内部、散户、固定大户）咨询下单（电话或者网络）—快递公司接单（话务员或收件员）—通知收件员上门收件（话务员根据区域划分通知业务员取件）—业务员上门收件［货物检查、包装、称重、填写单据、付费（可到付、现付或者月结等）］—货物入库（单据扫描、录入系统）—货物分拣（按收件地区分区）—货物出库运输（汽车运输、航空运输、铁路运输）—中转（分区域分转）—接件（收件地址分公司）—到件系统扫描—派件—顾客收件签字（到付件付费）—签字单据扫描录入（问题件处理）。

在上述流程中，快递业对环境造成污染较大的环节主要有以下方面。

1. 货物的包装

快递企业用于包装的材料主要有牛皮纸软信封、白皮纸硬信封、塑料袋、纸箱、发泡薄膜袋、编织袋、打包用的胶带等，在包装的同时，运单也是主要耗材之一。而这些包装材料，快递公司一般都是提供给顾客“免费”使用的，当然，其价值已经在顾客付出的运费中体现出来。

目前快递对于货物的包装需要耗费大量的资源，产生大量的固体废弃物，货物的包装对于环保而言非常重要，目前包装产生的污染主要有以下几个问题。

（1）包装材料的“大材小用”

在实际的操作中，快递公司为了方便分拣货物，提供的信封、塑料袋、纸箱等大多有固定的几个尺寸，由于货物的多样性，快递企业提供的固定尺寸的包装不可能满足所有货物的尺寸，因此免不了会发生“大包装小货”的情况，包装材料的“大材小用”在实际的快递运输中到处可见。

（2）包装材质环保性

在上述的包装材料中，除了信封与纸箱属于可再生利用资源外，其他的都是以塑料为主要原料的，在一次使用后基本上都会废弃，大量的塑料制品会对环境造成不可估量的污染。

（3）包装材料的不合理使用

在实际操作中，由于包装费用是没有额外收取的，快递公司员工和顾客会认为包装材料都是快递企业免费提供的，因此员工和顾客在意识上都可能会不重视对包装材料的使用，从而导致包装材料的不合理使用，造成重复包装、过度包装。

（4）货物填充材料

在前文提到的“大材小用”和在易碎物品的包装上，填充材料的使用随处可见，报纸、发泡薄膜等材料是填充材料的首选。而货物的填充材料数量多，又多数是一次性消耗品，对环境造成非常大的污染。

2. 运单的不合理使用

目前国内快递公司的运单多数使用四联单（寄件方、收件分公司、派件分公司、收件人各 1 联），多数使用无碳纸制造，在最后一联的背后是不干胶贴纸，从上到下一共是 5 层纸张。在快递现场，受快递收件员的素质所限，最后一层的不干胶贴纸经常是撕下后随地丢弃，给环境造成二次污染；就四联单而言，在完成快递交易后即货物到达顾客手上后，四联单中的第一联和第四联往往也就丢弃（寄件方与收件方），纸张虽小，但是数量大，同样造成浪费。

以上种种情况，都是与低碳的宗旨相违背的。

3. 货物的运输

快递运输与物流运输属于同一范畴，所以快递企业在运输方面是相当“不低碳”的。目前快递企业在运输方面不低碳的表现有以下方面。

（1）依赖公路运输与航空运输过多，燃油消耗量大

快递由于行业特性，追求一个“快”字，因此航空运输在快递运输中运用的最多，同时，由于快递讲究“点对点”，航空运输往往与汽车运输形成联合运输，而航空运输与公路运输恰恰是五大运输方式中最消耗能源与污染排放最大的两种运输方式。

（2）运输车辆技术落后

我国目前汽车研发科技水平相对落后，电动车或者混合动力车的研发水平比起内燃机车的研发水平更加落后国际五年以上，而混合动力车对运输节

能的贡献是最大的，所以导致我国货运车辆动力能源单一，尾气排放量大，而且由于桥费路费等政策性原因，我国的货车往往超载严重，维修故障率高。

（3）政策法规相互冲突，重复建设严重

由于快递产品往往辐射全国各地，但是各个省区对于运输的政策不尽相同，导致运输成本上升，重复建设严重。例如，国内不同城市对于货运车辆的运输标准要求不一，有着各自的规定，有些在二线城市通行无阻的运输车辆不能驶入一线城市，能在北方城市开的车辆不能开入南方城市等，这种情况导致二次装卸运输，影响货物的配送时效，也导致了运输的“二次污染”。

（4）货运信息系统建设速度缓慢，调度技术落后，车辆空载率高

我国许多快递公司都有各自的货物运输调度系统，运用了 GPS 监控系统的货运车辆也不在少数，但是许多公司的 GPS 系统对于车辆也仅仅只是监控而没有运用更科学的调度技术，同时为了快递运输的“快”字，车辆的空载率往往也过高。

（5）对运输人员的培训落后

前文提过，目前从事快递业务的工作人员整体素质偏低，对于运输人员的培训往往也只集中在安全培训，而节能减排的培训薄弱，技术单一，多数是以“省油奖励、耗油罚钱”的单纯经济管理手段鼓励司乘人员省油，实际效果一般。

上述在运输中的种种“不低碳”行为，有些是快递公司通过加大资金投入、改进产品设计、加强人员培训可以改善或者避免的，但是有些仅靠行业单方面努力仍然无法实现。

8.2 低碳快递系统动力学因果关系分析

8.2.1 系统边界的界定

通过系统边界的界定，可以将所研究的系统及其系统环境进行分割。系统环境包括所研究系统内部之外的一切与复杂系统相关的因素所构成的集合。“PtoS”模式低碳联动模型可以看作低碳快递物流系统分离出来的子系统，以变量碳排放节约量为目标点进行展开，其主要描述的是子系统内各主体之间的促进或抑制关系，不属于系统的，所有能够对子系统进行直接或间接的影响因素都可以归为系统环境的范围。

系统环境因素包括国家政策、市场竞争程度、城市交通管理水平、社会

经济发展以及技术更新等因素。

1. **国家政策方面**

国家将中国低碳发展分为三个阶段：转型培育期（当前—2020年）、转型攻坚期（2020—2030年）、创新突破期（2030—2050年）。我们已经进入“十三五”阶段，在“十三五”阶段将碳排放目标转向更加积极的强度与总量双控为主要目标，通过双目标倒逼发展模式和经济结构改革，加强绿色低碳增长理念的构建。快递企业在国家总体政策的指导下，需要创新快递模式，适应低碳绿色的发展方式。

2. **市场竞争程度**

中国快递行业市场集中度不高，截至2015年，我国快递企业有上万家，但是规模上百亿的企业只有邮政速递物流和顺丰两家。快递行业中的企业规模都不大，因此行业内部竞争力就大。在快递行业中，高端市场产品差异化显著，而中低端市场提供快递服务产品的相似度较高，同质性竞争激烈，极大压缩了快递企业的利润空间，由价格战引发的恶性竞争已经成为摆在快递行业面前的一大痛点。伴随着网上购物的快速发展，国内快递业务量也呈现井喷式的增长，故急需在中低端市场提供差异化的快递服务产品，以增强快递企业自身的竞争力。

3. **城市交通管理**

世界各国发展低碳交通的基本策略可概括为避免策略、转移策略以及改善策略。

①避免策略，即从城市总体规划角度对城市交通需求进行调控，通过对城市空间、功能划分和土地的合理利用，从源头上避免可能产生的一切不必要的交通需求，主要包括缩短出行的距离和减少不必要的出行次数等，从而达到降低交通碳排放量的效果。

②转移策略，即用碳排放强度低的交通方式代替原有碳排放量高的交通方式，从而实现在进行同等数量的乘客和货物转移的前提下，达到降低二氧化碳排放量的目的。转移策略实际上是基于低碳交通结构的调整。

③改善策略，即在相同的交通方式、相同的距离的情况下，通过改善能耗的方式，降低二氧化碳排放量。改善策略的本质就是研发和应用低碳交通工具。

4. **社会经济发展以及技术更新**

2015年“互联网+”行动计划首次出现在政府工作报告中。“互联网+”相关技术在经济、社会生产生活部门的扩散、应用过程是开放的、可延伸的、可扩展的，其已经并会继续对居民生活、经济生产系统以及政府治理等产生全方位的深远影响。快递行业如果可以将丰富的快递信息资源转化成巨大的生产力，将成为快递业发展的新源泉。

低碳快递模式可以划分为四个子系统，其中包括低碳运输子系统、低碳包装子系统、废弃物回收子系统和低碳文化构建子系统，如图 8-1 所示。

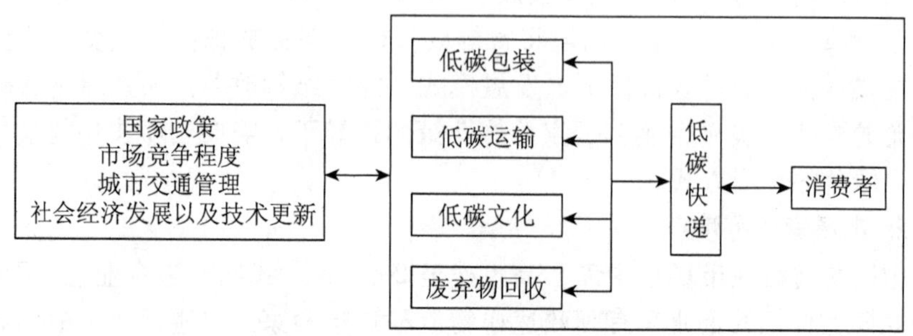

图 8-1　低碳快递模式的系统边界

1. 低碳运输子系统

21 世纪，全球人类面临着环境的污染、资源的短缺、人口的膨胀三大危机。因此，迫切需要改变传统快递物流服务粗放型的发展方式。通过低碳化的方法尽可能防止或者减少运输环节对于环境的有害影响，使得快递运输与生态化环境进程相协调，选择对环境影响小的快递运输方式。

一方面，低碳快递运输的方式是多种多样的，既包括技术性低碳运行解决方案，也包括结构性低碳解决方案（通过优化网络结构、运力结构等方法提高性能）。另一方面，低碳化快递途径是双向的，既可以包括“供给”方面的低碳运营方式（提供“PtoS”快递的新运营模式），也包括“需求”层面的低碳运营方式，用经济刺激的方式鼓励大家行动起来，通过“顺手带”理念的深入宣传，使得大家选择这样的低碳快递模式。

目前快递行业使用的低碳运输方式包括：

①联合运输。通过多式联运的方式（通常是公路—铁路），降低碳排放。

②共同运输。包括车辆满载运输，降低车辆空载率。

③车辆路径规划。GVPR 问题、绿色车辆路径问题。面对当前气候和环境的变化，发展低碳快递模式成为必然趋势。

④使用低污染的车辆，对车辆进行改进升级。应用车辆燃料效率提高和尾气排放减少的技术及电动汽车的使用。

⑤应用 GPS/GIS 等先进的信息技术。使用相关软件对司机运输途中燃料消耗等情况进行监测和记录。

⑥进行夜间货物配送。

⑦电子货运。可实现纸质运单和货邮仓单的完全电子化。

2. 低碳包装子系统

①绿色环保的原材料。

②包装尺寸的标准化。

③包装生产的低碳化。

可应用3D打印技术，设计包装的数据模型文件，通过计算机打印快递包装。

3. 废弃物回收子系统

①通过经济干预的方式。将满足回收要求的包装物进行回收，并对该次快递费用进行折扣。

②通过信用干预的方式。能够做到将快递包装进行回收的消费者是具有高度环保低碳文化的消费者，通过整个“PtoS”模式给予其相应的信用分值。

③通过包装的可回收标志设计。促进客户低碳环保意识的提高，指导客户的低碳行动。

4. 低碳文化子系统

在企业内部推行一种节约、杜绝浪费的低碳文化，先进的文化往往比严格的规章制度更能有效地规范员工的行为。

① “低碳环保日”。

②争做“低碳税”企业，提升快递企业声誉。

③加大宣传力度，提高全民的低碳环保意识，实现低碳生产生活。

8.2.2 因果关系图分析

反馈是系统动态发展理论的一个重要核心概念，在系统动力学中通常使用因果关系图和存量流量图对系统的结构进行描述。其中因果关系图是系统动力学中最能反馈系统结构、系统相关主体间关系的一种方法。因此为了进一步对低碳快递模式进行系统分析，为后面对比低碳快递模式与传统模式仿真打下基础，本部分应用因果关系图对低碳快递模式进行结构分析（王其藩，2009）。

因果关系图能够引出并表达出个体或者团队对于系统理解的心智模型，其中包含多个因果链。因果链都是具有极性的，要么为正极性（+），要么为负极性（－），它们描述了当变量发生变化时，与之相关的其他变量会如何改变。其中涉及的重要回路图需要用回路标识符重点标出，以指出此回路是正反馈回路（增强型）还是负反馈回路（平衡型）。特别注意，回路标识符与相关回路方向要一致。

根据对低碳快递模式的分析，绘制出简化的低碳快递模式因果关系图，如图8－2所示。

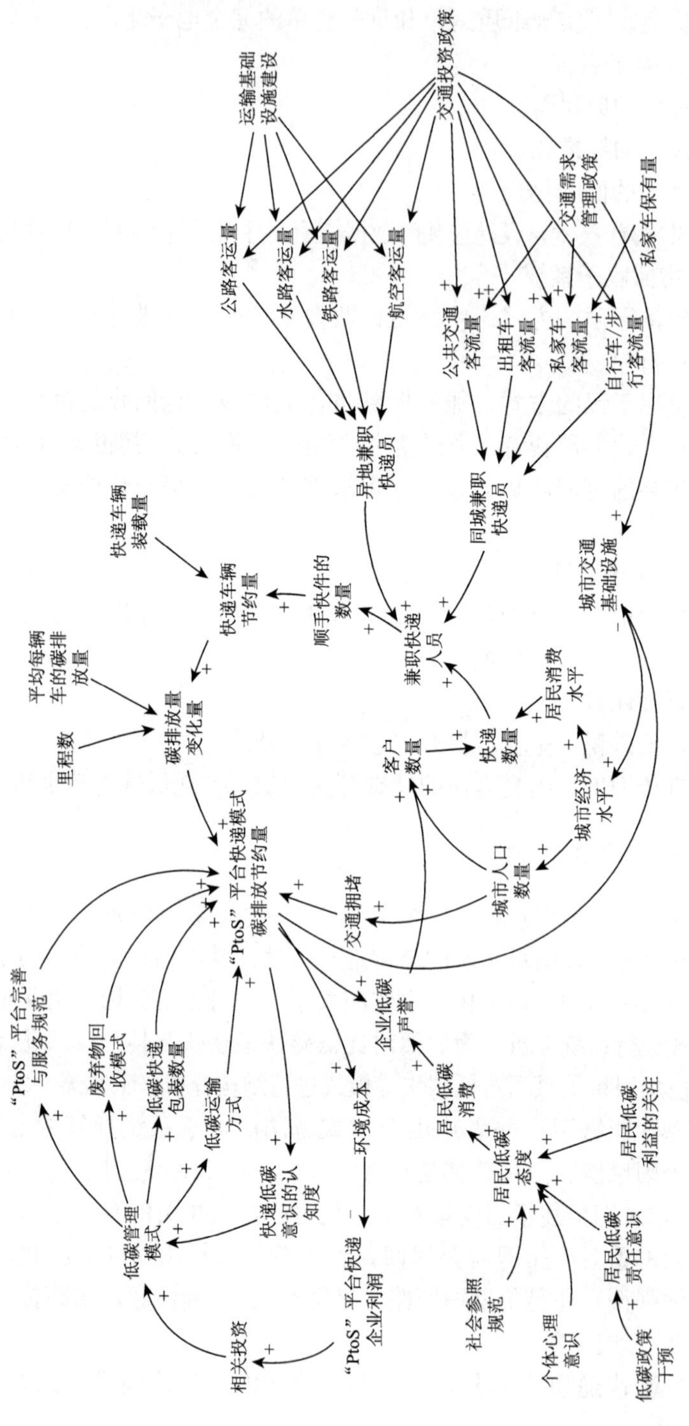

图8-2 低碳快递模式因果关系

对于复杂系统而言，因果关系图中的反馈机制并不是唯一的，其中必然包含多个反馈回路。判断反馈回路是正反馈还是负反馈是通过计算回路中负因果链的数目得到的。当回路图中负因果链的数目为偶数时，该反馈回路是正回路，正反馈回路使得回路中变量的偏离增强；当回路图中负因果链的数目为奇数时，该反馈回路是负回路，负反馈回路使得回路中变量变化趋于稳定。因此，正反馈回路的作用不一定是好的，负反馈回路的作用不一定是坏的。

影响快递物流服务企业碳排放量的主变量因素包括低碳运输方式的选择、低碳包装的使用、废弃物回收的实施、企业低碳文化的构建以及企业的低碳声誉。其中，低碳运输方式的选择、低碳包装的使用、废弃物回收的实施以及企业低碳文化的构建可归结为企业内部因素，快递企业可以通过改变管理模式，提高技术水平，进行员工培训等多种方法进行调整。而企业低碳声誉属于外部因素，企业不能直接控制客户对其低碳实施效果的评价，但是可以通过内部低碳管理模式直接或间接影响客户口碑。通过对这些主变量的因果关系树分析即可建立主反馈因果关系图。

如图 8-3 所示，环（1）反映的是快递企业、客户之间的正反馈回路。当快递企业通过改进低碳管理模式，大幅度降低企业的碳排放量以后，能够反映企业良好的社会责任感，这样会提升快递企业的声誉度，快递企业声誉度的提升会使得客户在进行快递服务选择的时候，首先选择声誉较好的快递企业，这样会进一步提高快递企业的业务量，当“PtoS”平台聚集的快递业务量越多时，兼职快递员在此平台上接收到快递包裹递送订单的可能性就越

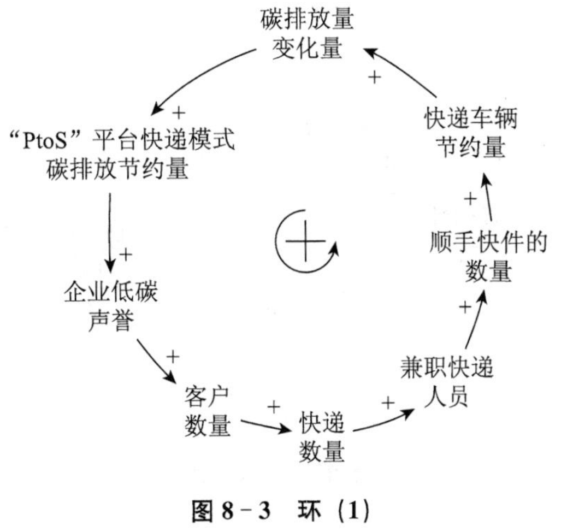

图 8-3 环（1）

大，接收订单的数目就会越多，当然获利的可能性也就越高，从而成功吸引更多的兼职快递员接入到该平台上来。快递订单通过快递众包的方式进行递送会使得平台快递企业节约快递运营车辆，从而使得"PtoS"模式碳排放的节约量越大。

其中，兼职快递员分为同城兼职快递员和异地兼职快递员。而兼职快递员的数量与交通供给密切相关，其中包括交通基础设施、交通投资政策、公共交通工具的供给及交通需求管理等因素。当交通投资政策增强时，会促进城市间与城市内车辆与人员的流动，则兼职人员的数量会相对增加（周银香，2012）。

低碳政策干预会正向提升居民的低碳责任意识，居民低碳责任意识的提升会促进居民低碳态度的形成，而居民的低碳态度会增加居民低碳消费的可能性，低碳消费可能性提高会促进居民选择声誉好的低碳快递公司。同理，社会参照规范、个体心理意识以及居民低碳利益关注的提升也会对居民低碳态度产生促进作用，最终增加居民低碳消费的可能性（贺爱忠等，2011）。

如图 8-4 所示，环（2）反映的是快递企业与外部环境之间的负反馈回路。当快递企业碳排放量增大时，城市为了维护良好的交通环境及城市生态，政府会加大力度进行交通基础设施的建设，交通基础设施建设好了，会促进城市经济的发展，城市经济发展水平的提高，会进一步吸引大量人才进入，城市人口数量的增加，又会进一步加大城市的交通拥堵，交通拥堵会进一步导致快递企业碳排放节约量降低。

解决碳排放量的方法可以通过两种方式进行，一种是外部环境的改变，另一种是靠企业内部的低碳管理模式。

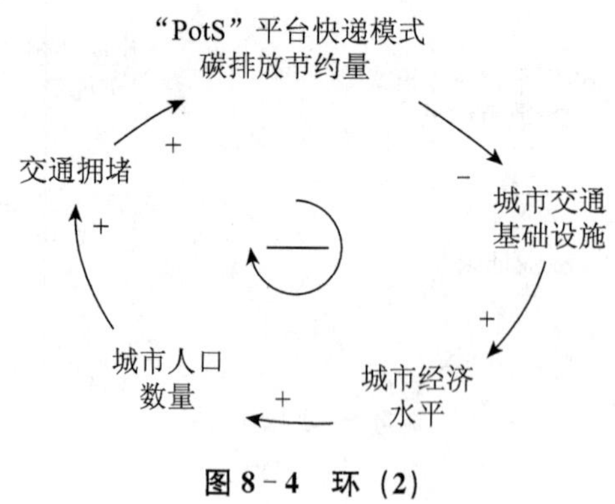

图 8-4 环（2）

如图8-5、图8-6、图8-7、图8-8所示，环（3.1～3.4）给出了由于“PtoS”平台快递企业碳排放量的节约，降低了企业需要付出的环境成本，提高了企业的所得利润，利润的增加可以使企业在低碳管理方面进行可持续的投资，如平台的完善与服务规范、废弃物回收、低碳包装的运用及低碳运输方式的选择。同理，“PtoS”平台快递企业碳排放量的节约量越大，使得企业内部低碳管理的企业文化氛围越浓厚，指导企业朝着低碳管理的模式可持续发展的可能性就越大。

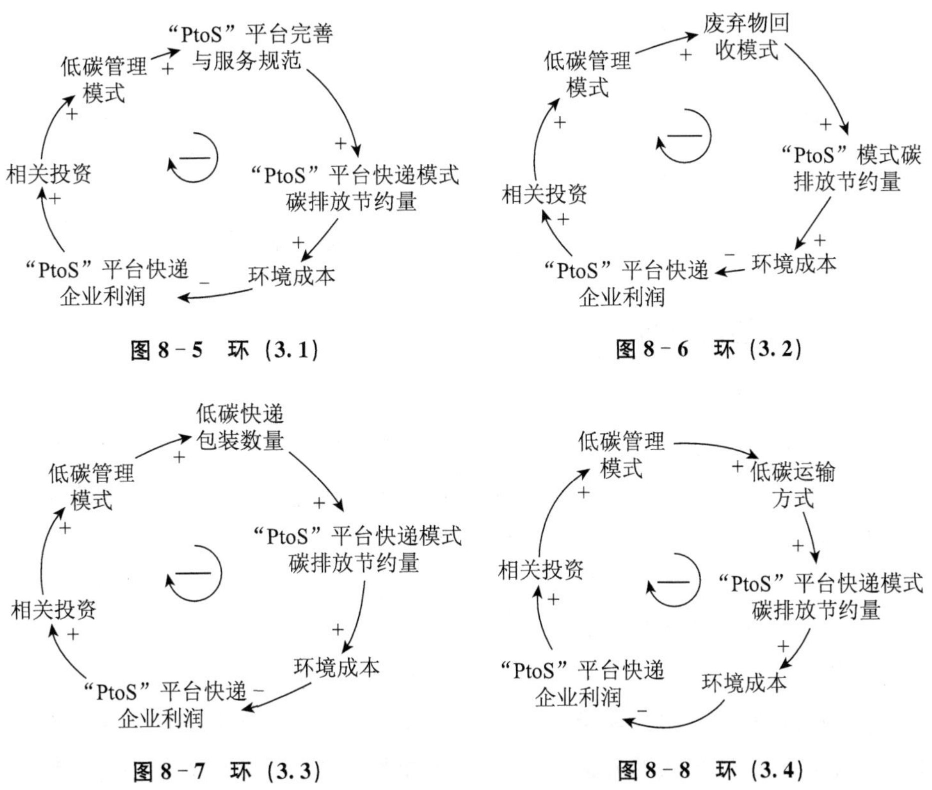

图8-5　环（3.1）

图8-6　环（3.2）

图8-7　环（3.3）

图8-8　环（3.4）

8.3　低碳快递系统动力学模型构建

基于上述因果关系图，为了更清楚地描述影响反馈系统的动态性能积累效应，定量描述快递企业碳排放节约量动态变化过程，正确反映各变量的更详细的具体关系，本书用Vensim软件进行模型的构建，通过对碳排放量节约量因果关系图进行流位流量分析，建立碳排放量节约量测评的系统流图，如图 8-9 所示。

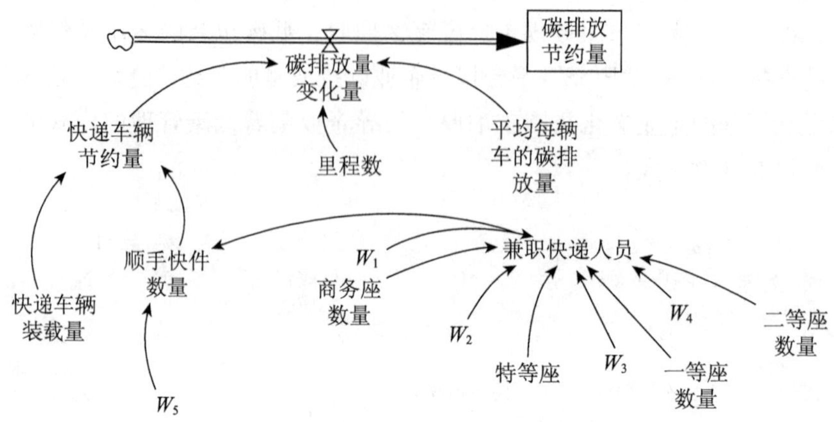

图 8-9　低碳快递碳排放量节约量测评流的系统流图

8.3.1　数据的准备与处理

1. 车次信息

京津城际高速铁路是由北京南站始发，终点站为天津站。京津高速铁路是中国开启的第一条时速为 300 千米以上的城际高速铁路，拉近了北京到天津的距离，为居住在北京和天津居民的交通互通带来了便利。京津高铁以天津东站—北京南站为例，出售的高铁座位分为商务座、特等座、一等座、二等座四类，根据舒适程度不同价格由高到低，其中二等座输送旅客数最多。高铁提供车次与运送旅客数呈现一定的规律性。星期一到星期日共七天，周一至周四铁路所提供的载客量低于周五到周日，这是符合工作日与周末客流量的特点的。京津高铁的开通，使得天津到北京的时间缩短为半小时，为双城工作与生活的现代年轻人提供了便利。他们周五下班后乘坐地铁回到生活的城市，周日晚上回到工作的城市。这也同时带动了京津的铁路运输市场，同时也可以为“PtoS”模式提供更多的跨城市兼职快递员。

高铁的预售期为 20 天，本书选取 2016 年 7 月 20 日到 8 月 8 日 20 天的数据作为研究对象，如表 8-2 所示。如果包括除高铁外的 Z-直达、T-特快等各种车次，这 20 天内从天津到北京的所有车次及其运送旅客数如表 8-3 所示，其可以提供更多的兼职快递员。

表 8-2　　预售期 20 天内的高铁票务数据

星期	日期	车次	商务座	特等座	一等座	二等座	总计
星期三	7/20	91	71	591	3030	33364	37056
星期四	7/21	91	71	595	3135	33855	37656
星期五	7/22	92	66	739	3834	37760	42399
星期六	7/23	93	101	744	3985	39812	44642
星期日	7/24	93	78	736	3829	37197	41840
星期一	7/25	92	90	617	3258	30508	34473
星期二	7/26	91	71	624	3288	32102	36085
星期三	7/27	91	71	626	3204	32243	36144
星期四	7/28	91	71	628	3206	32613	36518
星期五	7/29	92	69	746	3913	38823	43551
星期六	7/30	93	91	754	3956	40264	45065
星期日	7/31	93	81	739	3969	38890	43679
星期一	8/1	92	78	23	3261	31428	34790
星期二	8/2	91	71	21	3233	31891	35216
星期三	8/3	91	71	24	3287	31780	35162
星期四	8/4	91	71	31	3233	32357	35692
星期五	8/5	92	62	141	3943	38558	42704
星期六	8/6	92	71	137	4033	39393	43634
星期日	8/7	92	59	131	3916	37412	41518
星期一	8/8	91	71	19	3192	30646	33928

表 8-3　京津预售期 20 天内所有型号车辆载客量数据

星期	日期	车次	商务座	特等座	一等座	二等座	高级软卧	软卧	硬卧	软座	硬座	无座	总计
星期三	7 月 20 日	174	538	596	5255	47389	15	859	2579	61	8564	9689	75545
星期四	7 月 21 日	174	470	603	4867	47984	2	719	2513	112	11574	7966	76810
星期五	7 月 22 日	184	563	803	6223	56003	8	671	2414	98	9845	7375	84003
星期六	7 月 23 日	184	606	808	6517	58491	11	627	1948	119	8569	6071	83767
星期日	7 月 24 日	186	562	800	6226	53795	3	622	1620	98	6352	4908	74986
星期一	7 月 25 日	182	590	673	5790	48627	2	611	1740	98	6066	4725	68922
星期二	7 月 26 日	174	482	632	5240	45604	3	622	1624	113	5208	4442	63970
星期三	7 月 27 日	174	492	634	5128	45949	3	886	1805	131	5938	5041	66007
星期四	7 月 28 日	174	484	637	5114	46440	4	987	1903	114	5593	4888	66164
星期五	7 月 29 日	177	523	762	5870	53343	1	882	1926	127	5128	4369	72931
星期六	7 月 30 日	178	535	770	5938	55851	3	881	1685	108	6068	4701	76540
星期日	7 月 31 日	179	515	755	5832	53136	4	899	1568	9	5043	4253	72014
星期一	8 月 1 日	174	580	30	5177	44864	3	692	1653	8	3570	3437	60014
星期二	8 月 2 日	174	560	29	5172	45593	4	955	1474	6	4437	4119	62349
星期三	8 月 3 日	174	561	32	5003	45005	4	941	1361	7	4396	4204	61514
星期四	8 月 4 日	173	582	39	5162	45603	4	963	1275	2	2926	2748	59304
星期五	8 月 5 日	178	614	157	6095	54585	4	969	1453	5	4153	3447	71482
星期六	8 月 6 日	177	647	153	6432	57210	0	845	1353	9	3717	3025	73391
星期日	8 月 7 日	177	565	147	6204	53749	4	931	1176	1	2852	2839	68468
星期一	8 月 8 日	174	519	26	5273	43307	3	613	1176	4	4888	3295	59804

2. 快递车辆百千米能耗（平均值±标准差）以及车辆载重量

以微型轿车为例：定义平均每辆车的百千米碳排放量（杨涛，2014），如表 8 - 4 所示。

表 8 - 4 快递车辆百千米能耗（平均值±标准差）

车辆类型	分类	百千米能耗（L/100km）	燃油品种
货车	微型货车	11.4±1.1	柴油
	轻型货车	15.5±1.5	柴油
	中型货车	21.6±2.1	柴油
客车（客车改货车）	微型客车	10.2±1.0	汽油
	轻型客车	13.7±2.8	汽油
	中型客车	12.2±2.8	柴油

一般情况下，GA 代表载重量，微型货车（$GA \leqslant 1.8$ 吨）；轻型货车（1.8 吨$< GA \leqslant 6$ 吨）；中型货车（6.0 吨$< GA \leqslant 14$ 吨）。

3. 里程数

天津站—北京南站里程数的选取，应用百度地图进行导航，获得千米数与耗时数如表 8 - 5 所示，文中采取的是应用各方案的平均数的方法。即里程数$=\frac{\sum x}{n}=127.89$ 千米。

表 8 - 5 天津—北京驾车方案

项目	方案一	方案二	方案三
耗时数	1 小时 52 分钟	2 小时 11 分钟	2 小时 20 分钟
千米数	122.71	128.59	132.38

4. 捎带快件人数比例（W_1- W_4数据来源）

根据本书调查问卷中题目（见附录 2）的结果给予权重的分配。通过交叉分析的方法，可以分析得出收入情况与是否愿意成为兼职快递员之间的关系。正常情况下，收入越高的人群，时间越宝贵，对于充当兼职快递员带来的收入的效用不大；而对于收入低的人群，兼职快递员的收入会给其带来比较高的效用，因此低收入人群愿意兼职当快递员的人的比例会较多。调查问卷的交叉分析也证实了这一情况的存在，如表8-6所示，低收入水平（3000元以下）人群中愿意兼职当快递员的比例占到了36%；而高收入水平（8000元以上）人群中愿意兼职当快递员的比例仅仅为9%。这一结果充分证明了实际情况。

表8-6　W_1-W_4取值计算方法

X/Y	是	否	小计	W
3000元以下	116（77.33%）	34（22.67%）	150	$W_1=36\%$
3000～5000元	94（78.99%）	25（21.01%）	119	$W_2=30\%$
5000～8000元	78（80.41%）	19（19.59%）	97	$W_3=25\%$
8000元以上	30（78.95%）	8（21.05%）	38	$W_4=9\%$

而在铁路交通方式中会相应地针对不同的人群提供不同的座位等级，如商务座、特等座、一等座、二等座等，以区分不同的乘客的乘坐要求。相应地，我们可以按照收入等级中愿意充当兼职快递员的比例进行初步测算。

收入水平稍高的人群，一般其社会责任感会更强一些，因此可以通过低碳文化的宣传来增加这部分人群愿意充当兼职快递员这一角色的比例。

除此之外的影响因素还包括平均每人愿意一次捎带快件的数量等。

8.3.2　模型的检验

上面通过对“PtoS”模式碳排放量减少的现实情况进行仿真和抽象，建立了低碳视角下的快递服务系统的系统动力学子模型，此模型通过仿真现实情况下通过该新模式对于企业碳排放量的影响进行动态仿真和模拟，以进一步对现实情况进行研究。在这样的情况下，需要确保该模型的结构以及模型的相关变量之间关系的正确性，所以在进行实验前需要对该模型进行仔细检查以确保模型的正确性。下面对所建立的模型进行常规的检验，其包括：量纲化检验、敏感性检验和极端条件检验。

1. 量纲化检验

应用系统动力学在进行模型构建时，除了确保模型中的量纲要具有现实意义外，还要保证模型内方程内部的变量量纲是统一的。Vensim系统会通过报告给出量纲错误的详细内容。

Vensim 系统自带量纲一致性检验，需要点击 Model - units check 进行量纲一致性检查。如果出现错误，系统会给出错误提示，根据提示，改正错误后需要再一次进行检验，获得如图 8 - 10 所示结果，即证明所构建的模型通过了量纲一致性检验。

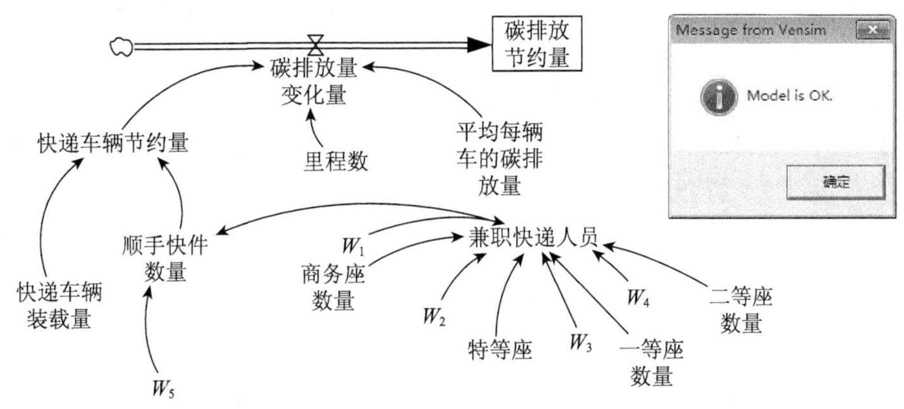

图 8 - 10　模型的量纲化检验

2. **敏感性检验**

敏感性检验主要用于对系统动力学模型中某个或者某些参数进行估计，或者是对所研究系统中的某些把握不是很准确的结构的测试。实际建模过程中，敏感性检验应用非常多，因为在模型的构建中，存在的未知情况远远多于已知情况。

经分析文中所构建的模型中较敏感的参数变量包括里程数、快递车辆的碳排放量、顺手每次可以携带的件数等。在对模型进行敏感性测试时需要将各个参数赋予不同数值进行模拟仿真，以观测其对碳排放量减少量的变化趋势，经过测试后，观察得到的模型的行为并没有明显差异，则说明这些变量对于模型行为的敏感性较低，可以取得较满意的结果。

具体结果如图 8 - 22、图 8 - 23 所示，在后期进行仿真过程中得到的结果虽然由于各个参数的变化模型结果数值的差异性有细微的变化，但是其变化趋势整体呈现出相似性。这种相似性证明了该模型的健壮性，符合系统动力学模型中对参数变化相对不敏感的要求，即模型通过了敏感性检验。

3. 极端条件检验

极端条件检验主要是用来对所构建模型中的方程是否稳定可靠的检测，考察所构建的模型是不是在任何极端条件下都可以真实地反映现实系统的变化规律或者是决策者的意愿。

这里主要观察京津城际列车的各个类型的乘客数，当其中有一定比例可以充当兼职快递员时，其对企业碳排放节约量的影响，因此其极端条件可以考察当运送的各类乘客数为0时，碳排放节约量的变化。如图8-11所示，当运送的旅客量为0时，碳排放节约量为0，如标线1所示；当运送旅客量为实际数目时，碳排放节约量随着旅客人数的增多而增多，如标线2所示。因此模型的运行规律符合自然规律，通过了极端条件测试。

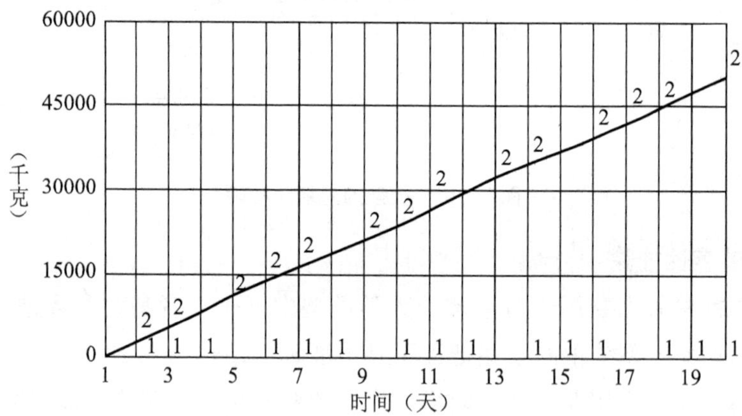

图8-11 模型的极端条件测试（碳排放节约量）

8.4 案例研究：京津高铁

影响快递企业碳排放量的参数包括：里程数、使用的快递车辆的碳排放量、每次顺带快件的数量、各个收入水平对于该模式的接受程度、快递车辆的载重量等因素。

8.4.1 四种不同座位的图形分析

根据表8-3所示的京津城际的运送旅客数目对模型进行仿真分析。如图8-12、图8-13、图8-14、图8-15所示，分别输入京津高铁每天的商务座、特等座、一等座和二等座运送旅客的数目。根据图形可以清楚地得出各个等级座位运送的旅客数在一周7天中按照4、3、4、3规律变化，尤其是一等座、二等座规律凸显。由于商务座和特等座根据不同的车次和车型，商务座和特等座是有选择性的提供，但是根据图中数据所示，商务座提供的数量整体变化幅度不大，而特等座在不同时间段提供数量的变动是相对比较大的。

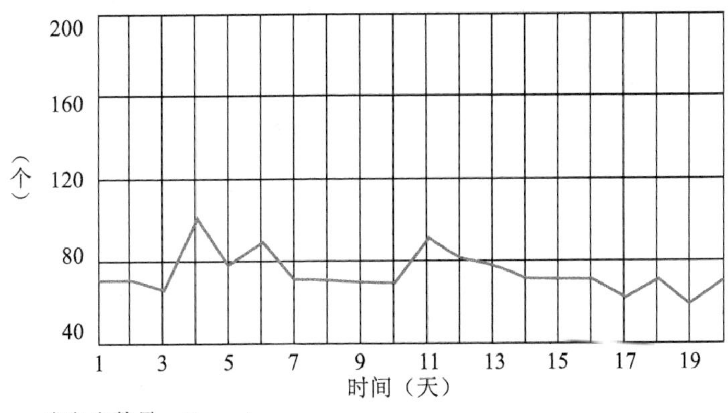

图 8-12 商务座的数量

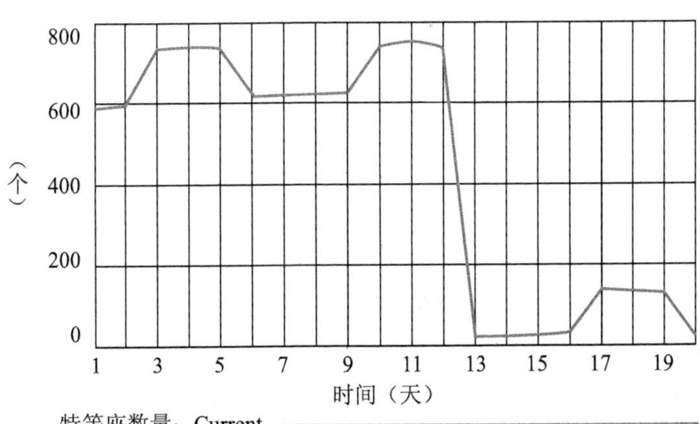

图 8-13 特等座的数量

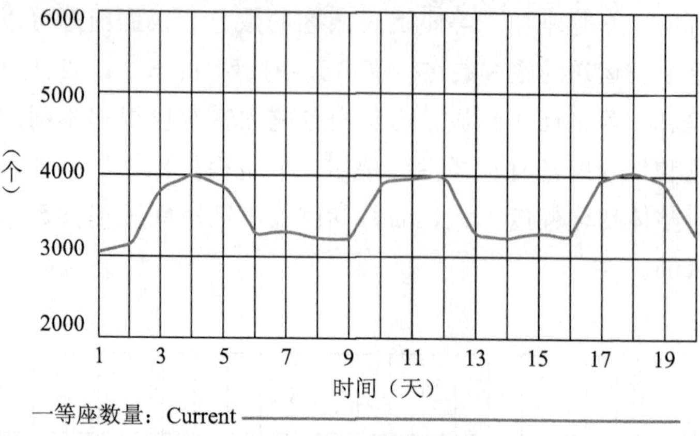

图 8－14　一等座的数量

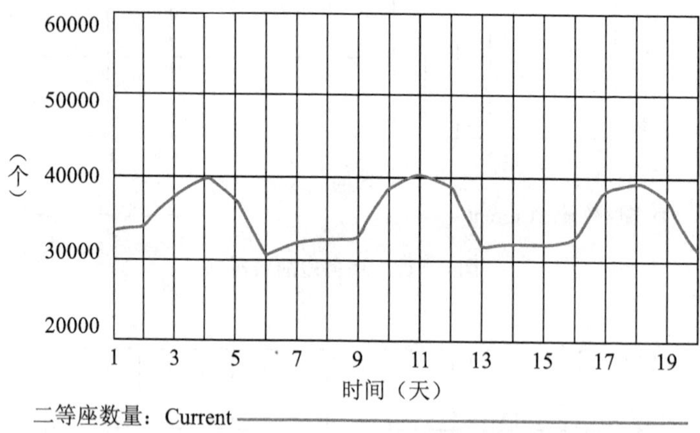

图 8－15　二等座的数量

8.4.2　仿真分析

本模型选取了城际高铁数据预售期 20 天内的天津站—北京南站相关车次运送旅客数量进行仿真模拟，由于模型中变量与变量之间存在着因果关系，所以在进行仿真前已将 20 天内的各个座位的数据输入到模型中，用以模拟系统流图内部之间的关系。

当每天城际高铁运送的旅客数目不同时，其他变量也会随之变化，图 8－16、图 8－17、图 8－18、图 8－19、图 8－20 分别显示了由于城际高铁运送旅客的数量不同而影响的兼职快递人员数量，兼职快递人员的数量直接影响通过顺手方式运送快件的数量，通过顺手方式运送快件的数量直接影响快递企业可以节约使用的车辆数量，而快递企业节约使用的车辆数量直接影响碳排放的变化量，而碳排放量的变化量又直接影响企业可以减少碳排放的数量。

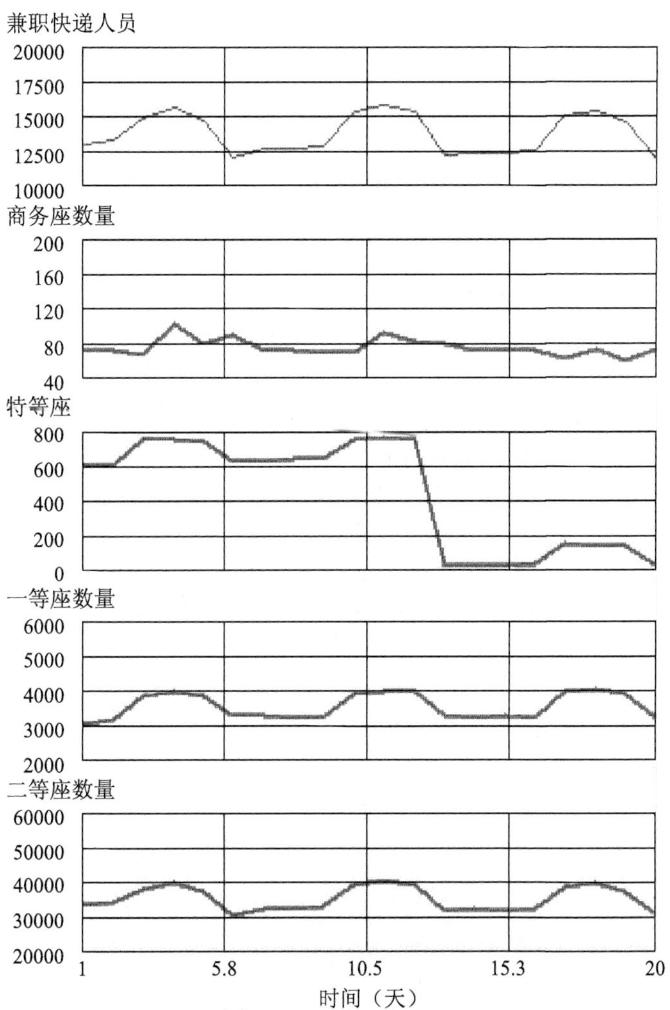

图 8-16 兼职快递员的数量与各类乘客数量的关系

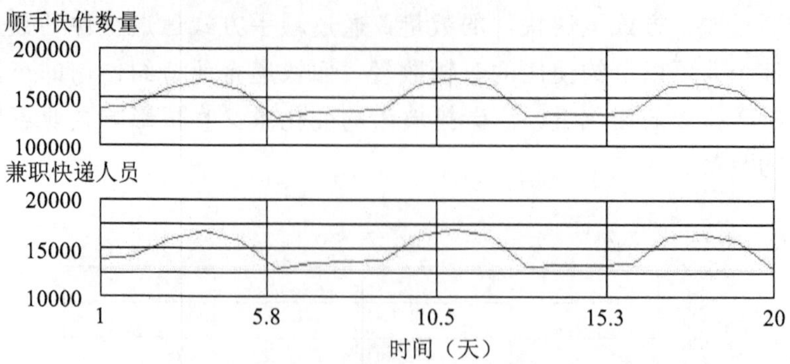

图 8-17　兼职快递人员与顺手快件数量的关系

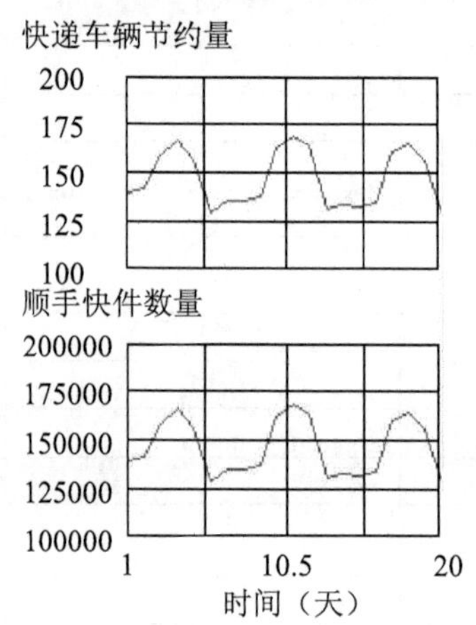

图 8-18　快递车辆的节约量与顺手快件数量的关系

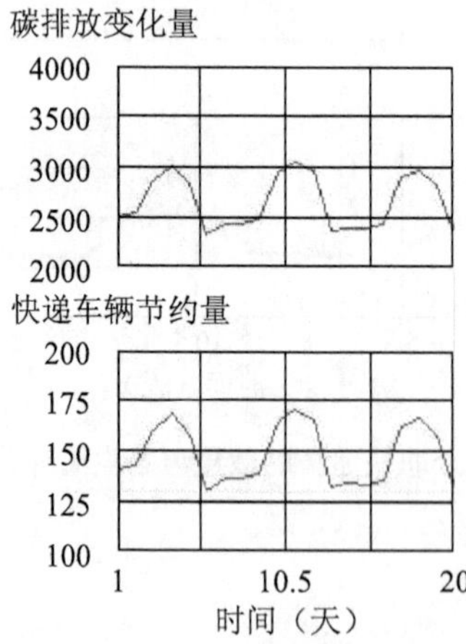

图 8-19　碳排放变化量与车辆节约量的关系

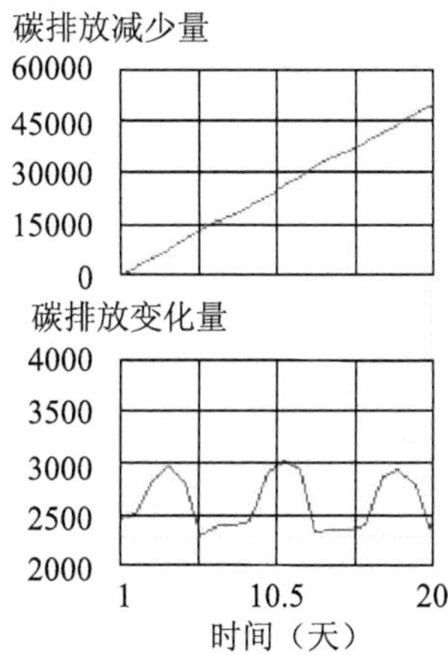

图 8-20 碳排放减少量与碳排放量变化的关系

8.4.3 敏感性分析

敏感性分析指的是从众多不确定性因素中寻找对最终目标有重要影响的敏感性因素，分析测算得出各个因素对最终目标的影响程度和敏感性程度，进而对决策者做出决策提供有力支持。

由于模型当中各个参数都是可以调节的，如图 8-21 所示。通过调节不同的参数可以清楚地分析得出究竟哪个参数对于碳排放量的变化影响最大。敏感性指标主要包括敏感度系数以及临界点的计算。

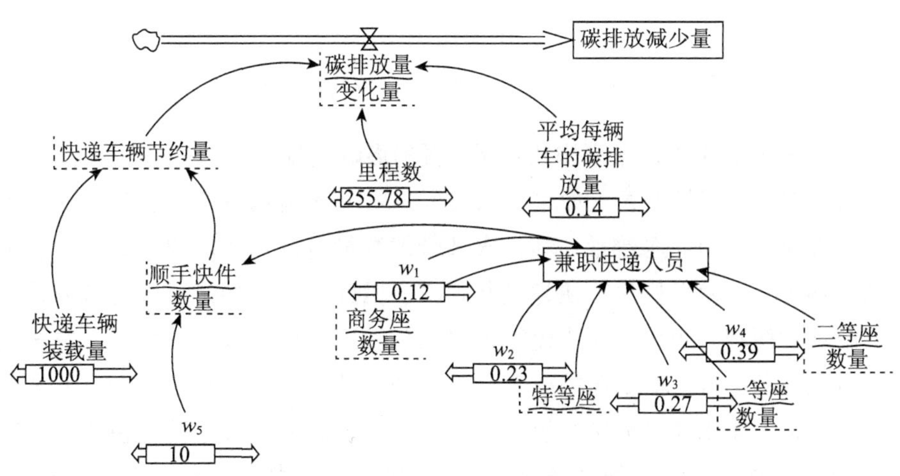

图 8-21 模型中各个参数均可调节

本书采取敏感度系数的计算得出各个指标对于碳排放量影响的大小。敏感度系数是碳排放减少量变化的百分率与里程数、每次携带快件的数量等不确定因素变化的百分率之比。

计算公式为：

$$E=\Delta A/\Delta F \tag{8-1}$$

说明：$E>0$，表示评价指标与影响因素变化方向一致；$E<0$，表示评价指标与影响因素变化方向相反。$|E|$的绝对值决定了影响因素的敏感系数，数值越大，表示该影响因素的敏感程度越高。

1. 里程数对于碳排放量的影响（*EM*）

如图 8－22 所示，根据实际情况，当公共交通可以代替的快递车辆行驶里程越长，企业可以减少的碳排放量就越多。

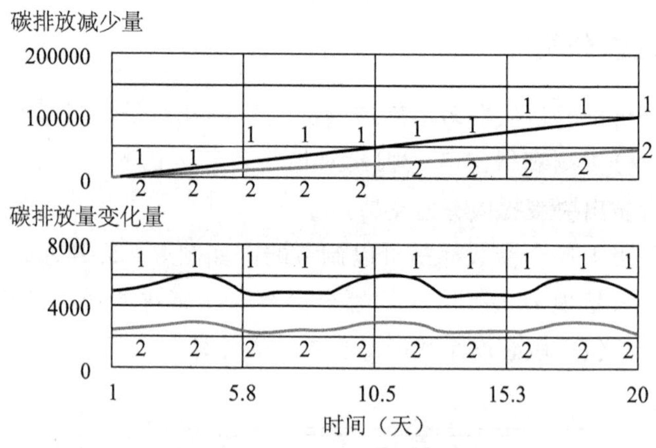

图 8－22　里程数对于碳排放量的影响

2. 单次携带件数对于碳排放量减少量的影响（*EN*）

对于兼职快递员而言，如果每次可以尽可能多地携带快递包裹，那么可以大大提高快件的运送数量，其每次携带的数量越多，智能快递箱的周转率越快，而且可以使得快件更快地进行递送。因此，企业如果可以为兼职快递员提供各种便利，如在智能快递箱中提供各种可以周转运送的袋子，袋子上可以刊登各种广告，本企业的或者是其他企业的，既可以扩大本企业的知名度，又可以为兼职快递员递送快递提供便利。因此如果每个兼职快递员每次可以携带的快件越多，对碳排放量的影响也就越大，如图 8－23 所示。标线 1 给出了当每个兼职快递员每次携带 20 件快递包裹时，碳排放减少量的数值变化趋势。标线 2 给出了每个兼职快递员每次携带 10 件快递包裹时，碳排放节约量的变化趋势。通过图形可以清楚地看出，每个兼职快递员每次携带快递件数越多，可使得快递企业碳排放节约量越大。

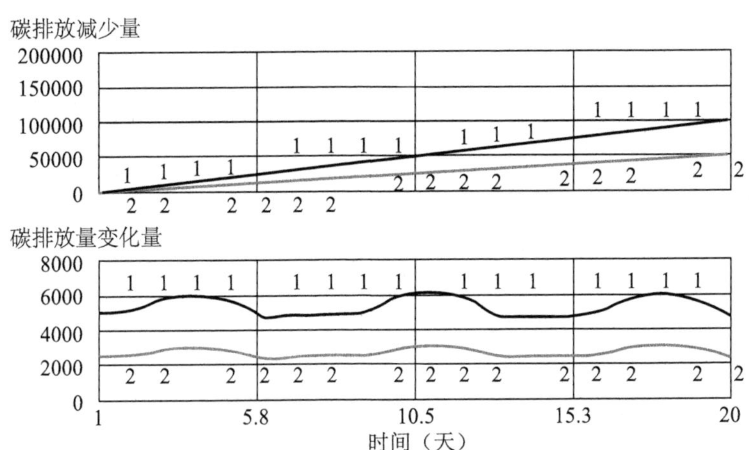

图 8－23　每人每次可最多携带快件量对碳排放减少量的影响

通过对敏感性系数的计算，$EM=0.993$，$EN=0.997$，如表 8－7、表 8－8 所示，我们发现增加每人每次携带的快件数量比增加里程数对碳排放量的影响更大。因此，企业可以制订一些能够提高兼职快递员携带快件数量的策略，比如提供装快件的袋子、规划快件的包装使得其更便于携带等。

表 8－7　　里程数对于碳排放减少量的影响（*EM*）

天	Double－Mile	Mile	*EM*
1	100.0	100.0	—
2	5077.5	2588.7	0.961
3	10126.6	5113.3	0.980
4	15820.2	7960.1	0.987
5	21800.4	10950.2	0.991
6	27422.4	13761.2	0.993
7	32041.8	16070.9	0.994
8	36876.0	18488.0	0.995
9	41710.3	20905.1	0.995

续 表

天	Double - Mile	Mile	*EM*
10	46616.1	23358.1	0.996
11	52453.0	26276.5	0.996
12	58504.8	29302.4	0.997
13	64377.5	32238.8	0.997
14	69068.5	34584.3	0.997
15	73831.1	36965.6	0.997
16	78558.0	39329.0	0.997
17	83392.2	41746.1	0.998
18	89157.5	44628.7	0.998
19	95030.2	47565.1	0.998
20	100616.0	50358.2	0.998

表 8-8　携带快件数量对于碳排放量的影响（*EN*）

天	Double - Num	Num	*EN*
1	100	100	—
2	5095.38	2588.74	0.968
3	10162.4	5113.29	0.987
4	15856	7960.12	0.992
5	21854.1	10950.2	0.996
6	27476.1	13761.2	0.997
7	32095.5	16070.9	0.997
8	36947.7	18488	0.998
9	41799.8	20905.1	1.000
10	46705.7	23358.1	1.000
11	52560.5	26276.5	1.000
12	58630.1	29302.4	1.001
13	64502.8	32238.8	1.001

续 表

天	Double - Num	Num	*EN*
14	69211.8	34584.3	1.001
15	73974.4	36965.6	1.001
16	78719.1	39329	1.002
17	83553.3	41746.1	1.001
18	89318.6	44628.7	1.001
19	95209.2	47565.1	1.002
20	100813	50358.2	1.002

由于快递装载量的变化同时会影响车辆的型号，所以相应地会导致单位车辆碳排放量的变化，因此在这里不做进一步的探讨。

8.4.4 碳节约量与成本—利润分析

在对企业碳排放量进行仿真的基础上，为了更清楚地描述碳排放节约量对于企业环境成本的降低、利润的增加，本书进一步对“PtoS”平台快递企业利润因果关系图进行流位流量分析，建立企业利润变化的系统流图，如图 8 - 24 所示。

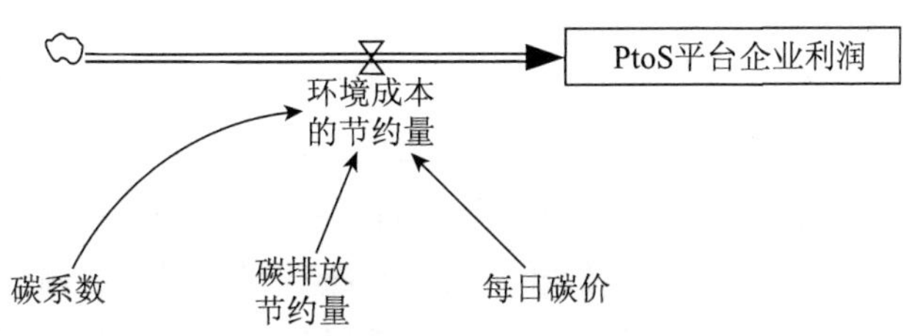

图 8 - 24 “PtoS”平台快递企业利润流

1. 每日碳价的数据来源

根据天津排放权交易所实时数据，选取 2016/07/20 到 2016/08/08 期间的交易数据作为碳价格进行分析，数据如图 8 - 25 所示。

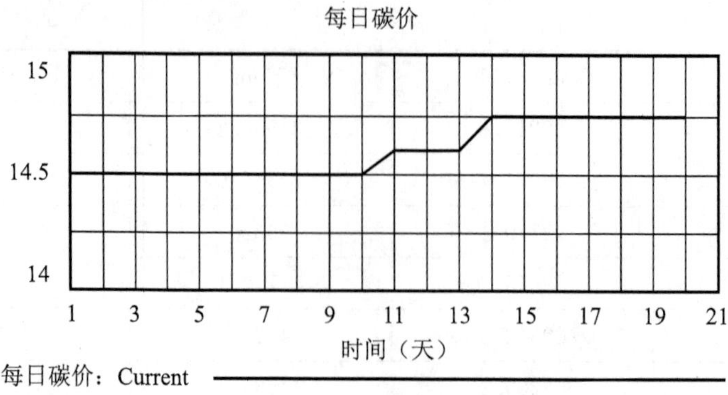

图 8-25　每日碳价

2. 碳排放系数的数据来源

表 8-9　　柴油碳排放系数

能源名称	平均低位发热量（kJ/kg）	折标准煤系数（kgce/kg）	单位热值含碳量（吨碳/TJ）	碳氧化率	二氧化碳排放系数（kg-CO_2/kg）
柴油	42652	1.4571	20.2	0.98	3.0959

数据来源：《综合能耗计算通则》和《省级温室气体清单编制指南》。

3. 成本利润联动分析

如图 8-26、图 8-27 所示，"PtoS"平台快递企业采取低碳的快递运营模式，快递包裹通过顺手带的方式完成递送，递送的快递包裹越多，快递企业可节约的快递运输车辆越多，快递车辆直接影响着快递企业碳排放的多少，节约的快递车辆越多，快递企业可节约的碳排放量就越大，配额交易体系是目前应用最广也是最有效的通过经济激励手段促使企业采取减排措施的机制(Zhang，2010；Abdallah，2012)，根据天津排放权交易网实时数据，可以获得企业如果出售碳排放权所获收益。

如图 8-27 所示，当京津高铁上愿意成为兼职快递员的人数越多，那么京津快递包裹通过顺手带的方式进行递送的可能性就越大，快递包裹通过顺手带的方式进行递送的量就越大，这样快递企业可节约的快递车辆也就越多，碳排放的节约量也就越大，企业环境成本的消耗就越小，成本降低会使得企业利润进一步提高。如标线 1 所示，当企业可以吸引更多的客流量成为兼职快递员时，企业可获得的由于碳排放节约所带来的利润就越高，企业未来可持续发展的可能性就越大。

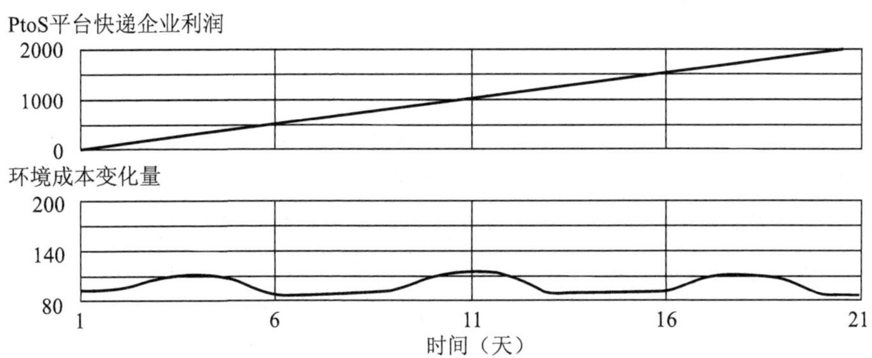

图 8－26　成本利润联动分析

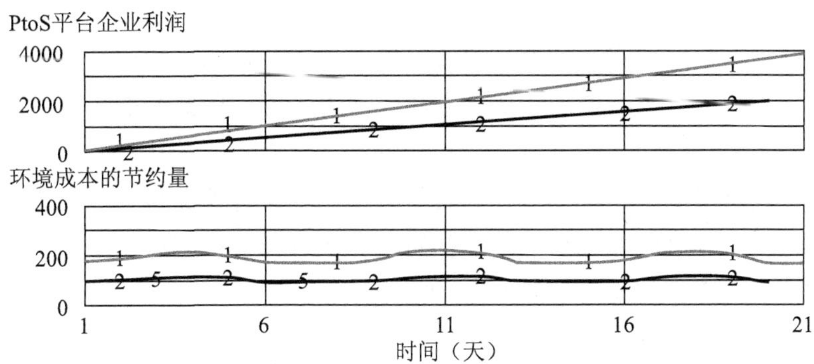

图 8－27　兼职快递人员增多与企业利润增加成正比

8.5 快递企业低碳发展研究建议

在电子商务环境下，快递行业的低碳快递模式要想得到长足发展，选择全面低碳型是最能提升快递行业的竞争力和客户满意的方式。而全面低碳型需要从源头到过程到产出消费全过程实行低碳化。这是对环境最为有利和友好的发展模式，需具备理论、技术以及经济等方面的可行性，才能得以全面贯彻落实。

全面低碳型的发展策略要求从以下几个方面着手：从碳排放高、环保差向节能减排、低碳环保转变，发展绿色快递，共享生态文明。政府在宏观上进行引导，监控和管理；加快推进运输车辆节能减排；加快推进包裹包装等材料的环保和回收利用；以电商企业战略伙伴角度开展特色服务从而降低快递能耗，通过改造专业市场的快递服务促进快递低碳化。

8.5.1 政府在宏观上进行引导、监控和管理

低碳快递模式在快递行业的推行，单靠企业的一己之力是不能实现的，必须依靠政府在宏观上进行引导、监控和管理。

1. 政府要保证物流基础设施的投资并在建设过程中重视低碳

物流基础设施的建设具有投资巨大，回收期长，对于我国快递行业以利润为中心的实际情况，无法要求其具有积极性，需要政府充当投资主体的角色。在建设物流基础设施的同时，要注重设施设备满足低碳的需求。

2. 政府要保证低碳政策先行

目前我国关于低碳方面的法律法规建设非常不健全，各地方政府各自为政，细节处经常出现双重标准，使得很多企业无所适从，快递行业处于国家直接管控较少的企业，更是在低碳方面的努力不够，因此需要国家重新制定统一规范。

从上述情况看，当前的第一发展要义为制定符合低碳目标的完善的一系列法律法规，政府必须要切实贯彻执行，有法可依，执法必严，这样才能有效地规范、监督和激励快递企业进行低碳建设。

除此之外对于行业的引导，政府除了制定必要的法律法规进行限制规范外，经济上的引导政策必不可少，这才能引导企业自觉地实行低碳。例如，国家可以通过制定一定的税收机制来强制低碳快递在快递行业中的实行，对于快递低碳模式做得比较好的快递企业给予一定的奖励。主要的方式有以下几个方面。

（1）开征碳税

通过借鉴发达国家的经验，开征碳税是促使各行各业节能减排的有效措施。在所有税收政策中，碳税是对环境保护最具针对性的，碳税是一种污染税，是根据煤、石油以及下游的天然气、汽油、柴油等化石燃料产品，按照其燃烧后排放碳量的比例征收税费以实现减少燃料消耗和二氧化碳排放。

（2）税收优惠

对采用促进了低碳经济发展手段的快递企业，政府给予一定的税收优惠。

(3) 财政补贴

凡是采取了有利于低碳发展的措施的企业，政府给予经济上的补贴，是促进低碳经济的重要手段。例如对使用了环保包装材料而增加了包装成本的快递企业给予一定的财政补贴，或是对购买新能源运输车辆的企业给予财政支持等。

3. 进一步开发低碳新能源

对能源依赖较大的快递行业要低碳化，主要是要开发利用新能源。如装卸用的叉车、运输用的汽车等，如果上述物流设备能够采用新型能源，将会给低碳经济带来重大进步。

4. 低碳化排放

(1) 利用低碳运输方式

汽车运输的尾气排放是目前运输当中最大的污染源已经是不争的事实，与铁路运输相比，每吨公里汽车运输对环境造成的污染是铁路运输的 10 倍。但在实际操作中，由于铁路运输涉及商业操作环节过多，而其运输成本、时间等优势对比高速公路货运越来越不明显，许多快递公司宁可选择公路运输。如何让货物运输尽可能地采用铁路运输，已经成为国家发改委积极研究的课题。如何更好地运用铁路物流实现低碳运输，也已成为低碳快递的一个研究对象，也是实现低碳快递的一个重要举措。

(2) 用各种手段降低运输车辆的碳排放

具体手段有：通过灵活运用各种行政管理手段，鼓励低碳能源车进入运输车辆市场，对高排放、高耗能的货运车辆进行严格的市场准入控制，引导企业对老旧车辆进行更新，从源头上把好运输车辆的低碳排放；建立车辆监管制度，严格规范各企业车辆的定期保养维护，使车辆从技术角度上减少能源消耗，降低碳排放总量。

5. 实现废弃物流的更好发展

快递行业的废弃物流主要是快递货物的包装，将快递货物的包装低碳化主要是指通过包装量的减少、延长包装的使用寿命以及改善包装材料来实现。

6. 加强对民众的低碳宣传

首先，行业内要加强低碳教育，例如对驾驶司机的急速启动和急刹车等不良驾驶习惯的教育与纠正，指导一线收件员对货物进行专业包装等，都是能有效降低碳排放的手段。

其次，实施低碳，离不开顾客的配合。快递行业的用户，尤其是电商环境下快递的客户具有一个很大的特点——顾客年龄比较轻，容易接受环保等理念，也愿意尝试新鲜事物。在充分的低碳宣传下，容易提高快递顾客的配合程度，如果再采用一定的经济手段进行刺激，一些低碳举措容易得到实施。

7. **重视专业人员培养**

在物流专业课程设置上要增加快递行业内容，并且将环境教育融入课程体系，在行业职业资格认证工作上也要增加此部分内容。

8.5.2 快递企业内部加快推进低碳发展

1. **运输车辆节能减排**

如今国内的油价节节升高，所有运输企业都在思考如何节省燃油成本，恰恰这也是低碳运输中节能减排的重要一环，可谓互惠互利。对于快递企业内部而言，使用新型能源的运输车辆的时机还未到来，目前企业内部能做的就是尽量建立车辆监控管理制度，同时增加人员培训，使运输车辆的燃料消耗减少，这一方面既符合社会大环境的低碳期望，另一方面也为企业节省燃油成本。

第一，在车辆的节油技术上有许多可行之处，总而言之就是良好的车况才能节油，因此快递企业要从企业管理的角度上对车辆进行监控管理，每台车都需要造册监控，对车辆进行定期维护保养，如注意轮胎胎压、引擎保养等。

第二，司机的驾驶技术对节油减排有着重要的影响。快递运输企业除了运用经济手段促进司机节油驾驶外，也要注意司机的日常培训，让司机养成良好的驾驶习惯。

第三，车辆运输路线的编排，车型的合理选择，车辆的日常调度管理，运输货物的配载管理等都能减少车辆的无效运输，增加车辆的运输效率，从而达到减少车辆碳排放的目的。

2. **建设快递企业物流信息系统**

由于快递企业的服务产品往往位于电子商务商业链的末端，即产品的配送，而配送产品是直接面对顾客的，所以信息服务系统尤为重要。快递企业建设物流信息系统是一笔不小的产业投资，但是在实际的操作中，许多快递企业已经意识到电子信息系统对于企业的重要性，目前国内许多中型以上的快递运输公司基本已非常重视物流信息化，各公司自建各种模块来实现企业的信息化管理，如GPS调度管理技术广泛应用于车队的运输管理，在分拣中心安装整套可视化系统完成快件的实时监控，运用库存及出库管理技术对仓库进行实时管理、利用电话/网络等呼叫中心构建顾客服务系统等。

3. 注重行业人员的日常培训

对于快递企业而言，面对行业人才的缺乏，企业也是无可奈何的，因此只能重视行业内部的人员培训。快递企业要推行低碳化，首先也需要员工们的一致配合。

以快递公司的基层业务员为例，目前所有快递公司的基层业务员的学历基本都是中专以下，快递公司对业务员的培训也非常简单，一般仅限于快递产品的报价、所负责区域的交通路线、产品的初步包装等，培训理念也不涉及低碳化方向，而在实际中，如果在对快递公司的基层业务员的培训中引用低碳化理论培训，能为企业带来不少的成本节约和形象提升。如果员工培训到位，在收件时，绝对能减少包装材料的不合理使用，避免货物的过度包装，为企业减少物品包装费用。

4. 加快推进包裹包装等材料的环保和回收利用

（1）包装材料低碳化

在实际操作中，顾客运输的货物必须在快递企业进行二次包装，而包装的材料一般由快递企业提供。而我国快递企业的运量巨大，因此所需要的包装材料量也是非常可观的，庞大的采购量使许多包装供应商趋之若鹜，在包装材料上快递企业绝对属于买方市场。借此快递企业对包装供应商可以提出合理有效的要求，通过他们之间的竞争选择最环保的包装材料。例如快递企业可以对供应商的环境绩效评估及管理进行考察；也可以对包装材料提出环保要求，例如禁用含氟的塑料，胶袋必须可降解，在包装材料上的印刷尽量采用环保油墨、使用蜂窝纸包装材料替代 EPS 白色泡沫缓冲等。

（2）根据顾客要求设计包装规格，减少包装耗材

目前在实际操作中，快递公司免费提供的包装基本上都有其固定的规格尺寸，给顾客选择的余地并不大。由于货物的多样性，在货物包装中，经常出现“大包装小货”的情况，这样除了增加快递包装成本外，也增加了货物的运输成本。快递企业要改善这种情况，就必须摆脱固有的包装模式，以顾客要求为出发点，尽量设计满足顾客要求的包装。恰恰在实际操作中，快递公司的一线收件员手头上往往掌握着“熟客”的资料，对“熟客”的货物种类与尺寸心中大致有数，快递公司应充分挖掘顾客的信息，这样才能更加充分地节省包装材料。

(3) 增加包装材料的回收利用，延长包装材料使用寿命

目前市场上快递物品的包装材料能回收利用的以纸质为主（信封与纸箱），塑料制品（塑料袋、发泡薄膜袋、编织袋、打包用的胶带）基本上是一次性使用，用完就会废弃，目前除了让塑料制品尽量采用可降解技术外，也没有更好的方法对其加以利用。而纸质包装材料的二次回收利用，在实际操作中，也大多是以废纸形式进入废品回收站的粗放型回收。

在纸质包装材料中，信封由于本身硬度不够，无法进行二次利用；而对于纸箱而言，其实往往是可以进行二次利用以减少包装材料成本的。但在实际的操作中，纸箱的回收一是增加了快递公司的工作量从而增加快递公司的人工成本（必须安排人员进行回收），二是需要消费者的配合，所以在实际操作中往往难以实施。

8.5.3 以电商企业战略伙伴角度开展特色服务从而降低快递能耗

电子商务企业离不开快递企业，但是目前许多电子商务企业都只是把快递企业作为自己的商业合作伙伴，因为目前国内快递行业发展速度快，企业数量多，但是服务产品单调，服务质量差强人意，许多电商企业认为目前的快递就如“木桶理论”中的那块短木板，制约着电商企业的发展。

快递企业要满足电商企业的需要，一定要以电商企业的战略合作伙伴身份，站在电商企业的角度上看待产品服务。在满足电商企业要求的同时，降低企业能耗，实现低碳目标，达到企业效益与社会效益的双赢。

1. 提供多样化的产品服务能有效降低能耗

快递企业要对“快递运送”这一产品进行具体的分析，要分析顾客首先看中的是产品的“点对点”，还是运送时间的快捷，抑或产品价格，还是以上综合的性价比，要根据顾客的具体要求进行具体的产品设计。

(1) 运输时间的选择

目前，许多快递企业陷入了盲目追求“快”的怪圈中，仿佛只有提供“当日达”和“隔日达”才能显示公司的实力。但在实际中，许多顾客并没有对货物时间上有那么急迫的需求，这往往浪费了大量资源。

快递公司如果能对运送时间进行服务分级，让顾客自行选择货物的到达时间，如一两天或者三四天甚至一星期，同时给予顾客不同层次的运费选择，消费者既节约了运费，快递公司在运输方式、运输车辆、运输路线的选择上都有了很大的余地，快递公司也节约运输成本。

当货物的运输时间没有那么紧迫的时候，快递公司可以根据公司实际来灵活选择运输方式，而不同的运输方式的碳排放量相距甚远，尤其是当货物运输避免了航空运输后，运输过程的碳排放量将会显著减少；同样道理，当时间充裕后，快递公司可集中货物然后选择大型货运车辆，这个举措也会显著减少碳排放。如果能够使用顺手带的配送方式，对于碳排放的减少也是有很大促进作用的。

（2）不同的地点开展不同的特色服务，规范“点对点”的具体服务范围和服务时间

对于快递企业而言，无论是收件还是送件，“点对点”的上门服务是天经地义的事情，这也是快递服务最基本的要求。

但是在实际的企业运营中，在一线城市与经济发达地区，由于快递竞争激烈，快递公司原则上是要求快递员工进行上门服务的，但是由于物业管理、电子门禁、大楼无电梯等客观原因或者快递业务繁忙时快递公司人手不足等主观原因，顾客下楼送件和收件是常见的事情，也是快递行业常见的投诉原因；而在二、三线城市以及广大农村地区，快递服务不上门，顾客到快递服务点送件收件更是常见，如果能对快递服务点进行进一步的细化，针对顾客是否需要送件上门而对顾客收取不一样的费用，相信这方面的投诉会减少许多，同时，由于不用上门收件送件，快递员的工作效率将会增加；收件送件员丢件现象也会减少，上述能避免许多后续的服务投诉，节约人工资源，员工的碳排放足迹自然会减少。以香港快递为例，香港许多快递公司如果要求在住宅区送货上门，需要另外加收费用，而在商业区则往往不用加收。如果能够借助智能快递箱进行快件的揽送，也可以给予客户更大的自由性、灵活性。

（3）加强市场调研，为电商企业“量身打造”快递方案

以某淘宝中型卖家为例，该卖家主要销售女鞋，在 2011 年下半年共发货 3985 票，单在 2012 年 3 月发快递物流为 786 票，该月销售产品主要以春鞋为主，产品 60％在 1kg 以下，30％在 1～1.5kg，卖家产品销售顾客群主要集中在北京、成都以及长三角一带，其中北京占 17％，长三角占 43％，成都占 8％，卖家希望快递公司收货时间在下午 18 时左右。

首先，敏感的价格问题。电商企业对于物流成本价格非常敏感，不同电商企业的快递产品也不一样，但是目前市面大部分快递公司的实际情况是无论什么产品，基本都是按照物品首重 1kg××元，续重××元/kg 递增来定

价，这样一来，不同的电商企业的不同产品特性就得不到深层次的服务。在上例中，很明显，快递商若以续重 0.5 千克为报价分水岭，对电商会更加合理。

其次，产品时效性的需求。仍然以上述卖家为例，就该卖家的产品——鞋子而言，卖家主要是为了新季换新鞋，更多是满足时尚的私人需求，因此不会对时效性产生非常急迫的要求，一般买家能接受的到货时间 5 天内都是可以的，这样就可以避免航空运输的高碳排放，同时，快递公司的成本也可以降下来。如果快递公司能够在价格上给予电商优惠，电商也可以将此优惠让利于买家，只要在交易发生前给买家进行运费与时间的综合选择，相信多数电商企业可以接受。

再次，在产品包装上。由于该卖家的发货量对于快递公司而言属于中大型客户，而且货物种类比较单一，因此快递公司可以针对此类客户进行包装设计。由于鞋子这一产品都有鞋盒作为产品初次包装，因此快递公司针对该卖家的包装主要是在鞋盒上再套一个塑料袋，塑料袋的大小可参照标准鞋盒的大小设定，这样就能避免在过度包装的同时对货物实现必要的保护。

最后，要注重企业内部市场调研能力的提升，即重视对基层业务员的培训，这样可充分利用人力资源。目前快递公司的业务员由于自身业务特性，基本上都是“上午送件”（此时他们的身份是配送环节的最后一环，属于售后服务人员，服务态度非常重要），“下午收件”（此时他们的身份是业务销售人员，销售技巧最为重要），可见，身兼两职的基层业务员的表现对于快递公司来说非常重要，他们往往掌握着第一手顾客资料。可惜的是，目前快递公司从基层业务员手中获取的顾客资料非常有限，往往更多是从运单中体现顾客信息资料，这样就失去了发挥员工积极主动性的机会。

2. 重视低碳推广的有效性

正因为我国快递行业高速发展，所以在其内部低碳要得到发展，会对低碳经济产生巨大效果；但是快递行业本身成本压力大，内部竞争激烈，要想增强在快递企业低碳推广的有效性，必须减少推广低碳而给快递公司带来的各种阻碍（如成本增加、流程增多、工作人员增多等），或者快递公司实施了低碳举措后对公司有实在的利益促进，这样才能使快递行业由被迫到自觉地从各方面推广低碳，使得低碳快递落到实处。

3. 转变观念，低碳化可与企业实现双赢

国内大部分快递企业都是民营企业，对于大部分快递企业老板而言，他们在观念上认为低碳对于他们等同于高成本低产出，因此从上而下的抵制低碳理念在快递行业的推广。但实际上，低碳的节能减排和企业的节约成本往往有着异曲同工之效，因此，企业首先要转变快递行业内的思想观念，使低碳措施能从上往下地进行有效实施。

4. 低碳推广的措施

以尽量不增加快递行业的成本的大前提为切入点，大力提倡、推广和实施在快递业减少碳排放的措施。

8.6 本章小结

互联网技术可以很好地共享快递企业需要的各类资源，用以低碳化运营。本书通过模拟仿真在城际之间的快件递送，来进一步分析该“PtoS”模式可以带来企业的社会责任感的提升，可以树立良好的企业声誉，同时，可以节约企业车辆的拥有量，通过公共交通的方式完成城际快件的递送。

本章将系统动力学理论应用在“PtoS”平台快递企业低碳化运营的研究中，根据“PtoS”快递低碳联动系统的动态性和反馈性特点，首先找到了影响该模式碳排放节约量的主变量和相关辅助变量，之后构建了碳排放节约量测算的系统流程，对其中的主要因素和因素之间的关系进行了定性和定量的描述，并建立了能够反映系统流图中“碳排放节约量”这一存量变化的仿真模型，最后用 Vensim 软件对模型进行反复调试和检验，以京津高铁数据进行实证分析，给出在碳排放节约量变化过程中的关键因素，为快递企业的可持续发展提供决策支持。

应用系统动力学对快递企业进行低碳研究还处于起步阶段，因此本研究在应用系统动力学理论进行建模的过程中所涉及的变量数目跟现实复杂系统相比还有很大的差距，在今后的研究中，需要进一步对实际运营的数据进行仿真分析，更加深入地思考影响企业碳排放节约量的关键内生、外生变量。

9 全文总结与展望

9.1 全文总结

党的十八大以来，党中央和国务院将经济发展的可持续性提升到新的高度，这是由国际、国内经济环境决定的。2013 年人民日报登载了知名人士谈三期叠加（增长速度换挡期、结构调整阵痛期、前期刺激政策消化期），2014 年提出经济发展新常态，2015 年提出供给侧结构性改革及其五大任务，2016 年定调经济发展的 L 形走势，分析了自金融海啸以来外需长期不振，需求侧由出口转向消费的战略选择，分析了启动内需的关键在于供给侧以及结构性改革。

近年来快递行业虽然取得高速发展，但是其发展方式仍然依赖劳动力资源的不断投入。我国“60 后”“70 后”“80 后”每代出生人口均稳定在 2.2 亿，但“90 后”“00 后”每代出生人口下降至 1.7 亿，意味着“90 后”一代人相对于“80 后”一代人减少了 23%，而目前“90 后”年轻人大批量进入劳动力市场，随着“50 后”“60 后”因退休逐渐退出劳动力市场，劳动力市场将出现人口断层。当计划生育带来的人口红利由于老龄化逐渐转向人口负担，当农村转移劳动力逐渐枯竭，劳动力成本自然会大幅上升。我国推进供给侧结构性改革就是不断将包括劳动力在内的要素资源从低附加值产业转向高附加值产业的过程，快递行业的附加值较低，新生代的人力资源将会转向高附加值行业。不断提升的劳动力成本将推动快递企业从现有劳动密集型产业转向技术密集型、资本密集型产业，实现快递产业的共享化、平台化、兼职化趋势转变。

除了劳动力成本上升压力的倒逼转型以外，快递业的现状也急需供给侧改革以做大做优快递行业。供给侧改革的核心是利用技术的手段，提升服务品质、使服务价格相对更合理。本书结合“互联网+”与分享经济双重背景驱动下，对传统快递行业进行了业务流程重组，提出一种“PtoS”模式，以推动传统产业转型升级，为互联网与服务业的融合提供一个理论框架。

第一，本书基于现有电子商务与快递物流服务协同发展的大背景，应用协同学序参量原理，用定性与定量分析的方法，建立了电子商务与快递物流服务系统协同发展的协同度模型，应用2005—2014年的数据对两大复合经济系统的协同发展进行实证研究，并做出理论解释。通过模型进行数据分析很好地证明了电子商务系统与快递物流系统在基础设施建设方面的协同度不高，是今后发展中急需加强完善的环节。

第二，为了提高电子商务与快递物流服务系统的总体有序度，需要对作为瓶颈的快递物流环节进行模式创新，本书提出了一种“PtoS”模式，进行可行性研究后给出“PtoS”的商业模式分析与顶层架构，并从时空契合的视角下对该商业模式进行深度分析。

第三，“PtoS”模式在实施过程中，即互联网与传统服务行业在融合的过程中网路信用问题一直是困扰网络环境的一个痛点。平台双边的信用问题成为了该平台能否稳定顺利运转的核心问题。构建“PtoS”模式可信闭环信用体系，并给出兼职快递员的信用评价模型与推荐方法，为该创新商业模式提供安全稳定运行的保证。

第四，基于信任的前提下，给出“PtoS”模式的生态概念模型，研究“PtoS”模式的运行机理，并以天津市为例，深入研究资源耦合机制中智能快递箱的布局问题。

第五，基于十三五创新、协调、绿色、开放、共享的发展理念，本书最后应用系统动力学以低碳的视角对“PtoS”模式进行计算机仿真分析，研究影响快递企业低碳运营的关键影响因素，对快递行业可持续发展提供政策支持。

9.2 政策建议

我国可对兼职快递平台企业出台包括土地、金融、财政、税收、人才引进等在内的一系列产业政策，建立标准化引导企业发展，使行业先行者得到先行的利益，有效推动新兴产业快速发展。

1. 智能快递箱用地支持

根据平台型企业地域扩展规律，政府应首先在一线、热点二线城市及附近城市群给予快递平台企业用地支持，在公共用地（火车站、地铁中转站、长途汽车站、大型十字路口、学校、写字楼、超市、工业园）上提供设置智能快递箱的土地支持。目前各现有快递企业多把快递箱设置于小区中，但由于小区物业管理的封闭性，不适于顺路情况下的兼职快递员送件取件，因此建议智能快递箱应设置于公共场所，这也避免了快递平台企业在智能快递箱设置过程中与现有快递企业快递箱的冲突。

2. 绿色金融信贷支持

2016 年 9 月，习近平主席在 G20 召开前的工商峰会上指出，今后 5 年我国单位国内生产总值二氧化碳排放量将下降 18%。中国人民银行研究表明，未来五年我国每年绿色投资需求将达到 2 万亿～4 万亿元。2016 年 4 月中国人民银行提出对绿色金融给予信贷 3%政府贴息支持。兼职快递模式若在全国推广，将大规模降低二氧化碳排放，因此符合绿色金融要求，可以获得支持。

3. 财政补贴支持

2016 年 4 月中国人民银行研究局首席经济学家马骏透露，财政将每年投入绿色产业 3000 亿元，预计占绿色投资 15%，其余由社会资金筹集。因此，兼职快递平台企业可以把握时机，寻求财政资金补贴支持。

4. 税收支持

比照 20 世纪 80 年代美国里根政府时期和德国科尔政府时期的供给侧改革的减税政策，我国目前供给侧结构性改革也从减税开始切入。根据 2016 年 9 月国家发展和改革委员会透露的正在起草的《分享经济发展指南》，同时根据之前公布的《中国分享经济发展报告 2016》，未来十年我国将出现 5～10 家巨无霸级平台企业，主要集中在金融、生活服务、交通出行、生产能力、知识技能、房屋短租六大领域。因此符合分享经济发展理念的兼职快递平台企业应该顺应减税的时代大势，根据国家培养新兴巨无霸平台企业的规划，积极申请减税。

5. 人才引进支持

目前一线、热点二线城市采取房屋限购限贷，并对落户政策多采取积分制，这为一线和热点二线城市的兼职快递平台企业的技术人才的招募和进入无形中设置了障碍，但我们也应该看到乐观的一面。2016 年 9 月，深圳市宣布今后五年对人才引进的保障房大幅提升，同时压缩低收入人群的保障住房，以实现人才引进、产业升级。同时深圳市出台落户新规，将人才落户从积分制改为核准制，人才落户不设指标上限。改革先行者深圳市做出了表率，因此兼职快递平台企业应密切关注各个主要城市人才引进政策，选择规划总部位置。

6. 标准化准入

2016年9月12日在第39届国际标准化组织开幕式大会上，习近平主席在致辞中指出，中国将以标准助力创新发展、协调发展、绿色发展、开放发展、共享发展。因此，为新兴产业建立技术标准、资金规模等标准化准入门槛，避免市场出现大量技术水平低、资金规模小的竞争主体。因为任何一家平台企业都将超越地域限制，面临行业最强者的竞争，最终导致赢者全拿，所以，忽视平台企业竞争发展规律，缺少标准化准入门槛最终会造成资源浪费。例如滴滴与快递竞争中，滴滴很快胜出，滴滴与优步竞争中，滴滴也很快胜出，最终滴滴获得出行市场绝对份额。类似的平台企业淘宝也符合平台企业赢者占据市场份额绝大多数的规律。因此根据平台型企业最终会形成赢者全拿的巨无霸企业的发展规律，兼职快递平台企业在兴起之初，应争取建立行业准入标准。但标准的建立过程中要避免政府的越位行为，政府力求做到不越位，不缺位，让市场在资源配置中发挥决定性作用。

9.3 展望

无论从我国十三五规划发展理念“创新、协调、绿色、开放、共享”来看，还是从发改委《中国分享经济发展报告2016》中提到的打造5～10家巨无霸平台企业来看，未来五年创新模式、分享经济、绿色发展是经济发展的主旋律。政府也提出了诸如绿色金融、财政支持、减税政策、人才引进等一系列中央及地方政策措施，这一切都凸显了“有为政府”推动包括兼职快递平台在内的平台企业的决心。2016年8月中央出台文件将网约车合法化、鼓励顺风车合乘，更是对兼职化、平台化这种发展模式的实践肯定。在网络基础设置方面，中央也决定超前布局5G商用网络基础设施，打消平台企业的发展过程中对移动网络环境的顾虑。

无论从人口结构变化和经济增长导致的人力成本的变化，还是从低碳发展、绿色发展的要求来看，兼职快递平台企业的发展是有后劲的，是可持续的，符合“创新、协调、绿色、开放、共享”的十三五发展规划理念。“PtoS”模式属于众包快递的模式，其运营模式属于“轻资产”方式，实现“用人不养人，用车不配车”的状态，人员、车辆等资源的搭建速度远远快于传统快递团队，可以大幅度提升快递物流服务效率。快递物流是一个劳动密集型的产业，众包快递可以实现充分利用社会上闲置的人力资源、车辆资源等，尽可能地降低快递配送成本，因为在理论上，社会人力资源、车辆资源是取之不尽的。

本书研究工作的不足之处在于：首先，“PtoS”模式是在“互联网+”背景下对传统快递业模式的创新。其属于小团队、大平台，需要对传统快递业务流程进行重新组织，并对快递网点重新设计与优化，其中涉及的内容众多，而在本书中只能针对重点内容（商业模式、业务流程等问题）进行分析，会有问题思考不全面的情况存在。其次，应用系统动力学理论对快递行业低碳运营的研究才刚刚起步，因此本书在采用系统动力学建模的过程中涉及的变量和现实复杂系统的实际运营相比是远远不够的，在今后的研究中，需要进一步深入思考影响快递企业碳排放节约量的内生、外生变量。

除此之外，分享经济下各种商业模式都需要一系列法律、法规和规章的出现予以规范其正常的运营过程。为了高效共享，整合分散化、多样化的需求和资源，之后会出现一系列自治组织、协会以实现良性自治。平台化快递的经营需要有完整的研究体系和学科体系予以支撑。总之，本书就互联网对于传统服务行业资源整合这一具有挑战性的课题的研究，还有许多内容和方法上的不足，“PtoS”模式可继续深入研究的课题包括：

（1）“PtoS”模式快递物流服务质量的管理与控制。

（2）“PtoS”模式提供异质快递物流服务的动态定价策略研究。

（3）“PtoS”模式平台化快递企业实际运营后的碳足迹问题。

（4）“PtoS”模式快递服务的协调与优化问题研究。

网络技术的发展与普遍应用极大地刺激了服务业的模式创新与内部结构升级，使得服务业出现了爆炸式增长。快递物流服务由于电子商务的带动近些年来实现快速增长，“PtoS”模式为快递企业提供一种低成本的服务接入方式，将分散的人力资源、车辆资源以及快递网点等资源进行有效整合，通过人人参与和价值共创，提供实时、个性化的快递服务。创新平台服务模式，如何整合资源与实现参与方协同已经成为各国政府、企业和学者所共同关注的问题。

参考文献

[1] 何晓群．多元统计分析［M］．北京：中国人民大学出版社，2012：41－76.

[2] 王其藩．系统动力学（2009 年修订版）［M］．上海：上海财经大学出版社，2009：11－35.

[3] 张孝德，牟维勇．分享经济：一场人类生活方式的革命［J］．人民论坛·学术前沿，2015（12）：6－15.

[4] 王喜文．万众创新何以可能——互联网时代的信息物理分享经济［J］．人民论坛·学术前沿，2015（12）：25－31，91.

[5] 代明，姜寒，程磊．分享经济理论发展动态——纪念威茨曼《分享经济》出版 30 周年［J］．经济学动态，2014（7）：106－114.

[6] 凌超，张赞．"分享经济"在中国的发展路径研究——以在线短租为例［J］．现代管理科学，2014（10）：36－38.

[7] 李昊，赵道致．碳排放权交易机制对供应链影响的仿真研究［J］．科学学与科学技术管理，2012（11）：117－123.

[8] 马秋卓，宋海清，陈功玉．碳配额交易体系下企业低碳产品定价及最优碳排放策略［J］．管理工程学报，2014（2）：127－136.

[9] 吴义生，白少布，刘文杰，等．网购供应链的低碳决策模型及其应用［J］．技术经济与管理研究，2015（6）：3－7.

[10] 吴义生，白少布．面向网购的低碳供应链设计模型及其应用分析［J］．控制与决策，2015（4）：655－662.

[11] 崔强，匡海波，李烨．基于协同论和演化的交通运输方式低碳协同研究［J］．中国管理科学，2014（S1）：852－858.

[12] 杨珺，李金宝，卢巍．系统动力学的碳排放政策对供应链影响［J］．工业工程与管理，2012（4）：21－30.

[13] 张俊荣，王孜丹，汤铃，等．基于系统动力学的京津冀碳排放交易

政策影响研究 [J]. 中国管理科学，2016 (3)：1-8.

[14] 杨涛．上海快递运输业能耗现状与低碳发展模式探索 [J]. 上海经济研究，2014 (1)：122-128.

[15] 欧阳小迅，黄福华．共同物流的构建机理与模式选择 [J]. 财经论丛，2011 (6)：111-115.

[16] 周敏，黄福华．成本视角下的中小企业共同物流运作模式设计与选择 [J]. 北京工商大学学报（社会科学版），2012 (3)：54-59.

[17] 李坚飞，黄福华．中小企业共同物流服务稳定性的影响机理——基于社会资本理论的结构解析与实证检验 [J]. 系统工程，2013 (7)：52-58.

[18] 张昕．末端物流共同配送模式及决策路径——基于电商物流和社区服务的供需分析 [J]. 财经问题研究，2013 (3)：123-129.

[19] 翁克瑞，诸克军，刘耕．协同运输的路线整合问题研究 [J]. 中国管理科学，2015 (1)：135-140.

[20] 周敏，黄福华．物联网条件下的共同物流运作风险合理分担模型改进 [J]. 系统工程，2013 (1)：111-115.

[21] 周敏，黄福华．资源和环境约束下的共同物流运作风险 SVM 预测模型 [J]. 财经论丛，2013 (1)：101-105.

[22] 周敏，黄福华．不对称信息下的共同物流合作风险分析与治理对策 [J]. 北京工商大学学报（社会科学版），2013 (2)：60-64.

[23] 秦星红，苏强，洪志生，等．服务质量约束下网络商店与物流服务商协调模型 [J]. 同济大学学报（自然科学版），2014 (9)：1444-1451.

[24] 朱道立，胡一竑，徐最．网购供应链中的竞争和协调若干问题 [J]. 上海理工大学学报，2011 (3)：248-252.

[25] 胡一竑，李学迁，张江华，等．网购供应链网络均衡模型研究 [J]. 运筹与管理，2012 (4)：34-40.

[26] 陈敬贤，马志强．零售商团购的二级供应链协调 [J]. 系统管理学报，2014 (1)：7-12.

[27] 李鑫涛，钱燕云，刘淑敏．基于时间窗的分布式多级供应链资源整合建模与仿真 [J]. 科技管理研究，2013 (14)：199-202.

[28] 浦徐进，诸葛瑞杰，曹文彬．网店和实体店并存型双渠道供应链的联盟模式选择 [J]. 软科学，2014 (12)：99-105，111.

[29] 刘伟，高志军．物流服务供应链：理论架构与研究范式 [J]. 商业

经济与管理，2012（4）：19－25.

[30] 宋华，于亢亢，陈金亮．不同情境下的服务供应链运作模式——资源和环境共同驱动的B2B多案例研究［J］．管理世界，2013（2）：156－168.

[31] 单汨源，吴宇婷，任斌．一种服务供应链拓展模型构建研究［J］．科技进步与对策，2011（21）：10－16.

[32] 王之泰．城镇化需要“智慧物流”［J］．中国流通经济，2014（3）：4－8.

[33] 顾九春，刘璐，姚琛，等．快递物流跟踪信息交换模型及应用研究［J］．计算机应用研究，2015（9）：2712－2715.

[34] 于佳宁．“互联网＋”的三个重要发展方向［J］．物联网技术，2015（7）：3－4.

[35] 邬贺铨．“互联网＋”行动计划：机遇与挑战［J］．人民论坛・学术前沿，2015（10）：6－14.

[36] 欧阳日辉．从“＋互联网”到“互联网＋”——技术革命如何孕育新型经济社会形态［J］．人民论坛・学术前沿，2015（10）：25－38.

[37] 王琴．基于价值网络重构的企业商业模式创新［J］．中国工业经济，2011（1）：79－88.

[38] 薛奕曦，陈翌，孔德洋．基于价值网络的电动汽车商业模式创新研究［J］．科学学与科学技术管理，2014（3）：49－57.

[39] 梅姝娥，吴玉怡．价值网络视角下技术交易平台商业模式研究［J］．科技进步与对策，2014（6）：1－5 .

[40] 王生金，徐明．平台企业商业模式的本质及特殊性［J］．中国流通经济，2014（8）：106－111.

[41] 程卫超．平台商业模式研究现状及综述［J］．经济论坛，2015（3）：126－128.

[42] 孙永波．商业模式创新与竞争优势［J］．管理世界，2011（7）：182－183.

[43] 荆浩．大数据时代商业模式创新研究［J］．科技进步与对策，2014（7）：15－19.

[44] 吴勇，冯耕中，王能民．我国典型物流公共信息平台商业模式的比较研究［J］．商业经济与管理，2013（10）：14－21 .

[45] 舒晖，蒯象慧．省级物流公共信息平台商业模式探究［J］．物流工

程与管理，2015 (3)：1-4，10.

[46] 包富华，李玲，郑秋婵．互联网旅游企业商业模式分析研究——以携程旅行服务公司为例 [J]. 生态经济，2013 (3)：156-159，165.

[47] 尤利群，朱玉丹．P2P 网络借贷平台商业模式评价 [J]. 商业经济研究，2015 (32)：86-88.

[48] 冯华，陈亚琦．平台商业模式创新研究——基于互联网环境下的时空契合分析 [J]. 中国工业经济，2016 (3)：99-113.

[49] 王会娟，廖理．中国 P2P 网络借贷平台信用认证机制研究——来自"人人贷"的经验证据 [J]. 中国工业经济，2014 (4)：136-147.

[50] 谢恩，黄缘缘，赵锐．不同维度信任相互作用及对在线购物意愿影响研究 [J]. 管理科学，2012 (2)：69-77.

[51] 陈庭强，何建敏．基于复杂网络的信用风险传染模型研究 [J]. 软科学，2014 (2)：111-117.

[52] 李敬泉．网络零售市场信用机制优化研究 [J]. 中国流通经济，2014 (5)：83-87.

[53] 朴春慧，安静，方美琪．C2C 电子商务网站信用评价模型及算法研究 [J]. 情报杂志，2007 (8)：105-107.

[54] 何清泉，邹运梅．C2C 电子商务网站信用综合评价 [J]. 图书情报工作，2011 (16)：131-135.

[55] 杨韵．C2C 交易中的动态信用评价模型 [J]. 情报科学，2010 (4)：563-566.

[56] 张宝明．"诚信危机"下网络市场信任机制的完善 [J]. 中国流通经济，2013 (27)：82-87.

[57] 马雪影．诚信与欺骗的良性博弈——从淘宝"信誉度"的道德悖论看网络交易的诚信建设 [J]. 华中科技大学学报（社会科学版），2012 (3)：20-25.

[58] 金惠红．基于 BP 神经网络的旅游服务诚信的评价模型 [J]. 统计与决策，2010 (13)：66-68.

[59] 朱艳春，刘鲁，张巍．基于评分用户可信度的信任模型分析与构建 [J]. 管理工程学报，2007 (4)：150-152.

[60] 谷斌，钟建权．C2C 电子商务中基于多影响因素的商家信任模型研究 [J]. 科技管理研究，2012 (20)：210-214.

[61] 胡祥培，尹进．信任传递模型研究综述［J］．东南大学学报（哲学社会科学版），2013（4）：46－51，57，135.

[62] 李颖，王亚民．基于信任机制的复杂网络知识共享模型研究［J］．情报理论与实践，2014（8）：79－83.

[63] 杨力，刘程程，宋利，等．基于熵权法的煤矿应急救援能力评价［J］．中国软科学，2013（11）：185－192.

[64] 杜挺，谢贤健，梁海艳，等．基于熵权 TOPSIS 和 GIS 的重庆市县域经济综合评价及空间分析［J］．经济地理，2014（6）：40－47.

[65] 林正奎．基于熵权—AHP 组合的城市保险业社会责任评价研究［J］．科研管理，2012（3）：142－147，160.

[66] 许学娜，刘金兰，王之君．基于熵权 TOPSIS 法的企业对标评价模型及实证研究［J］．情报杂志，2011（1）：78－82.

[67] 张毅，陈圻．中国区域物流业与经济发展协调度研究——基于复合系统模型与 30 个省区面板数据［J］．软科学，2010（12）：70－74，79.

[68] 于宝琴，武淑萍，杜广伟．网购快递物流服务系统测评的枝模型仿真［J］．中国管理科学，2014（12）：72－78.

[69] 杨聚平，杨长春，姚宣霞．电商物流中“最后一公里”问题研究［J］．商业经济与管理，2014（4）：16－22，32.

[70] 崔珊珊，陈宏，徐加胜．电商促销井喷需求下的应急商品配送研究［J］．中国管理科学，2013（S1）：141－147.

[71] 戴君，谢琍，王强．第三方物流整合对物流服务质量、伙伴关系及企业运营绩效的影响研究［J］．管理评论，2015（5）：188－197.

[72] 王春芝，高强，HEIKO GEBAUER．基于扎根理论的服务备件跨境物流协同系统研究［J］．管理评论，2015（2）：178－186，208.

[73] 徐建中，徐莹莹．企业协同能力、网络位置与技术创新绩效——基于环渤海地区制造业企业的实证分析［J］．管理评论，2015（1）：114－125.

[74] 陶长琪，齐亚伟．融合背景下信息产业技术创新与产业系统成长的协同机制［J］．科学学与科学技术管理，2009（11）：86－93.

[75] 孙鹏，罗新星．区域现代物流服务业与制造业发展的协同度评价——基于湖南省数据的实证分析［J］．系统工程，2012（7）：112－116.

[76] 毕克新，孙德花．基于复合系统协调度模型的制造业企业产品创新与工艺创新协同发展实证研究［J］．中国软科学，2010（9）：156－162，192.

[77] 王小丽．基于灰关联理想方案决策的区域物流能力评价 [J]. 统计与决策，2013 (16)：42-44.

[78] 孟晓明．电子商务与现代服务业协调发展的评估指标与评估方法 [J]. 科技管理研究，2010 (6)：54-55，78.

[79] 王倩，张旭凤．基于系统动力学的同城快递运营系统模型研究 [J]. 物流技术，2010 (19)：50-52.

[80] 邱甲贤，聂富强，童牧，等．第三方电子交易平台的双边市场特征——基于在线个人借贷市场的实证分析 [J]. 管理科学学报，2016 (1)：47-59.

[81] 程愚，孙建国．商业模式的理论模型：要素及其关系 [J]. 中国工业经济，2013 (1)：141-153.

[82] 王雪冬，董大海．商业模式创新概念研究述评与展望 [J]. 外国经济与管理，2013 (11)：29-36，81.

[83] 陈劲，吴波．开放式创新下企业开放度与外部关键资源获取 [J]. 科研管理，2012 (9)：10-21，106.

[84] 郑祥龙，梅姝娥．基于价值网的科技服务平台商业模式研究 [J]. 科技管理研究，2015 (5)：35-38.

[85] 王千．互联网企业平台生态圈及其金融生态圈研究——基于共同价值的视角 [J]. 国际金融研究，2014 (11)：76-86.

[86] 胡岗岚，卢向华，黄丽华．电子商务生态系统及其协调机制研究——以阿里巴巴集团为例 [J]. 软科学，2009 (9)：5-10.

[87] 娄策群，杨瑶，桂晓敏．网络信息生态链运行机制研究：信息流转机制 [J]. 情报科学，2013 (6)：10-14，19.

[88] 娄策群，桂晓苗，杨光．网络信息生态链运行机制研究：协同竞争机制 [J]. 情报科学，2013 (8)：3-9.

[89] 娄策群，张苗苗，庞靓．网络信息生态链运行机制研究：共生互利机制 [J]. 情报科学，2013 (10)：3-9，16.

[90] 陈强，吴金红，张玉峰．大数据时代基于众包的竞争情报运行机制研究 [J]. 情报杂志，2013 (8)：15-18，26.

[91] 刘华，周莹．我国技术转移政策体系及其协同运行机制研究 [J]. 科研管理，2012 (3)：105-112.

[92] 张向先，耿荣娜，李昆．商务网站信息生态链的运行机制研究 [J]. 情报理论与实践，2012 (8)：17-20，38.

[93] 程东全，顾锋，耿勇．服务型制造中的价值链体系构造及运行机制研究 [J]. 管理世界，2011 (12)：180－181.

[94] 赵杨，宋倩，叶少霞，等．云计算环境下的电子商务服务平台构建与运行机制研究 [J]. 情报科学，2014 (2)：7－10，20.

[95] 李永周，万元．高校产学研合作的协同机理与运行机制研究 [J]. 中国科技论坛，2014 (10)：60－65.

[96] 陈红川，刘斌．基于 K－均值聚类算法的医药制造业竞争力评价实证研究 [J]. 科技管理研究，2011 (16)：87－90.

[97] 王骏，王士同，邓赵红．聚类分析研究中的若干问题 [J]. 控制与决策，2012 (3)：321－328.

[98] 陈晓红，王玉娟，万鲁河，等．基于层次聚类分析东北地区生态农业区划研究 [J]. 经济地理，2012 (1)：137－140.

[99] 杨从平，郑世珏，党永杰，等．基于配送时间及节点流量约束的快递网络优化 [J]. 系统工程，2015 (11)：53－59.

[100] 杨永芳，王道平．民营快递企业的发展对策研究 [J]. 预测，2011 (2)：71－76.

[101] 马小援．论企业环境与企业可持续发展 [J]. 管理世界，2010 (4)：1－4.

[102] 王建琼，侯婷婷．社会责任对企业可持续发展影响的实证分析 [J]. 科技进步与对策，2009 (18)：94－96.

[103] 周银香．基于系统动力学视角的城市交通能源消耗及碳排放研究——以杭州市为例 [J]. 城市发展研究，2012 (9)：99－105.

[104] 姜钰，贺雪涛．基于系统动力学的林下经济可持续发展战略仿真分析 [J]. 中国软科学，2014 (1)：105－114.

[105] 原毅军，田宇，孙佳．产学研技术联盟稳定性的系统动力学建模与仿真 [J]. 科学学与科学技术管理，2013 (4)：3－9.

[106] 任海英，程善宝，黄鲁成．基于系统动力学的新兴技术产业化策略研究 [J]. 科研管理，2013 (5)：21－31.

[107] 胡军燕，朱桂龙，马莹莹．开放式创新下产学研合作影响因素的系统动力学分析 [J]. 科学学与科学技术管理，2011 (8)：49－57.

[108] 张建慧，雷星晖，李金良．基于系统动力学城市低碳交通发展模式研究——以郑州市为例 [J]. 软科学，2012 (4)：77－81.

[109] 梁大鹏，徐春林，马东海．基于系统动力学的 CCS 产业化模型及稳态研究 [J]. 管理科学学报，2012 (7)：36 - 49.

[110] 狄国强，曾华艺，勒中坚，等．网络舆情事件的系统动力学模型与仿真 [J]. 情报杂志，2012 (8)：12 - 20.

[111] 贺爱忠，李韬武，盖延涛．城市居民低碳利益关注和低碳责任意识对低碳消费的影响——基于多群组结构方程模型的东、中、西部差异分析 [J]. 中国软科学，2011 (8)：185 - 192.

[112] 陈翔．互联网环境下企业商业模式研究 [D]. 南京：东南大学，2005：3 - 17.

[113] 李莎．电子商务与快递行业协同发展研究 [D]. 北京：北京邮电大学，2010：1 - 9.

[114] 韩军涛．电子商务背景下我国快递业发展与协同机制研究 [D]. 北京：北京邮电大学，2014：45 - 80.

[115] 王瑜．团购网站商业模式分析与创新研究 [D]. 北京：北京邮电大学，2011：50 - 88.

[116] 赵青．大众点评网商业模式分析 [D]. 广州：广东外语外贸大学，2015：30 - 66.

[117] 耿磊．打车 App 平台定价策略分析 [D]. 广州：暨南大学，2015：14 - 25.

[118] 赵保燕．基于双边市场理论的物流平台构建与商业模式研究 [D]. 重庆：重庆交通大学，2015：10.

[119] 沈永言．商业模式理论与创新研究 [D]. 北京：北京邮电大学，2011：42 - 54.

[120] 刘海涛．快递企业城市网点布局与优化研究 [D]. 北京：北京交通大学，2007：10 - 17.

[121] 倪玲霖．快递营运网络优化设计与竞争网络均衡研究 [D]. 长沙：中南大学，2012：98 - 106.

[122] 中华人民共和国国家邮政局．中国互联网络发展状况统计报告 [R]. http：//www. chinapost. gov. cn/xytj/tjxx/. 2005 - 2014.

[123] KELLY K. Out of control：The new biology of machines，social systems，and the economic world [M]. E. & S. Livingstone，1994：239 - 242.

[124] AGATZ N，CAMPBELL A M，FLEISCHMANN M，et al. Chal-

lenges and Opportunities in Attended Home Delivery [M]. Springer US, 2008: 379 - 396.

[125] GANSKY L. The Mesh: Why the Future of Business Is Sharing [M]. Portfolio Trade, 2012.

[126] SCHOR J B. Plenitude: the new economics of true wealth [M]. Penguin Press, 2010.

[127] RIFKIN J. The Zero Marginal Cost Society [M]. Palgrave Macmillan, 2014.

[128] RUDALL Y R S. Business Model Generation [M]. John Wiley & Sons, 2010.

[129] HARVEY A S, MACNAB P A. Who's Up? Global Interpersonal Temporal Accessibility [M]. // Information, Place, and Cyberspace. 2000: 147 - 170.

[130] CHESBROUGH H. Open Innovation: The New Imperative for Creating and Profiting from Technology [M]. Boston, Harvard Business School Press, 2003.

[131] BOTSMAN R, ROGERS R. What's mine is yours: How Collaborative Consumption is Changing the Way We Live [J]. 2011.

[132] SCHOR J B, FITZMAURICE C, CARFAGNA L B, et al. Paradoxes of Penness and Distinction in the Sharing Economy [J]. Poetics, 2016 (54): 66 - 81.

[133] AERTS K, KRAFT K, LANG J. Profit - Sharing and Innovation [J]. Zew Discussion Papers, 2013.

[134] HAMARI J, SJÖKLINT M, UKKONEN A. The Sharing Economy: Why People Participate in Collaborative Consumption [J]. Journal of the Association for Information Science & Technology, 2015.

[135] SCHOR J B, WALKER E T, LEE C W, et al. On the Sharing Economy [J]. Contexts, 2015, 14 (1): 12 - 19.

[136] BELK R. You are What You Can Access: Sharing and Collaborative Consumption Online [J]. Journal of Business Research, 2014, 67 (8): 1595 - 1600.

[137] ZERVAS G, PROSERPIO D, BYERS J. The Rise of the Sharing

Economy: Estimating the Impact of Airbnb on the Hotel Industry [J]. Ssrn Electronic Journal, 2013.

[138] BENKLER Y. Sharing Nicely: On Shareable Goods and the Emergence of Sharing as a Modality of Economic Production [J]. Yale Law Journal, 2004, 114 (2): 273 - 358.

[139] ZHANG Y J, WEI Y M. An Overview of Current Research on EU ETS: Evidence from its Operating Mechanism and Economic Effect [J]. Applied Energy, 2010, 87 (6): 1804 - 1814.

[140] ABDALLAH T, FARHAT A, DIABAT A, et al. Green Supply Chains with Carbon Trading and Environmental Sourcing: Formulation and Life Cycle Assessment [J]. Applied Mathematical Modelling, 2012, 36 (9): 4271 - 4285.

[141] DOBOS I. The Effects of Emission Trading on Production and Inventories in the Arrow - Karlin Model [J]. International Journal of Production Economics, 2005, 93 - 94 (1): 301 - 308.

[142] BALLOT E, FONTANE F. Reducing Transportation CO Emissions through Pooling of Supply Networks: Perspectives from a Case Study in French Retail Chains [J]. Production Planning & Control, 2010, 21 (6): 640 - 650.

[143] HOEN K M R, TAN T, FRANSOO J C, et al. Effect of Carbon Emission Regulations on Transport Mode Selection under Stochastic Demand [J]. Flexible Services & Manufacturing Journal, 2011, 26 (1 - 2): 170 - 195 .

[144] PAN S, BALLOT E, FONTANE F. The Reduction of Greenhouse Gas Emissions from Freight Transport by Pooling Supply Chains [J]. International Journal of Production Economics, 2013, 143 (1): 86 - 94.

[145] GONG X, ZHOU S X. Optimal Production Planning with Emissions Trading [J]. Operations Research, 2013, 61 (4): 908 - 924.

[146] MATTHEWS H S, HENDRICKSON C T, WEBER C L. The Importance of Carbon Footprint Estimation Boundaries [J]. Environmental Science & Technology, 2008, 42 (16): 5839 - 5842.

[147] CARO F, CORBETT C J, TAN T, et al. Carbon - Optimal and Car-

bon - Neutral Supply Chains [J]. Social Science Electronic Publishing, 2011.

[148] HSU C W, KUO T C, CHEN S H, et al. Using Dematel to Develop a Carbon Management Model of Supplier Selection in Green Supply Chain Management [J]. Journal of Cleaner Production, 2013, 56 (10): 164 - 172.

[149] LUKASSEN P J H, WALLENBURG C M Pricing Third - Party Logistics Services: Integrating Insights from the Logistics and Industrial Services Literature [J]. Transportation Journal, 2010, 49 (2): 24 - 43.

[150] ZHAO Y H Evaluation Model of Third Party Logistics Customer Service Quality Based on KPI [J]. Logistics Sci - Tech, 2009.

[151] LI L, FORD J B, ZHAI X, et al. Relational Benefits and Manufacturer Satisfaction: an Empirical Study of Logistics Service in Supply Chain [J]. International Journal of Production Research, 2012, volume 50 (19): 5445 - 5459.

[152] LEE Y J, BAKER T, JAYARAMAN V. Redesigning an Integrated Forward - Reverse Logistics System for a Third Party Service Provider: an Empirical Study [J]. International Journal of Production Research, 2012, volume 50 (19): 5615 - 5634.

[153] HONG J, CHIN A T H, LIU B. Logistics Service Providers in China: Current Status and Future Prospects [J]. Asia Pacific Journal of Marketing & Logistics, 2007, 19 (2): 168 - 181.

[154] HUANG Q S, XUN Y, FU L I, et al. A Study on Electronic Logistics Alliance [J]. Logistics Sci - Tech, 2010.

[155] WONG T N, CHOW P S, SCULLI D. An E - logistics System for Sea - Freight Forwarding [J]. Journal of International Technology & Information Management, 2010, 19.

[156] GUO X Y. A Study on Strategic Alliance of Third - party Logistics Enterprises of China [J]. Border Economy & Culture, 2012.

[157] AHN H J, CHILDERHOUSE P, VOSSEN G, et al. Rethinking XML - enabled Agile Supply Chains [J]. International Journal of Information Management, 2012, 32 (1): 17 - 23.

[158] JOSTEIN S, THAKUR M, OLSEN P. The TraceFood Framework - Principles and Guidelines for Implementing Traceability in Food Value

Chains [J]. Journal of Food Engineering, 2013 (115): 41 - 48.

[159] OSTERWALDER A, PIGNEUR Y. Clarifying Business Models: Origins, Present, and Future of the Concept [J]. Communications of the Association for Information Systems, 2005, 16 (16): 751 - 775.

[160] ZOTT C, AMIT R, MASSA L. The Business Model: Recent Developments and Future Research [J]. Journal of Management, 2011, 37 (4): 1019 - 1042.

[161] OSTERWALDER A. The Business Model Ontology - A Proposition in a Design Science Approach [J]. Ecole Des Hautes Etudes Commerciales Universite De, 2004.

[162] ZOTT C, AMIT R. Business Model Design: An Activity System Perspective [J]. Long Range Planning, 2010, 43 (2 - 3): 216 - 226.

[163] LUMPKIN G T, DESS G G. E - Business Strategies and Internet Business Models: How the Internet Adds Value [J]. Organizational Dynamics, 2004, 33 (33): 161 - 173.

[164] HENTEN A H, WINDEKILDE I M. Transaction costs and the sharing economy [J]. Info, . 2016, 18 (1): 1 - 15.

[165] FLEISCH E. What is the Internet of Things? An Economic Perspective [J]. Economics Management & Financial Markets, 2010, 241 (2): 33.

[166] ZHANG J. The Roles of Players and Reputation: Evidence from EBay Online Auctions [J]. Decision Support Systems, 2006, 42 (3): 1800 - 1818.

[167] DAVID G, IZAK B, PAULA P. A Research Agenda for Trust in Online Environments [J]. Journal of Management Information Systems, 2008, 24 (4): 275 - 286.

[168] DAN J K, FERRIN D L, RAO H R. Trust and Satisfaction, Two Stepping Stones for Successful E - Commerce Relationships: A Longitudinal Exploration [J]. Information Systems Research, 2008, 20 (2): 237 - 257.

[169] MÁRMOL F G, PÉREZ G M. Trust and Reputation Models Comparison [J]. Internet Research, 2011, 21 (2): 138 - 153.

[170] LI J, ZHENG X, CHEN D, et al. Trust Based Service Selection in Service Oriented Environment [J]. International Journal of Web Services Research, 2013, 9 (3): 23 - 42.

[171] OH H K, KIM S W, PARK S, et al. Can You Trust Online Ratings? A Mutual Reinforcement Model for Trustworthy Online Rating Systems [J]. IEEE Transactions on Systems Man & Cybernetics Systems, 2015, 45 (12): 1-1.

[172] MCALLISTER D. Affect and Cognition - Based Trust as Foundations for Interpersonal Cooperation in Organizations [J]. Academy of Management Journal, 1995, 38 (1): 24-59.

[173] DAS T K, TENG B S. Between trust and control: Developing confidence in partner cooperation in alliance. Academy of Management Review, 1998, 23 (3): 419-512.

[174] LEE E J, OVERBY. Creating Value for Online Shoppers: Implications for Satisfaction and Loyalty [J]. Journal of Consumer Satisfaction, 2004 (17).

[175] FUNG R, LEE M. EC - trust (trust in e - commerce): exploring the antecedent factor [A]. Proceeding of the 5th Americas Conference on Information systems, 1999.

[176] FRANCE BELANGER, JANINE S, HILLER, et al. Trustworthiness in electronic commerce: the role of privacy, security , and site attributes [J]. Journal of Strategic Information Systems, 2002 (11): 245-270.

[177] YE DIANA WANG, HENRY H EMURIAN. An Overview of Online Trust: Concept, Elements, and Implication. Computer in Human Behavior, 2005, 21 (1): 105-125.

[178] MC KNIGHT D H, CHOUDHURY V, KACMAR C. The impact of initial consumer trust on intentions to transact with a web site: a trust building model. Journal of Strategic Information Systems, (2002b) (11): 297-323.

[179] FEATHERMAN M S, PAVLOU P A, Prediction E - services adoption: a perceived risk facets perspective. Eighth Americas Conference on Information Systems: 2002, 1034-1046.

[180] LI L, LI J, LI M L. Service and Price Competition When Customers Are Naive [J]. Production and Operations Management, 2012 (21): 747-760.

[181] ÜIKÜ M A, BOOKBINDER J H. Optimal Quoting of Delivery Time by a Third Party Logistics Provider: The Impact of Shipment Consolida-

tion and Temporal Pricing Schemes [J]. European Journal of Operational Research, 2012, 221 (221): 110 - 117.

[182] BERLING P, LARSSON F. Pricing and Timing of Consolidated Deliveries in the Presence of an Express Alternative: Financial and Environmental Analysis [J]. European Journal of Operational Research, 2014.

[183] XU D, WONG T N, SCULLI D. A Software Platform to Support Collaboration in Express Delivery Services [J]. Journal of International Technology & Information Management, 2013 (22): 19 - 33.

[184] ČUPIĆ A, DUŠAN T. A Multi - objective Approach to the Parcel Express Service Delivery Problem [J]. Journal of Advanced Transportation, 2013, 48 (7): 701 - 720.

[185] FERRUCCI F, BOCK S. Real - time Control of Express Pickup and Delivery Processes in a Dynamic Environment [J]. Transportation Research Part B Methodological, 2014, 63 (4): 1 - 14.

[186] XU L, CHENG M. A Study on Chinese Regional Scientific Innovation Efficiency with a Perspective of Synergy Degree [J]. Technology & Investment, 2013, 4 (4): 229 - 235.

[187] FENG F, LAN D, YANG L. Analysis on the Synergy Evolutionary Development of the Collecting, Distributing, and Transporting System of Railway Heavy Haul Transportation [J]. Discrete Dynamics in Nature & Society, 2012, 2012 (1): 348 - 349.

[188] ROCHET J, TIROLE J. Platform Competition in Two - sided Markets [J]. Journal of the European Economic Association, 2003, 1 (4): 990 - 1029.

[189] ROCHET J, TIROLE J. Two - Sided Markets: A Progress Report [J]. Rand Journal of Economics, 2006, 37 (3): 645 - 667.

[190] ROCHET J C, TIROLE J. Two - Sided Markets: An Overview [J]. Toulouse, 2010 (11): 233 - 260.

[191] EVANS D S. The Antitrust Economics of Multi - Sided Platform Markets [J]. Yale Journal on Regulation, 2003, 20 (2).

[192] ARMSTRONG M, WRIGHT J, ARMSTRONG M, et al. Two - sided Markets with Multihoming and Exclusive Dealing [J] . Working

Paper, 2004.

[193] ARMSTRONG M. Competition in Two - sided Markets [J]. Rand Journal of Economics, 2005, 37 (3): 668 - 691.

[194] WRIGHT M, ARMSTRONG J S. The Ombudsman: Verification of Citations: Fawlty Towers of Knowledge? [J]. Social Science Electronic Publishing, 2008, 38 (2): 125 - 139.

[195] HAGIU A. Optimal Pricing and Commitment in Two - Sided Markets [J]. Rand Journal of Economics, 2004: 720 - 737.

[196] HAGIU A. Pricing and Commitment by Two - sided Platforms [J]. Rand Journal of Economics, 2006, 37 (3): 720 - 737.

[197] HAGIU A, SPULBER D. First - Party Content and Coordination in Two - Sided Markets [J]. Management Science, 2013, 59 (4): 933 - 949.

[198] HAGIU A, WRIGHT J. Multi - sided Platforms [J]. International Journal of Industrial Organization, 2015 (43): 162 - 174.

[199] HOLM D B, ERIKSSON K, JOHANSON J. Creating Value through Mutual Commitment to Business Network Relationships [J]. Strategic Management Journal, 1999, 20 (5): 467 - 486.

[200] PEDRO M, ANTONIO A, ALEJRO G. Supporting Trust in Virtual Communities [C]. //Hawaii International Conference on System Sciences. IEEE, 2000: 4 - 7.

[201] MUI L, MOHTASHEMI M, HALBERSTADT A. A Computational Model of Trust and Reputation [C]. //Hawaii International Conference on System Sciences. IEEE Computer Society, 2002: 188.

附录1　快递包裹物流追踪信息

订单开始日期	支付完成时间	快递公司揽件日期	快递公司揽件时间	快递公司
2016/05/01	20：41：34	2016/05/02	10：34：57	韵达
2016/05/01	15：15：16	2016/05/01	17：33：54	韵达
2016/04/09	23：10：21	2016/04/10	18：19：21	快捷快递
2016/03/31	22：32：05	2016/04/01	22：58：25	申通
2016/03/31	21：35：24	2016/04/01	17：13：01	圆通
2016/03/26	00：59：49	2016/03/26	19：58：25	中通
2016/03/23	23：47：39	2016/03/24	19：38：12	圆通
2016/03/17	13：13：46	2016/03/17	18：24：14	圆通
2016/03/09	22：56：01	2016/03/10	15：18：54	中通
2016/02/23	21：36：09	2016/02/24	16：27：14	中通
2016/02/20	22：20：32	2016/02/21	20：35：33	邮政快递包裹
2016/01/30	6：41：35	2016/01/30	14：03：48	圆通
2016/01/23	19：51：33	2016/01/24	20：03：47	韵达
2016/01/15	12：19：30	2016/01/15	18：39：58	百世汇通
2016/01/03	22：11：11	2016/01/04	15：01：57	韵达
2015/12/20	10：47：36	2015/12/20	16：42：17	中通
2015/12/19	18：27：51	2015/12/20	18：33：18	中通
2015/12/12	12：26：41	2015/12/13	15：56：15	中通
2015/12/01	5：16：32	该单号暂无物流进展，请稍后再试，或检查公司和单号是否有误	—	天天

续　表

订单开始日期	支付完成时间	快递公司揽件日期	快递公司揽件时间	快递公司
2015/11/21	16：36：56	2015/11/21	19：59：18	韵达
2015/11/21	13：58：37	2015/11/21	20：28：13	中通
2015/11/15	20：06：37	2015/11/16	18：00：37	韵达
2015/11/15	19：51：06	2015/11/16	16：19：25	天天
2015/11/13	13：12：05	2015/11/16	10：53：43	中通
2015/11/11	9：03：00	2015/11/12	10：20：33	韵达
2015/11/11	9：00：58	2015/11/12	13：32：39	百世汇通
2015/11/06	9：35：33	2015/11/07	21：37：20	宅急送
2015/11/02	20：26：46	2015/11/03	22：51：16	中通
2015/10/31	15：42：22	2015/10/31	18：02：12	百世汇通
2015/10/21	12：51：45	2015/10/22	5：47：16	中通
2015/09/30	8：01：16	该单号暂无物流进展，请稍后再试，或检查公司和单号是否有误	—	申通
2015/09/27	20：31：54	2015/09/28	18：48：13	邮政快递包裹
2015/09/16	22：31：27	该单号暂无物流进展，请稍后再试，或检查公司和单号是否有误	—	中通
2015/09/16	22：25：16	2015/09/17	18：14：07	韵达
2015/09/14	13：22：33	由于系统原因，您的操作失败，请稍后再试。给您造成了不便，请谅解	—	圆通
2015/09/12	15：40：54	该单号暂无物流进展，请稍后再试，或检查公司和单号是否有误	—	天天
2015/09/12	15：37：26	2015/09/12	20：26：19	百世汇通

续 表

订单开始日期	支付完成时间	快递公司揽件日期	快递公司揽件时间	快递公司
2015/09/12	15：35：16	该单号暂无物流进展，请稍后再试，或检查公司和单号是否有误	—	国通
2015/09/12	14：42：43	没有查到相关信息。单号暂未收录或已过期	—	中通
2015/09/10	22：58：43	没有查到相关信息。单号暂未收录或已过期	—	中通
2015/09/08	22：37：07	2015/09/09	20：22：49	韵达
2015/09/07	22：08：31	没有查到相关信息。单号暂未收录或已过期	—	圆通
2015/09/06	21：51：33	2015/09/07	17：49：30	韵达
2015/09/05	13：48：51	没有查到相关信息。单号暂未收录或已过期	—	圆通
2015/09/02	21：34：56	该单号暂无物流进展，请稍后再试，或检查公司和单号是否有误	—	圆通
2015/09/01	9：45：33	该单号暂无物流进展，请稍后再试，或检查公司和单号是否有误	—	圆通

资料来源：作者根据淘宝网数据整理。

附录 2　兼职快递模式调研问卷

“顺路”的情况下，您愿意成为一名兼职快递人员赚取额外收入吗？本调查想了解您对新的快递服务模式的接受度。

1. 您的职业是？[单选题] [必答题]

○ 学生

○ 企业白领

○ 国企、公务员、事业单位

○ 商业、服务业

○ 工人

○ 家庭主妇

○ 个体

○ 退休

○ 其他

2. 您的年龄是？[单选题] [必答题]

○ 20 岁以下

○ 20～30 岁

○ 30～40 岁

○ 40～50 岁

○ 50～60 岁

○ 60 岁以上

3. 您的性别是？[单选题] [必答题]

○ 男

○ 女

4. 您的月收入是？[单选题] [必答题]

○ 3000 元以下

○ 3000～5000 元

○ 5000～8000元

○ 8000元以上

5. 无论您的快件什么时候到达，您都方便接收吗？[单选题] [必答题]

○ 是

○ 否

6. 接收快递时，您希望快递员为您派送还是送到您附近的快递箱中？[单选题] [必答题]

○ 快递员

○ 快递箱

7. 如果采用快递箱接收快递，您希望快递箱设置在哪里？[多选题] [必答题]

□ 小区门外

□ 写字楼下

□ 十字路口

□ 地铁站外

□ 公交站

□ 地铁中转站内

□ 学校门口

8. 现在广州到天津快件最低价格是15元，如果还能下调，您希望是多少钱？[单选题] [必答题]

○ 3元

○ 5元

○ 8元

○ 10元

○ 12元

9. 如果快递费价格足够低，您是否容忍您的快件晚到1～2天？[单选题] [必答题]

○ 是

○ 否

10. 在“顺路”的情况下，您愿意兼职递送快递赚取额外收入吗？（在城市内部或者城市之间）[单选题] [必答题]

○ 是

○ 否

11. 您不想成为“顺路”的兼职快递人员的原因？[多选题][必答题]

□ 没时间

□ 带来的收入太少

□ 怕出现安全问题

□ 怕出现麻烦和纠纷

12. 如果您成为兼职快递员，您关注哪些方面？[多选题][必答题]

□ 每单收入

□ 报酬支付方式

□ 快件大小

□ 快件重量

□ 快件本身是否安全

□ 快件丢失、损坏的赔偿金额和责任

13. 目前天津市区内快递员派送每单最低收入2元，作为兼职快递人员“顺路”捎带快件，您能接受每件快递最低收入是多少？[单选题][必答题]

○ 1元

○ 2元

○ 3元

○ 4元

○ 5元及以上